YAQUIS

Paco Ignacio Taibo II

YAQUIS

*Historia de una guerra popular
y un genocidio en México*

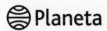
Planeta

Diseño de portada: Claudia Safa
Imagen de portada: © Shutterstock
Fotografía de autor: Citlali Hernández Mora
Ilustraciones: © Eko (pp: 7, 19, 26, 30, 33, 38, 50, 84, 121, 141,
    154, 163, 166, 176, 182, 187, 194, 200, 209, 214)
Fotografías de interiores: Archivo del autor

© 2013, Paco Ignacio Taibo II

Derechos reservados

© 2013, Editorial Planeta Mexicana, S.A. de C.V.
Bajo el sello editorial PLANETA M.R.
Avenida Presidente Masarik núm. 111, 2o. piso
Colonia Chapultepec Morales
C.P. 11570 México, D.F.
www.editorialplaneta.com.mx

Primera edición: septiembre de 2013
ISBN: 978-607-07-1812-0

Impreso en los talleres de Litográfica Ingramex, S.A. de C.V.
Centeno núm. 162-1, colonia Granjas Esmeralda, México, D.F.
Impreso y hecho en México – *Printed and made in Mexico*

La región Yaqui hacia 1900

Ortiz

Masokaba

Tetacombiate

Cruz de Piedra

Sierra de Bacatete

Guasimas

Mar de Cortés

Belém

Pitahaya

Buatachive

Medano

Bahum

Potam

Río Yaqui

Añil

Lencho

Cocorit

Vicam

Chumapaco

Bacum

SONORA

ZONA YAQUI

N

Quienes han escrito sobre la tribu yaqui nos hablan de sublevaciones y rebeliones sin mencionar que constantemente se les obligaba a ponerse en plan de lucha para defender sus intereses, que no eran otros que sus tierras y el derecho a conservarlas.

GILBERTO ESCOBOSA

La historia de la gente más que brava que vivió sobre la superficie de la tierra.

BAILEY MILLARD

No hay título de propiedad más legítimo que el de la posesión de la tierra, bajo el dominio de congregaciones y tribus, desde tiempo inmemorial.

ESTEBAN BACA CALDERÓN

Para mí era casi incomprensible que una raza humana haya peleado con tanta ferocidad como los yaquis lo hicieron por el único orgullo de poseer la tierra.

ÁNGEL BASSOLS

Los yaquis son los espartanos de América.

GENERAL WILLIAM TECUMSEH SHERMAN

Desprecio que el régimen tiene para culturas que solo considera arqueológicas y no nervios de una autoridad y un bienestar.

JOSÉ C. VALADÉS

Cero

I

Recorro con los dedos el enorme plano de Sonora, nada me dicen los 27 y 31 grados de latitud norte y los 107 y 111 grados al oeste de Greenwich, mucho más claro es el arriba y a la izquierda del mapa nacional mexicano, haciendo frontera con Estados Unidos, entre el golfo de California y la masa continental. Paso los dedos por las líneas azules que indican los ríos y las zonas vacías que explican la aparente ausencia de vida: el desierto.

Los planos del siglo XIX están llenos de anotaciones escritas con letra diminuta; para mi eterno desconcierto los calificativos varían, donde había una ranchería no hay nada, los nombres han cambiado, lo mismo la ortografía: ¿se escribe con k o con c, con s o con z? ¿Junto o separado en sílabas? ¿Masocoba o Mazokoba? De poco me sirve que en 1862 el etnólogo mexicano Francisco Pimentel haya dejado claro de una vez y para siempre que los mayos y los yaquis pertenecen a la familia cahita del tronco nahoa o náhuatl, y por tanto no será ajena su lengua y las diferencias dialectales son menores. Resulta más preciso el testimonio de yaquis y mayos que se quejan mutuamente de que no se acaban de entender bien los unos a los otros porque sus vecinos hablan muy rápido.

Mucho más precisa extrañamente es la intensa sensación doble de soledad repleta, desbordante de historia escondida en la tumba de Tetabiate, a unos cuantos metros del fuerte abandonado en la sierra del Bacatete, o la presencia de los fantasmas de los muertos en el paradero ferroviario de Don Lencho al buscar en el sótano huellas de los cientos de hombres y mujeres reunidos rumbo a la muerte.

La región yaqui es extraña, extremosa. Según unos autores el clima es árido, de los 42 grados en agosto al cero en diciembre y enero. Dabdoub será más radical: variación de temperatura en el Valle de 45 grados a la sombra a tres grados bajo cero. Tan solo veintidós días de lluvia en el año. Me cuesta trabajo entender: los libros de la época y los locales llaman bosque a un entramado de cactáceas, pitayos, sahuaros. Descubro (todo es descubrimiento) que el musaro es un cactus (*Lophocereus schottii*) cuando veo una foto en internet al lado de su clasificación y lo reconozco, es ese cactus que se abre a partir de la raíz como si quisiera abrazarnos con un centenar de ramas, que florece con unas maravillosas flores blancas parecidas a enormes margaritas.

La villa yaqui, que subsiste hasta hoy y se reproduce con una impresionante reiteración en las ocho comunidades, tiene una estructura geométrica precisa: la iglesia, *konti*, mil metros vacíos a cada lado donde no se puede labrar o construir casas; a su lado el panteón, ante ella un enorme cuadrilátero en el que se encuentran las enramadas para la cocina colectiva y los recorridos ceremoniales, construyendo una gran plaza central comunitaria; y fuera del cuadrilátero, las viviendas. Da la sensación de que todo gira en torno a esta gran plaza de tierra, tan diferente del mundo urbano mexicano de fines del XIX, marcado por la aglomeración, las callejuelas, el barroco que invade y ocupa cualquier espacio vacío. Esta estructura yaqui que se reproduce también en todos los restos de los campamentos que he podido ver, cuando la comunidad no la usa, da la sensación de pueblo fantasma y las tantas veces que las comunidades la abandonaron en estado de guerra reforzaba esta sensación que debe haber parecido ominosa a las tropas invasoras, y sin embargo, la respetaron poniendo sus cuarteles fuera del cuadrilátero, en las esquinas.

Alfonso Fabila, ese maravilloso antropólogo comunista, hombre de lo mejor del cardenismo y quien dio sustento a la devolución de la tierra, describirá en los años treinta del siglo pasado: «La zona yaqui se sitúa en la margen derecha del río Yaqui inferior, y en número reducido en el lado opuesto, tiene un área de unos diecisiete mil kilómetros cuadrados. Las márgenes del río están rodeadas al norte y noreste por una zona desértica y bastante plana con la excepción de la sierra del Yaqui».

A espaldas del río y al oriente de Guaymas nace la sierra, la sierra clave de estas historias: la mítica sierra del Bacatete, aunque los cerros más altos apenas si levantan los quinientos metros (otros dirán que mil, pero a simple ojo nunca lo parece). Hacia la costa, los médanos y lagunas de agua salada.

Si la sierra será una de las claves geográficas, el río lo será todo. El río Yaqui, navegable la mayor parte del año (aunque en la costa solo por lanchas en los bajíos), va creciendo, tragando afluentes desde la sierra de Chihuahua, donde nace como río Papigochic, hasta desembocar en el mar de Cortés; son 680 kilómetros de recorrido nutriéndose de otros ríos. En la primavera, como el Nilo, se desborda y enriquece los márgenes dando forma a una zona ricamente vitalizada por el agua. Esta será la bendición del territorio yaqui y también su maldición.

II

Si bien es cierto que «no puedes ver el futuro con lágrimas en los ojos», como dice un proverbio navajo, también es cierto que las lágrimas ayudan a contemplar el pasado, dan un obligado velo emocional a una mirada necesariamente distante, fragmentada, inconclusa por las carencias de información, los reportes sesgados, las visiones parciales.

En esta región se produjo la más larga lucha armada registrada en la historia de México, casi cuarenta y dos años de duración si nos atenemos a su periodo álgido (1867-1909), probablemente la guerra del pueblo más larga en la historia de América Latina. Esta experiencia va a culminar en sus últimos diez años con un genocidio cruelmente preparado y hábilmente enmascarado.

Hay veces en que uno persigue una historia y otras en que la leyenda lo persigue a uno. A lo largo de los años explorando el pasado de México he encontrado historias canallescas y miserables, pero de todas esta es la peor y al mismo tiempo la más grandiosa porque cuenta la gran épica de la resistencia y la guerra popular de una comunidad con un alto grado de civilización que se negó a rendirse ante las falacias de un supuesto progreso que se intentaba imponer con las bayonetas, las ametralladoras y los cañones.

Es curioso el eufemismo de las crónicas que a lo largo de los años y los siglos hablan de «pacificar» al referirse a los yaquis, cuando a lo largo de la historia de este pueblo no hay noticia de que realizaran incursiones bélicas fuera de su territorio. No hay comunidad más pacífica que los yaquis: cuando combatieron, y lo hicieron millares de veces, actuaron protegiendo los límites de sus tierras, atacando a invasores que intentaban apropiarse de su mundo. No se trata de una tribu de depredadores que vivieran de incursiones armadas en regiones ajenas a las suyas, que subsistieran del pillaje: los yaquis tenían una sólida estructura política, una arraigada cultura basada en una próspera economía agrícola fortalecida por la caza y la pesca, una compleja religión, una sociedad esencialmente justa y democrática. Incluso en la visión más superficial, no hay en el mundo yaqui huellas de belicosidad. Visten de manera sencilla, pocas pinturas faciales si no es que ninguna, ausencia de plumas decorativas en tocados, excepto ceremoniales y aun así inusualmente, pantalones de algodón y sandalias, pantalones de mezclilla y camisas rojas.

III

Nunca fueron demasiados, las cifras suelen ser permanentemente contradictorias, pero una estimación sumando aquí y allá diría que nunca pasaron de treinta mil hombres, mujeres y niños, y que la cifra osciló a causa de exilios forzosos, deportaciones, fusilamientos, represiones, epidemias, la muerte bajo todas sus variantes, disgregación en la Sonora de las minas, los ranchos y las ciudades, y al final el genocidio hasta reducirlos a siete mil, la enorme mayoría desperdigados fuera de su territorio.

He intentado darles nombres, rostros, descripciones a los protagonistas yaquis de esta historia. Ha resultado una tarea casi imposible, apenas si hay fotos (no llegan a la docena), y fuera de los retratos de Cajeme, Tetabiate, Loreto Villa, Anastasio Cuca, Espinosa, no hay manera de ponerles semblante o detalle a los cientos de dirigentes de la rebelión permanente. No existen versiones de los propios yaquis respecto a los sucesos y fuera de algunas cartas, un par de intervenciones públicas y confesiones de detenidos obtenidas evidentemente bajo tortura, apenas si tuvieron voz. En los partes militares, las noticias periodísticas, los informes oficiales, aparecen siempre como bandas, grupos errantes; en la mayoría de los casos los guerreros van acompañados de mujeres, viejos, niños. El ejército en su verborrea los confunde, cambia las cifras, los hace crecer para justificarse. Estamos ante el paraíso de la desinformación. Aun así he logrado rescatar los nombres de más de dos centenares de ellos porque las historias tienen personajes, se construyen en el singular, tienen nombres, anécdotas, grados en la organización, pasiones. Con todo, es difícil pelear contra el caos informativo, contra el anonimato (a lo más, nombres sueltos de ortografía cambiante que aparecen de vez en cuando en un reporte militar, sin que luego sepamos su destino).

Las fuentes más ricas para reconstruir la historia de la guerra de los yaquis son la recopilación de partes militares que hace el brigadier general Francisco de Paula Troncoso en 1905 para la Secretaría de Guerra; los textos de Manuel Balbás, médico cirujano en campaña («Indio valiente y obcecado: si no quieres que tu raza se extinga (...) evoluciona, procura civilizarte»), y del doctor militar Fortunato Hernández (que le escribe al ministro de la Guerra Bernardo Reyes para pasar su texto por censura, «jamás se me ocurriría publicarlo sin que usted...»); los recuentos de serviles porfirianos como Federico García y Alva y los trabajos de Ramón Corral, pieza clave en el baronazgo de Sonora, gobernador y vicepresidente del país porfiriano; todos ellos verán la guerra desde el punto de vista del México mestizo o criollo. Los yaquis son sombras: desaparecen y aparecen, raras veces tienen cara, emigran masivamente y se desvanecen en la nada.

La oligarquía político-militar sonorense trató, por medio de sus escasos intelectuales y sus periódicos, de construir una imagen de los yaquis; eran los otros, eran *semisalvajes*. Edward H. Spicer, el más sólido y respetuoso historiador del mundo yaqui, analiza con precisión y cuidado el uso de estas palabras cuando dice: «Este término muy usado por los sonorenses se convirtió en un símbolo (...) *semisalvaje* significaba un grado de civilización por debajo de los plenamente civilizados mexicanos».

En el terreno legal, las leyes liberales que sirvieron para desamortizar los bienes del clero también servirían para romper la propiedad colectiva de la tierra y abrir los caminos al nuevo latifundio, la hacienda porfiriana; y no bastando esto, la constitución de Sonora llegó a la abominación de quitarle su nacionalidad mexicana a las tribus. ¿Era más mexicano un insigne banquero porfiriano que un indio yaqui? ¿Era mexicano el primero y no lo era el segundo? ¿No eran tan mexicanos los yaquis como los mestizos y criollos sonorenses? «El asesinato depende a menudo de la calumnia para su racionalización», diría Sherlock Holmes en versión de Caleb Carr, y aquí se usó abundantemente.

Resulta sorprendente la poca importancia que los biógrafos de Porfirio Díaz o los estudiosos del porfiriato como Cosío Villegas o François-Xavier Guerra, Ralph Roeder o García Naranjo; los seis volúmenes de Zerón Medina en colaboración con Krauze, o Paul Gardner, dan a la guerra del Yaqui; con la excepción de José C. Valadés, los especialistas parecieran haber caído en la trampa. O querían caer en ella: como dice Abbondanza, «la historia oficial logró su cometido de borrar de la memoria de los mexicanos los atroces sucesos cometidos». No solo ocultó el genocidio, también trató de ignorar una de las más largas resistencias populares en la historia de este país.

La Revolución mexicana opacó la primera gran guerra de resistencia y el genocidio, se sobrepuso históricamente y sobre ella se montó en la memoria colectiva de la tribu la lucha contra Calles y Obregón, desvaneciéndose el testimonio de los alzamientos de Cajeme, Tetabiate, Pluma Blanca y Sibalaume, de tal manera que la versión de los vencidos nunca prosperó.

Dos cosas parecen obvias después de tantas explicaciones: ningún prólogo (como he dicho tantas veces en otros libros) mejorará un texto y este libro se ha escrito contra toda esa desmemoria.

IV

Si bien el corazón, la columna vertebral de esta historia se encuentra en los yaquis, su casi anónima y continua presencia, la otra cara de la moneda son los hombres que se hicieron a sí mismos en la frontera, los barones sonorenses, los aristócratas armados, los caballeros de don Porfirio. Cuidado, hoy los vemos en fotos con traje de tres piezas o uniforme de gala y bicornio, ya viejos, orondos, con sombreros de copa, chalecos de botones relucientes y leontinas; los observamos en el gran negocio y en el lustre que dan el triunfo, el dinero y la modernidad, pero esa visión es engañosa. Hace olvidar que tuvieron una ideología forjada en haberse hecho solos, que crecieron en la vida política defendiendo a una clase emergente que le debía poco al origen, al nacimiento o al dinero familiar y mucho a las guerras (en el caso de Sonora, la mayoría ha estado metida en una docena de revoluciones locales y dos guerras nacionales: la de Reforma y la guerra contra el Imperio de Maximiliano). Son así gracias a la servidumbre a un poder, los compadrazgos, los intercambios de favores, el abuso, pero este poder no les cayó del cielo, ellos ayudaron a forjarlo, casi siempre a tiros.

Son la síntesis del capitalismo porfirista, un capitalismo bronco, rapiñero, escurridizo, simulador, que enmascaraba bajo el lema del progreso abundantes formas de barbarie; hombres de moral con unas laxas fronteras. Creerán a su manera en la modernidad, se harán cargo de las leyes, fundarán escuelas: Luis E. Torres, de su bolsa y con ayuda de sus amigos, organizará la temporada de ópera en Hermosillo en 1883 y llevará allá a Ángela Peralta, fundará en 1910 el Colegio

Leona Vicario, llorará en la inauguración y erigirá una estatua al cura Hidalgo, aunque dos años después la tire un rayo; Carlos Ortiz fundará la más loca de las instituciones de educación, con animales disecados y telescopios traídos de Europa. En la madurez viajarán por el mundo, irán a Londres, París y San Francisco, y compararán estas ciudades con Hermosillo.

Administrarán con una relativa eficacia y también pensarán que esos esfuerzos tienen que ser recompensados, haciéndose de tierras y zonas de regadío, concesiones madereras y ranchos; en negocios turbios, aprovechando su presencia en el gobierno, obtendrán concesiones para electrificar Hermosillo y sacarán tajada abundante de la presencia del ejército federal en la región.

No sorprende por tanto la admiración que le producen los barones sonorenses a Héctor Aguilar Camín, tan cerca habitualmente del poder y tan lejos del pueblo llano. Los porfiristas de Sonora creen en la patria, no mucho, lo harán mientras la ciudad de México responda a sus llamados, pero en cambio creen fielmente en *su Sonora* y muchas veces están dispuestos a morir por ella. Hombres de tierra dura y fronteras terribles, tienen una mística. No son blandos ni endebles, han tomado las armas muchas veces y cambian la grilla y el escritorio por el caballo y el Mauser. Corral será herido en una pierna; Lorenzo Torres en campaña será lesionado en un muslo y dos veces se anunciará en falso su muerte en combate; Conant en 1900, a los sesenta años, sale a combatir a los yaquis; José Tiburcio Otero será herido en la sierra del Bacatete; Izábal, siendo gobernador, saldrá a perseguir yaquis como un paramilitar más.

Sus interlocutores son los ministros de la Guerra, el presidente efímero y títere Manuel González; Pacheco, de Fomento; los inversores capitalistas estadounidenses y los aventureros del oro y el ferrocarril gringo; los hacendados esclavistas de Yucatán y Oaxaca; los gobernadores Olegario Molina y Emilio Pimentel, y desde luego el omnipresente Porfirio Díaz.

Y todo ello en la esquina del mundo mexicano, en la periferia muy alejada del centro, peligrosamente cerca de Estados Unidos.

Los autores del genocidio tienen en Sonora y Baja California calles y pueblos con sus nombres y todavía hoy se habla de ellos en publicaciones oficiales con el *don* por delante: don David Richardson, don Ramón Corral, don Lorenzo Torres, don Carlos Conant (de quien Jesús Alfonso Cadena, su biógrafo, dirá que «combatía contra el aborigen salvaje y homicida», y en la página oficial del estado de Sonora en internet se le llama «Precursor del Valle del Yaqui y genial constructor»), con esta servil fascinación que hace del dinero, el poder y el triunfo algo más allá de la moral y que lamentablemente durante tantos años nos ha acompañado a los mexicanos.

V

En febrero de 2011 recorrí la zona yaqui por segunda vez, acompañado por el Popeye (invaluable guía y compañero) y por los dirigentes locales de Morena, Iván Barrios y César Lucero; en ambos casos gracias a la Universidad de Sonora y al notable apoyo del rector Heriberto Grijalva, Rodolfo Basurto y de Jorge Taddei. Volví a los archivos regionales donde mi amigo Guadalupe Esquivel, alias el Kofla, me echó una mano por pura generosidad. A ellos y a Margarita Sosa, de la biblioteca del Instituto Nacional Indigenista, mil gracias.

En este segundo viaje me reuní con algunos de los gobernadores en el museo yaqui, cerca de Cócorit. Pedí permiso para escribir este libro y me lo concedieron; se bailaron danzas y terminamos comiéndonos un *wakabaki*, un cocido con garbanzo, calabaza, zanahoria, maíz, carne con hueso y manteca: buenísimo.

VI

Por último, registrar que nada es lo que parece. Hay un artículo en *El Eco del Valle*, número 33, que cuenta cómo en un combate contra los yaquis, estos avanzaban hacia el ejército llevando enfrente gruesas cobijas de lana. Lo que el autor del texto entiende como brujería, superchería, pensamiento mágico en acción, es sentido común: una cobija gruesa de lana mojada detiene o frena un proyectil de un mal fusil de chispa a cien metros y permite acercarse a tiro de flecha.

1

El puñado de tierra en el aire
(historias antes de la historia)

Los que cuentan suelen poner fecha al punto de contacto: 1533, cuando una pequeña expedición de conquistadores españoles dirigida por Diego de Guzmán llegó hasta una zona poblada por indígenas yaquis. Según Spicer, muy probablemente se trataba de un grupo de tratantes de esclavos.

Vito Alessio Robles cuenta que «encontraron los conquistadores una gran multitud de indios que arrojaban al aire puñados de tierra, templaban sus arcos y efectuaban feroces gesticulaciones» y que uno de ellos, sin duda su jefe, que «se distinguía por sus arreos estrambóticos, relumbrante por las conchas de perla de que estaba lleno su vestido, se adelantó a corta distancia, hizo con su arco una larga raya en el suelo, se hincó de rodillas sobre ella, besó la tierra y enseguida, puesto de pie, comenzó a hablar diciéndoles que se volviesen y no pasaran la raya, porque si la pasasen serían muertos todos».

Parece ser que no le hicieron mucho caso porque los españoles intentaron avanzar y los indígenas capturaron a varios y comenzaron a atarlos de pies y manos. Guzmán ordenó entonces que se disparara el cañón y se movilizara la caballería. Los yaquis se dispersaron resistiendo y fueron lentamente en emboscadas deteniendo a los españoles; al final la expedición tuvo que regresar a Nueva Galicia.

Supuestamente todo esto sucedió en la pequeña elevación donde luego se asentaría el centro de Tórim. Pero la crónica del primer contacto, por más colorida que sea, es inexacta porque sin duda los yaquis habían detenido antes a un grupo de españoles llegados en balsa a los que masacraron y quitaron clavos y mantas que los de Nuño habían de encontrar. Más interesante es registrar las atribuciones mágicas que algunos cronistas daban al hecho de que el jefe de guerra yaqui arrojara puñados de tierra al aire, lo que cualquier arquero sabrá explicar como que estaban calculando la posible desviación de las flechas por el viento.

Pasaron muchos años hasta que en 1609 el capitán Diego Martínez de Hurdaide, tras andar «pacificando» a los ocoronis en lo que hoy sería el norte de Sinaloa y firmar un tratado de paz con los mayos, llegó hasta el río Yaqui, donde lo enfrentaron los guerreros de aquella tribu extraña que defendía agresivamente su región. Un año más tarde Martínez Hurdaide retornó al territorio yaqui con cuarenta soldados españoles y dos mil indios mayos y pimas solo para ser derrotado. Insistió sumando otros dos mil indios y cincuenta soldados españoles a caballo, y volvió a ser recibido con una lluvia de flechas y el grito de: «Mata, que muchos somos».

Fracasada la penetración militar, hacia 1613 aparecieron los sacerdotes. Curiosamente, los mayos parecieron recibir bien a los misioneros. Muy pronto Pedro Méndez fundó la primera misión. Cuentan las fuentes jesuitas que más de tres mil personas se bautizaron en los siguientes quince días (¡!); al narrador de esta historia le hubiera gustado ser testigo directo. ¿Qué ceremonia era esa? ¿Qué religión estaban asumiendo los mayos? ¿Quién era el nuevo dios y cómo y en qué lengua era explicado? ¿En quince días?

Muy pronto comenzó a operar una organización territorial de los mayos en siete pueblos con misiones. Sus vecinos, los yaquis, contemplaron curiosos el fenómeno y mandaron delegaciones (Spicer habla de que un centenar de ellos participaron del curioseo). Tan solo cuatro años más tarde, en 1617, aparecieron los primeros jesuitas, Andrés Pérez de Rivas y Tomás Basilio, en las márgenes del río Yaqui. A decir de nuevo de Spicer, que basa su información en fuentes jesuitas, los impresionaron por «sus buenas intenciones y su espiritualidad». El hecho es que en los siguientes tres años cerca de treinta mil yaquis fueron bautizados.

En las leyendas yaquis la llegada de los jesuitas se las anticipó un palo que hablaba y al que nadie entendía. Al final lograron sacarle algunas frases: «El que nos va a bautizar viene a nosotros». Los jesuitas nunca dieron mucha importancia al palo que hablaba, pero sin él no habrían podido entrar tan fácilmente.

Hacia 1623 las comunidades yaquis se reorganizaron bajo la influencia de los jesuitas en once pueblos y por último ocho, con sus correspondientes misiones que agrupaban cerca de ochenta rancherías inicialmente existentes y con mayordomos ópatas: Vícam (Punta de Flecha), Pótam (Tuza o Topo), Bácum (Agua Estancada), G(H)uiribis (Pájaro), Ráhum (Lugar del Arrastrador), Benale (españolizado Belem) (Cuesta Abajo), Tórim (Rata) y Cócorit (Chiltepín).

A cambio de colocarles a su dios, los jesuitas fueron muy tolerantes con la mezcolanza que estaba surgiendo: el sincretismo de las ceremonias religiosas, donde los elementos del culto católico jesuita se vinculaban con mil y un rituales previos. Da buena idea de cómo funcionaban los jesuitas que los tres elementos de la cosmovisión yaqui, cielo, mundo inferior y tierra, o sol, luna y estrellas, se traducen, pero sin desparecer, en la Santísima Trinidad, traslación más que irregular. De ahí las cruces que en el centro de los pueblos dominan el panorama religioso yaqui, no una sino tres, y si uno las ve como sugerencia de las tres cruces del Gólgota (Dimas y Gestas, los ladrones crucificados, también tienen su lugar en este mundo), para los indígenas son una referencia al sol, la luna y Venus. Y así se hablará en el mundo yaqui de otras trilogías: las tres María de Jesús (madre, María Magdalena y la madre de Cleofas), o en el otro extremo, de maíz, venado y peyote.

Se creará así un mundo de una extraña complejidad sincrética que integra y refuerza la diferencia de lo yaqui, así como la fuerte potencia de su identidad. Los bautismos no impidieron ni alteraron un subterráneo culto a Quetzalcóatl, del cual se dice que fue el dios yaqui, enseñó oficios, prohibió los sacrificios de hombres y animales, vedó la guerra, los robos y los asesinatos, y además prohibió que las ofrendas fueran de otras cosas distintas a las flores y el pan.

Si uno quisiera explicar el extraño mundo religioso, onírico (al mundo de los encantos se entra por el sueño) y mítico de los yaquis, surgido de la fusión y barnizado por el catolicismo, habría que tomar las palabras del testimonio de uno de ellos: «A nosotros nos gusta de esta manera porque es bonito». No le falta razón.

Y así fueron surgiendo las cantadoras, y sin duda la danza del venado, identificación del yaqui con la tierra que es también una danza de cacería, pero maravillosamente es el venado el personaje y no los cazadores; una danza mágica, de libre interpretación rítmica.

Los jesuitas sobrepusieron nombres católicos a los cahitas de tal manera que supuestamente los pueblos se llamaban La Asunción de Ráhum, Santísima Trinidad de Pótam, Nuestra Señora de Vícam y así por el estilo, aunque los yaquis parecieron ignorar el cambio y la nueva denominación nunca prosperó.

Lo que sin duda produjo una trasformación más profunda fueron las aportaciones jesuitas a la economía: el cultivo del trigo y de la naranja, la utilización de bueyes y burros, en menor medida los caballos y la ganadería (en Huírivis existe registro jesuita de ventas de cuarenta mil cabezas de ganado), y a esto se añaden los instrumentos de hierro, la rueda, el arado y la semana laboral de seis días. El mundo yaqui prosperó añadiendo los nuevos conocimientos, las nuevas técnicas a la tradicional caza de venados y liebres, a la recolección de miel, a la utilización del añil para hacer tintes y a la explotación de las salinas.

Probablemente los jesuitas influyeron en la forma de gobierno, amasando viejas tradiciones con algo más moderno, basándose en los pueblos que se subdividen en barrios, muy trenzados por relaciones de compadrazgo, y en los que se daba una forma de asambleas que eligen un gobernador.

Durante ciento setenta y tres años, lo que Margarita Nolasco ve como una violenta intromisión cultural y llama «intolerancia jesuita», para Cécile Gouy-Gilbert es la virtuosa barrera de protección que mantuvo aislados a los yaquis, dotándolos de un escudo contra los encomenderos y los mineros españoles.

Sean ambas cosas ciertas, el caso es que en 1767 Carlos III expulsa a los jesuitas de todos los territorios de la colonia española y el 14 de julio Juan de Pineda, gobernador de las provincias de Sonora y Sinaloa, emite las órdenes con retraso por haberse demorado las disposiciones que llegaron de la ciudad de México.

Con la expulsión de los jesuitas de la Nueva España, el «escudo» desapareció, pero del intenso contacto quedaron establecidos los ocho pueblos, la colectividad de las tierras, una agricultura próspera y una versión sincrética que no podría llamarse catolicismo sino la nueva religión de los yaquis, encubierta por rituales católicos, aceptada por misioneros y monjas que caían de vez en cuando por ahí y que incorporaba el diluvio, el arcángel Gabriel, fundador de los ocho pueblos, y un arco en los cielos, lo que va dejando una compleja liturgia con ceremonias, danzas, fiestas, cerros poblados de divinidades supervivientes, toda ella centrada en la reivindicación del territorio. Como diría José Velasco: «Yaquis y territorio son uno».

En los siguientes doscientos cincuenta años, después de la desaparición del «escudo jesuita», se produjeron más de doscientas confrontaciones bélicas entre los yaquis y la colonia española y después los primeros gobiernos del México independiente, que bajo las falsas luces del progreso, unidas a la mentalidad de la rapiña, jamás quisieron entender la voluntad de autonomía de los yaquis.

El hecho es que cuando en 1821 México se vuelve un país independiente, los yaquis eran plenamente conscientes de que sus ocho pueblos a lo largo del río habían sido fundados por santos profetas, incluido el arcángel San Gabriel, y que todo estaba escrito en un «testamento» que les entregara el rey de España para que no hubiera duda de que la tierra era de ellos, para ser trabajada colectivamente y no cedida, repartida, invadida ni distribuida.

En 1825, 1826 y 1832 Juan Ignacio Juzcanea, llamado también Juan de la Cruz Banderas o Bandera porque traía un lienzo que decía le había dado personalmente Moctezuma, llamó a las armas contra las intrusiones y despojos y por la creación de una nación indígena de yaquis, mayos y ópatas.

Desde su base en Ráhum, y con una Virgen de Guadalupe como estandarte, los alzados, cerca de dos mil, realizaron incursiones y atacaron los pueblos, las haciendas y las minas cercanas dentro de lo que consideraban su territorio.

Se llegó a un arreglo con el gobierno de Sonora mediante el cual Banderas se rendía, pero mantenía como capitán general una fuerza armada en el territorio. Finalmente en 1832 el acuerdo fue roto y en enero de 1833 Banderas fue ejecutado junto a su segundo, el ópata Dolores Gutiérrez y otros once yaquis, mayos y ópatas. Según Troncoso, esta derrota detuvo la guerra de castas, pero dejaron impregnados de espíritu revolucionario los ríos que ese mismo año y mes, como si respondieran al asesinato de Juan Ignacio, cambiaron su rumbo. En enero de 1833 las grandes lluvias impulsaron un nuevo curso del río Yaqui, abandonando el viejo cauce entre Ráhum y Pótam y dejando muy sorprendidos a los naturales. De los ocho pueblos, Bácum y Cócorit quedaron en el margen izquierdo; Belem, Güírivis, Pótam, Ráhum, Tórim y Vícam, en el derecho.

En 1841, siendo gobernador el general José Urrea, que había tenido experiencias en las guerras apaches y en la de Texas (fue el único general que no quería seguir las instrucciones entreguistas de Santa Anna), comenzó a hablar de distribuir la tierra comunal yaqui y privatizarla.

En 1843, antes de regresar a Europa, un gachupín que quería amasar una fortuna en Sonora dejó una constancia de su viaje por el territorio. Se llamaba Vicente Calvo y su texto, aunque *naive*, era vomitivamente racista: «Los yaquis y mayos [son] de una estatura regular y débiles de complexión por los desórdenes que cometen. Su aspecto es repugnante y de un color bronceado». Curiosamente, años más tarde, el periodista estadounidense John Kenneth Turner, autor de *México bárbaro*, diría: «el yaqui tiene un admirable desarrollo físico. Durante mis viajes por México aprendí a reconocerlos a primera vista por sus anchos hombros, su pecho hondo, sus piernas nervudas y su cara curtida. El yaqui típico es casi un gigante y su raza es de atletas». Y el ingeniero Alfonso Fabila, autor del primer estudio serio sobre la tribu en los años treinta del siglo XX, los describiría como altos, cobrizos, de pelo negro, con una altura promedio de 1.74 en los hombres y 1.65 en las mujeres.

¿Por qué Calvo los disminuía, debilitaba y afeaba?

Y no quedaba allí: «La mayor parte de ellos anda muy comúnmente sin camisa ni calzones y cubren sus partes sexuales con una especie de lienzo basto a manera de braguero que suelen llamar taparrabos», aunque luego reconocía con esa displicencia que da mirar el mundo desde el roto espejo del dinero que eso se debía al calor y a que «verdaderamente son muy pobres», y de pasada ignoraba los maravillosos gabanes que las mujeres yaquis tejían para el invierno.

Y continuaba: «La venganza es su vicio predilecto y dominante. Su indolencia es tal que pasan la mayor parte de su vida echados en el suelo y bebiendo licores fermentados». La imagen del yaqui como vago se reforzaría cincuenta años más tarde cuando el médico militar Manuel Balbás, que los combatió, registraría: «El yaqui solo trabaja cuando absolutamente no puede evitarlo (...) es por temperamento indolente y perezoso. Solo es ágil, valiente y entusiasta en la guerra»; pero de manera curiosa el coronel Francisco de Paula Troncoso, que realizó en 1905 el estudio más importante sobre las guerras yaquis desde el punto de vista del ejército porfirista, los califica de grandes trabajadores, infatigables, resistentes al calor y al frío; «uno de estos indígenas puede hacer al día doble trabajo del que hace un trabajador de la raza blanca».

Y Calvo proseguía: «Todos hablan a un tiempo (...) las disputas y los cachetes son la inmediata consecuencia de tal desorden y los que riñen formalmente se muerden, dan patadas y se arrancan puñados de cabellos (...) son en exceso vengativos al paso que son ruines y cobardes (...) estos indios se han hecho rateros como los de las demás tribus, roban vacas, caballos y bueyes (...) son muy dados al juego, por parecerles que es oficio descansado y muy propio para su pereza y acedia (...) es tal su pereza que si abren una puerta nunca la cierran». Calvo ignoraba o no quería saber que las puertas en la comunidad yaqui no se cerraban porque no tenían cerraduras ni llaves, y no las tenían porque no las necesitaban.

Esta expresión de las costumbres, la ausencia de llaves y cerraduras, se aunaba a algo que Calvo no quiso ver y que Fabila registra: la propiedad es colectiva, cada individuo puede sembrar donde quiera siempre y cuando no reclame la tierra como propia. Balbás, un militar sin demasiada sensibilidad y que más tarde habría de participar en las campañas contra los yaquis, diría: «Los indios son esencialmente comunistas (...) todos son pobres [y] son bastante generosos entre ellos mismos». Volviendo a Alfonso Fabila, muchos años después de los sucesos que aquí habrán de narrarse, en un estudio encargado por Lázaro Cárdenas habría de decir: «su producción económica es comunal de distribución y consumo directo en la que existe control colectivo, sin propiedad privada, esclavismo, servidumbre o salario, sin capitalismo, interés y usura, libre de clases explotadas y explotadoras, gobierno pleibiscitario».

Pero Calvo progresaba en su delirio racista: «si les pagan por adelantado, dejan de hacer la obra (...) para hablar se rascan primero en el pelo y si son mujeres en el muslo (...) no se les puede dejar reloj o escopeta porque lo descomponen y solo pueden manejar palo y objetos toscos».

A Calvo le costaba entender el abecé de la explotación: un hombre es fuerte cuando es libre, es indolente cuando está esclavizado trabajando para otros. Y como nada le gustaba y nada quería de aquellos indios *semisalvajes*, remataba diciendo que «El canto de los indígenas es lúgubre y melancólico, acompañado de instrumentos groseros».

No había tal, el mundo musical yaqui era rico en instrumentos: el violín, el redoblante, el tambulero-flautero y el tamborón; en danzas, la pascola y el venado, con grupos de músicos de cuerdas.

Busco claves en las frases: «Antes de que hubiera *yoris* hacíamos fiestas mejores que ahora».

Pero esto no podía entenderlo Calvo, ni los que eran como él.

2

Pesqueira y El Médano

D e mirada inteligente, relativamente joven (tenía 47 años), barbita de candado tirando a chivo, pelo escaso y sobrado valor, en 1867 Ignacio Pesqueira era el gobernador de Sonora; también era liberal, muy liberal, y desde luego entendía su estado como un vasto espacio alejado de la mirada de dios (por eso era liberal) y del progreso, y lo entendía como lo entienden los caciques, no los demócratas, porque se podía ser liberal y profundamente autoritario. (Esa era la trampa del juarismo triunfante.) Había nacido en 1820 en Arizpe, entonces capital de las provincias de Sonora y Sinaloa, pero se educó en Sevilla, España, donde se sumó a los movimientos estudiantiles progresistas; regresó a México a los dieciocho años e hizo guerra contra los gringos en el 46 bajo las órdenes del general Urrea. En los últimos años del santanismo fue inspector de los guardias nacionales de la frontera, diputado local, perseguidor de indios «rebeldes»; envuelto en pronunciamientos y contrapronunciamientos, termina como gobernador del estado y se suma al creciente movimiento liberal por la Constitución del 57.

Pesqueira era un liberal consecuente y tuvo a mérito desconocer el contrato de Comonfort con el banquero y agiotista suizo Jecker, que se quedaba gracias a ello con los terrenos baldíos de Sonora; cuando se produce el golpe de Estado conservador se suma declaradamente a las filas del juarismo y hace la guerra de Reforma del lado liberal. A fines del 57 se producen levantamientos de yaquis y mayos en respuesta a las invasiones frecuentes de sus tierras, coinciden con los gandaristas conservadores que combaten a la Reforma; Pesqueira los enfrenta con éxito al inicio del 58. Su mayor éxito es la campaña de Sinaloa que culmina con la sangrienta toma de Mazatlán en el 59.

Los conflictos con yaquis y mayos continúan en el breve intervalo entre la guerra de Reforma y la intervención francesa, Pesqueira reacciona brutalmente contra el reclamo de las tribus. Spice registra que en 1861, «en las cercanías de Tórim se puso en práctica la política de tierra arrasada», y Oswald Crawford contará que «el gobernador Pesqueira ofreció cien pesos por cada cuero cabelludo de yaqui». En el mismo año Manuel Escalante, el prefecto de Hermosillo, recibió de la milicia un grupo de más de ciento cincuenta yaquis capturados, la mayoría mujeres y niños; los envió al prefecto de Altar para dispersarlos en esa zona como sirvientes. No era inusual que el servicio doméstico en las pequeñas poblaciones fuera realizado por indígenas, pero en estas condiciones se trataba de yaquis secuestrados y forzados a condiciones de semiesclavitud.

Al convertirse la intervención francesa en el proyecto del Imperio de Maximiliano, obviamente Pesqueira eligió la causa republicana, rechazando incluso los ofrecimientos del emperador. Para los yaquis y mayos la cosa no era demasiado complicada, simplemente estaban al margen. Como dice Spicer, la guerra contra el Imperio fue «algo totalmente secundario para los yaquis». Se les puede encontrar en ambos bandos: Juan Tanori, en armas desde 1859 cuando asaltó la municipalidad de Batuc para hacerse de rifles, combatió con los gandaristas y murió fusilado en Guaymas en 1866 por las tropas de Ángel Martínez, pero hacia el final de la guerra contra el Imperio, una guerrilla de caballería yaqui de cien hombres actuó en las filas republicanas dirigida por José María Leyva, llamado Cajeme, que por méritos ascendió a capitán durante la campaña.

Con la caída del Imperio y el fusilamiento de Maximiliano en Querétaro, Pesqueira, «de acuerdo a los dictados de mi conciencia y por humanidad» ofreció una amnistía a yaquis y mayos y las tribus capitularon. Se iniciaba la restauración, la reconstrucción de un país devastado por años de guerra civil y resistencia contra el Imperio. En Sonora y muchas otras partes el progreso es sinónimo de capitalismo, cabalga el caballo del diablo aunque vaya vestido de modernidad, y tiene una cobertura jurídica y una mascarada ideológica: la Ley de Tierras Baldías permitió vender para su colonización aquello que el gobierno definía como «baldío». La legalidad (la Constitución del 57) decía que la propiedad de la tierra era individual, por lo tanto, si los yaquis querían formar parte de la nación e incorporarse al progreso, tenían que aceptar la división de sus tierras: la parcelación, la distribución de una parte entre ellos como individuos y el reparto del resto entre otros ciudadanos. Edward H. Spicer dirá: «Este sistema legal, favorecido por los terratenientes, fue investido con el aura de lo sagrado e identificado con la *civilización* por aquellos que recibían los beneficios».

El liberal gobernador decidió estimular la colonización del territorio yaqui y mayo. En el origen, un hacendado potosino llamado Ignacio Gómez del Campo pidió concesiones para ranchos ganaderos sobre los márgenes del Yaqui y el Mayo; utilizando la ley de terrenos baldíos solicitó veinticinco emplazamientos y obtuvo 43 900 hectáreas. Pesqueira creó además una sociedad que incluía al prefecto de Guaymas y dos jefes de las milicias locales, y abrió las solicitudes a mexicanos y extranjeros para la compra de lotes de cien pesos. Casi inmediatamente después pidió un préstamo a la ciudadanía por treinta mil o cuarenta mil pesos, recibió míseros seiscientos de ayuda federal y subastó la tierra confiscada al eximperialista Manuel María Gándara.

«Los yaquis vuelven a la lucha», decían los periódicos locales. Ramón Corral, personaje central en la historia futura, afirmaba: «Las tribus se levantaban con cualquier motivo».

Se produce en el Mayo un levantamiento donde matan al cacique Matías, que estaba de parte del gobierno; ataques en Santa Cruz destruyen la guarnición militar y matan al comandante militar de Bácum. Pesqueira responde situando en la zona de Guaymas una fuerza de quinientos hombres bajo el mando del coronel Próspero Salazar Bustamante y el prefecto Prado con cuatrocientos más. En una segunda fase de la campaña bajo el mando del propio Pesqueira, el general Jesús García Morales (veterano de las luchas contra el Imperio) avanzó en dos columnas hacia el interior del territorio yaqui partiendo de Guaymas y Cócorit para converger en El Médano, cerca de Pótam y en la costa.

La marcha hacia El Médano fue una carnicería, las columnas militares encontraron una muy débil resistencia de pequeños grupos, el más grande de sesenta combatientes y la mayoría partidas armadas más bien con arcos y flechas que con rifles. Detuvieron hombres, mujeres y niños; fusilaron a los que definían como dirigentes y a veces a todos los prisioneros; confiscaron ganado y robaron comida en lo que hasta el muy parcial Troncoso definiría como «guerra sin cuartel».

La prensa de la capital ignorará el tema, solo información esporádica de robos en rancherías; en la nación devastada era un mero incidente menor. Lo que pase en Sonora, al país oficial no le interesa.

Pesqueira tuvo que interrumpir las operaciones en 1868 por los conflictos armados internos del estado, los yaquis siguieron hostigando en pequeña escala las guarniciones. Hasta esos momentos, en el Valle y los ocho pueblos solo vivían veinte familias blancas o no yaquis; la penetración estaba operando en los límites del territorio. En octubre una gran inundación de los ríos Mayo y Yaqui dejó pueblos arrasados y desoló a la región.

Edward Spicer cuenta: «La mitología popular yaqui desarrolló a fines del siglo XIX la historia de que todos los mexicanos fueron hechos con la basura que Dios había barrido [y] en las ceremonias anuales de Pascua muchos seres malignos llevaban máscaras que imitaban a los soldados mexicanos (...) piel más clara, grandes bigotes y gorras».

3

La iglesia en llamas

Todo lo que se ha venido narrando hasta ahora es simplemente la cocina de un largo prólogo, el verdadero inicio de esta historia es terrible, la larga guerra popular se inició en esa iglesia incendiada. No es de extrañar, la historia de México se construye sobre barbarie y abuso, y en particular los hechos que habrán de ser contados permanecerían durante muchísimos años en la conciencia colectiva de los yaquis.

En los dos primeros meses del año 1868 los choques de las milicias estatales sonorenses contra los yaquis continuaron. No solo se perseguía a grupos de alzados, también comenzó a instrumentarse una política de confiscación de ganado bajo el pretexto de que buena parte de estas reses habían sido robadas de haciendas próximas al territorio. Entre el 8 y el 10 de enero se produjeron combates y el 12 de febrero tropas al mando del coronel Salazar derrotaron cerca de Cócorit a una partida, haciéndoles 33 muertos según el informe oficial.

Tres días después se presentan en las cercanías de Bácum seiscientos indios (hombres, mujeres y niños) solicitando paz; probablemente no tendrían nada que ver con el grupo anterior pero el coronel Próspero Salazar Bustamante, que servía bajo García Morales, jefe de la guarnición, por sospechar que «venían de mala fe» los detuvo y les pidió que entregaran trescientas armas de fuego. El grupo entregó las 48 que traían consigo, la mayoría rifles de chispa y malas escopetas, y Salazar Bustamante liberó a ciento cincuenta de ellos. Tres días más tarde marchó hacia el interior de la población con cuatrocientos cincuenta detenidos y los encerró en la iglesia, declarando que se trataba de prisioneros de guerra. Era un 18 de febrero.

La iglesia fue cercada por artillería y el coronel seleccionó al azar a diez de los detenidos, por ser supuestamente los cabecillas, y los amenazó con fusilarlos si no entregaban las armas de fuego que al parecer tenían escondidas o si alguien intentaba fugarse.

Con el pretexto de que algunos indios se habían lanzado sobre la guardia, los diez rehenes fueron fusilados a las 9.30 de la noche. En las siguientes horas algunos soldados dispararon a través de las ventanas hacia el interior del templo y se inició un incendio produciendo una situación caótica; los indios rompieron la puerta y la artillería frente a la entrada descargó varios disparos de metralla sobre la multitud desarmada. Quedaron sobre el suelo entre setenta y ciento veinte cadáveres mientras el resto de los presos, muchos heridos, huían hacia las afueras de Bácum.

Raquel Padilla cuenta que durante la fuga de la iglesia cuatro yaquis lograron llevarse un bulto que contenía una imagen de Nuestra Señora del Camino y la escondieron en una cueva en la sierra del Bacatete; el lugar se ha mantenido en secreto por más de ciento cincuenta años y cada uno de ellos, en las vísperas de la fiesta patronal, la imagen es transportada de regreso al interior de la iglesia.

En la versión oficial dada a la prensa y recogida en los partes militares, aunque no se realizó ninguna investigación de lo sucedido, se insistía en que «no se podía confiar en los yaquis» porque no habían entregado las armas e incendiaron la iglesia para poder escapar; sin embargo, la noticia de la matanza recorrió las comunidades y se contó cómo el ejército inició el fuego para matarlos a todos.

Un poema que circula hasta nuestros días dice:

> *Odien al yori*
> *porque este ha matado a los padres,*
> *a los abuelos, a los hermanos*
> *y a los parientes.*
>
> *El yori es el que siempre*
> *nos ha hecho daño con las guerras,*

nos ha quitado las tierras, las cosechas,
el ganado, los pastos y las maderas,
sometiéndonos a toda clase de torturas y vejaciones.

La palabra *yori* define a todos los extraños, los ajenos, los blancos, criollos, mestizos, anglosajones, europeos. *Yori*: «el que no respeta», por contraposición a la palabra *yoreme*, que designa a los pueblos de las riberas del Yaqui y el Mayo, y que significa «el pueblo que respeta la tradición». Un tercer término entraría en uso para definir a los indígenas que niegan sus raíces, los traidores, los colaboracionistas; serían designados como *torocoyori*: «el que niega la tradición».

Durante los siguientes cinco años los rebeldes yaquis disminuyeron en número y en actividad, el gobernador Pesqueira anunció «una cuidadosa colonización de las magníficas tierras de los ríos Yaqui y Mayo, sin causar desórdenes entre las tribus que los habitan». Le parecía una gran opción para una economía capitalista trabada por la ausencia de transporte ferroviario y la pobreza de la minería regional.

En 1873 la legislatura de Sonora aprobó una constitución que anulaba la ciudadanía de los indios. Los yaquis y mayos no eran mexicanos: «Las tribus errantes y las de los ríos Yaqui y Mayo, no gozarán de los derechos ciudadanos sonorenses, entre tanto conserven la organización anómala que hoy tienen en sus rancherías o pueblos, pero los individuos de las mismas tribus que residan en las poblaciones organizadas del estado, tendrán expedito el derecho de dicha ciudadanía». El cinismo del gobierno era notable, los habían decretado extranjeros en su tierra.

4

Cajeme

En 1874 el gobernador Pesqueira, cuyo respeto por las comunidades indígenas de su estado era poco menos que nulo, hizo un nombramiento inusitado aunque dentro de la legalidad vigente al dar posesión como alcalde mayor de los territorios yaqui y mayo a un oficial de caballería yaqui que bajo sus órdenes había combatido al Imperio de Maximiliano: José María Bonifacio Leyva Pérez. El sentido del nombramiento era transparente, «para que la cuña apriete debe ser de la misma madera» (como diría Ramón Corral, futuro gobernador de Sonora y vicepresidente de México): un yaqui como funcionario que intermediaría con los yaquis, pero un yaqui que se había formado en el ejército mexicano.

Leyva era conocido en el mundo yaqui como *Cajeme*, «el que no bebe» y existe media docena de versiones de los orígenes de su apodo, que pronto habría de ser su nombre de guerra. Unos dirán que no bebía alcohol, otros que solo bebía agua una vez al día y eso a las cuatro de la tarde, y algunos más que no era abstemio sino que por temor a ser envenenado era muy cuidadoso antes de beber nada.

Cajeme tenía alrededor de 35 años y había nacido en la villa de Pitic (conocida como Pesou por los yaquis), que pronto terminó llamándose Hermosillo, el 14 de mayo de 1835 según los registros bautismales o en 1837, o en 1842 según el *New York Times*, que también tendría que preocuparse por él. Sus padres eran yaquis, Fernando (al que algunos llamarán Francisco o Pantaleón) Leyva, de Huírivis, y Juana Pérez, de Pótam (a la que el *Times* bautizará como Hilaria Buitimea). En estas nieblas construidas por informes contradictorios que aportan confusos datos sobre los héroes del pueblo llano, sus biógrafos dirían que la familia vivió los primeros años en los pueblos de los ríos, Bácum o Ráhum, y que fue bautizado en Navojoa poco después por un misionero italiano llamado Romanani.

Todos los que han hablado de él cuentan que en la adolescencia Cajeme viajó con su padre a trabajar en la California en 1849 durante la fiebre del oro, y el propio José María Leyva recordará años después que un grupo de gringos trató de quitarles un poco de él a los mexicanos y salieron a relucir los rifles, aunque todo terminó en una negociación. Padre e hijo volverán al río Yaqui sin haberse hecho ricos, pero el joven habla algo de inglés. A los dieciséis años estudia en Guaymas con el prefecto Cayetano Navarro, lo que resulta una notable excepción para un adolescente yaqui y debió haber sido un tremendo sacrificio para su familia. Se dice que por aquellos años, en 1853, se sumó a un batallón de milicias para combatir la invasión del conde Raousset-Boulbon. A los dieciocho, ya sabiendo leer, escribir y algo de aritmética, marcha a Tepic donde se hace aprendiz de herrero; es apresado por la leva y sirve en el batallón de San Blas al inicio de la guerra de Reforma, aunque deserta a los tres meses. Trabaja como minero en El Motaje, cerca de Acaponeta. Detenido por su evasión de la milicia, lo salva Ramón Corral, al que había conocido previamente.

Viaja a Mazatlán y entra como voluntario en las fuerzas de Ramón Corona, que combate por la Reforma contra los mochos. Es curioso que cuando lo atrapan en la leva y lo obligan a combatir, deserta, para luego presentarse como voluntario; en 1859 formará parte del batallón de Sonora en el que hay indígenas pimas, ópatas y yaquis, y que derrota al general reaccionario José Inguanzo.

José María Leyva se casó por primera vez con María Salgado Ramires en un matrimonio bajo ceremonial yaqui que no aparece en los registros eclesiales. José y María tendrán dos hijos nacidos en Hermosillo: Sotero Emiliano en 1863 y Victoria en 1866.

¿Siguió en el ejército mexicano durante esos años? Se dice, aunque es poco probable, que sirve al gobierno como capitán de caballería y Troncoso cuenta que estuvo en el batallón de Sonora como sargento en el cerco de Querétaro, donde el Imperio mordería el polvo en 1867. Pero Corral, en una versión mucho más creíble, dirá que fue licenciado como cabo de artillería cuando los sonorenses terminaron su campaña en Guaymas. Combatió a partidas de yaquis (como jefe de un pequeño cuerpo de caballería) en el 67 y 68, y de nuevo Corral precisará que fue aquella una época de brutales enfrentamientos contra los yaquis y que Cajeme combatió contra los suyos al mando de un escuadrón de cien hombres, así como contra el levantamiento de Conant en el 73.

El *New York Times* añadirá a esta agitada biografía que trabajó en el ferrocarril en Álamos para J. R. Bours, donde apuñaló a un hombre llamado Abraham Jolliman y luego huyó. Si tal cosa fue cierta no fue perseguido por ello.

Ramón Corral, del que se hablará abundantemente en el futuro de esta historia, describía a Cajeme como «un hombre de mediana estatura, delgado sin ser flaco, con una sonrisa astuta en una boca desmesurada, de ceño simpático, y blando y comunicativo como pocos indios» y le atribuía una «memoria prodigiosa».

Una foto suya, tomada años más tarde, lo muestra con mirada sonriente, sombrero sinaloense de palma corta, bigotillo sesgado a lo Juan Diego; pareciera la imagen de uno de esos jarochos que tocan la guitarra en la segunda fila en un trío. No parece imponente ni amenazante, pero las fotografías engañan.

En principio parece ser que Pesqueira había dispuesto que Cajeme se hiciera cargo solamente de los poblados más conflictivos: Huírivis, Ráhum, Pótam, Tórim y Cócorit, o sea toda la zona aledaña a la sierra del Bacatete, aunque luego amplió su mando.

Pero Leyva-Cajeme, el hombre designado por el gobernador Pesqueira, procederá como capitán general de una manera inesperada para su patrocinador. En lugar de mexicanizar el poder de la zona, apelará a la estructura democrática (los funcionarios se elegían anualmente) tradicional de la tribu, se enlazará con los responsables religiosos —los *temastianes*—, con las autoridades de los ocho pueblos, con los gobernadores y con las leyendas. No es un hombre que vuelve dotado de un proyecto ajeno, aprendido en el ejército y el mundo exterior; es un personaje que está de regreso.

No lo entenderán así muchos de sus adversarios del pasado y el presente, que intentarán revisar sus actos con la lógica del que explica al caudillo regional que se abría paso en el proyecto liberal y derivaría trágicamente hacia el porfirismo. Spicer lo verá bien claro: «El viraje de Cajeme era interpretado totalmente en términos del diseño del caudillo que parecía tan normal a los líderes mexicanos». Aguilar Camín tiene una visión bastante próxima a la de Corral en su valoración de Cajeme: «un indio aculturado», «cacique autoritario», «sometió a las tribus, pero se contagió de su prurito de independencia».

Y ciertamente hizo suya la voluntad de independencia, que era mucho más que un prurito. Cajeme estableció un sistema de gobierno cuya máxima autoridad era la voluntad soberana de los ocho pueblos (Cócorit, Bácum, Tórim, Vícam, Pótam, Huírivis, El Médano y Ráhum), expresada en asambleas populares. De esa estructura democrática forman parte los gobernadores o *cobanáhuacs* (electos en asambleas con presencia de hombres y mujeres con un año de permanencia en el cargo) y los alcaldes, quienes también imparten justicia, y a ella se unían los *temastianes*, que como dice Fortunato Hernández, estaban al «cuidado de las iglesias y de los santos y la administración del culto religioso».

Cajeme era el capitán general, pero bajo la decisión tomada en consenso con las autoridades tribales democráticamente electas. Troncoso registra que Cajeme gobernaba en asambleas de los gobernadores de los ocho pueblos y que a veces se hacían asambleas populares abiertas.

No solo contribuyó a darle una forma más avanzada a la estructura del poder comunitario, también impulsó una segunda revolución (después de la de los jesuitas) en la economía al introducir cambios en los ríos, sumó al habitual comercio de sal, gallinas, sombreros, telas de algodón, petates, aves y carrizos con Guaymas; aprovechando cosechas abundantes impulsó la siembra de frijol, maíz, trigo y otros cereales y estimuló la ganadería.

Sometió a impuesto las lanchas que hacían tráfico entre El Médano y Guaymas, organizó el cobro de peaje en tierra y la venta de sal de las minas a cielo abierto, y estableció la obligación de los pueblos de sembrar un excedente de maíz y frijol para establecer una reserva, aprovechando las cosechas comunitarias que pagaban a los trabajadores.

Parece ridícula entonces la afirmación del médico militar Balbás, que años más tarde dirá: «La forma de gobierno de la tribu es muy rudimentaria». Tampoco Ramón Corral es muy fino cuando la llama una «organización imperfecta».

Si el éxito de las propuestas de Cajeme entre los yaquis fue muy rápido, sería menos importante entre los mayos, donde el gobierno mexicano había desmembrado la estructura tribal e integrado a muchas de las comunidades: solo cuatro de los pueblos tradicionales se le unen.

Troncoso y el *New York Times* coinciden en contar que antes de tomar el poder conspiró y asesinó al cacique yaqui Julio Mayoroqui, alias el Jaguali, y así lo consiguió.

Corral cuenta que Cajeme enfrentó varios intentos de quebrar su cacicazgo, que hubo una conspiración para matarlo pero la descubrió a tiempo y fusiló a los conspiradores. Otra vez Cajeme enfrentó el cuestionamiento de su mando por un yaqui llamado Yorijelipe («Felipe el *yori*, el blanco») por un problema en torno a las salinas (de las que la comunidad sacaba buen dinero), y lo derrotó en una asamblea donde puso a disposición la espada, símbolo de la dirección militar del movimiento, y sugirió que se la dieran a Yorijelipe, pero la asamblea lo confirmó entre aclamaciones y expulsó al otro de la zona del río.

5

La insurrección
(1874-1876)

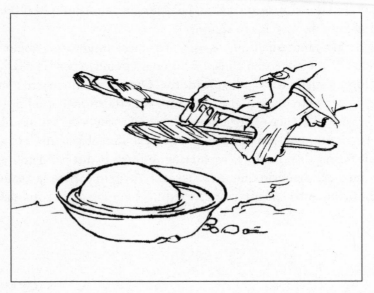

La acción era anunciada por el sonido de los tambores: los pequeños tambores que en la vida común sirven para llamar a misa, dar el toque de alba, invitar a la reunión o pasar mensajes, sonarían antes de cada combate. Las crónicas de la época hablarán del pánico que produce entre soldados y rancheros la aproximación de ese redoble.

Para tocar un tambor de agua yaqui (*baa-wehai* o bueja, un recipiente grande de barro o de madera, el cual se queda fijo en el asiento y se llena de agua hasta el borde; en esa agua se coloca una jícara que flote, esta con un pequeño orificio para sujetarla con un cordón y así poder controlarla fácilmente con la mano izquierda) primero hay que templarlo a la lumbre, colgarlo luego a la cintura y después comienzan a sonar los toques a varias velocidades mientras se gira hacia los cuatro puntos cardinales. Para poder ser tamborilero hay que tener más de catorce años y el cargo es tan importante que sigue tras el del alférez.

¿En qué momento comenzaron a sonar los tambores? ¿En qué momento la red civil y política de los pueblos a la que se subordinó Cajeme se volvió una red militar? Muy probablemente desde el inicio de su mandato; la guerra defensiva había estado asociada a la vida de las comunidades yaquis desde el más remoto de los tiempos. Y en esa tradición, las aportaciones de este capitán de caballería serían esenciales.

Se movió en principio visitando los pueblos de la zona mayo desde fines de 1874 y en noviembre visitó al viejo Luis Tánori. En febrero de 1875 celebró las fiestas de Pascua con las comunidades mayo en El Vergel y en febrero del año siguiente estuvo con ellos en El Ronco, cerca de Navojoa; en cada uno de estos constantes viajes a los pueblos mayos Cajeme fue visto teniendo largas conferencias. También frecuentó las aldeas de seris, ópatas y pimas de los alrededores, sugiriéndoles que no se unieran al ejército mexicano y no permitir que los reclutaran.

Convenció a los gobernadores de que mantuvieran hombres armados; mientras unos se acuartelan, otros se dedican a las siembras y al ganado. Creó corredores a pie y a caballo para enlazar las partidas, comisionó espías (*jijiuem*) en los pueblos mexicanos, y finalmente forjó una estructura piramidal de mando: alférez, capitán, teniente, sargento, cabo.

Tal vez sea de esa época el juramento de los oficiales de las milicias yaquis, a los que se les entregaba un carcaj de flechas con arco y un tocado de plumas o de cola de zorro. Un juramento de notable belleza:

Para ti no habrá ya sol.
Para ti no habrá ya noche.
Para ti no habrá ya muerte.
Para ti no habrá dolor.
Para ti no habrá ya calor ni sed ni hambre,
ni lluvia ni aire, ni enfermedad ni familia.
Nada podrá atemorizarte.
Todo ha concluido para ti
excepto por una cosa: el cumplimiento del deber
en el puesto que se te designe,
allí quedarás por la defensa de tu nación,
de tu pueblo, de tu raza,
de tus costumbres, de tu religión.
¿Juras cumplir con el mandato divino?

La debilidad del proyecto, su talón de Aquiles, era el armamento: los yaquis, dotados de arcos y flechas, tenían que obtener armas de fuego para enfrentar al ejército mexicano y apenas contaban con algunas malas escopetas y fusiles de percusión, unos Remington que han obtenido de los desertores y unas cuantas pistolas y carabinas de repetición tomadas en los asaltos a los ranchos cercanos a los ríos.

Cajeme organizó retenes para quitar las armas a los viajeros, estableció conexiones con comerciantes estadounidenses que vendían armas y parque; los miembros de la tribu que trabajaban en haciendas, ferrocarriles o minas, negociaban armas. Por Nogales, Agua Prieta y Naco se contrabandeaban fusiles, revólveres y munición estadounidense, producto del excedente que existía al final de la guerra civil. A pesar de la cantidad de fuentes no estamos hablando de logros espectaculares, los yaquis eran un pueblo pobre en dinero y en oro; pero estas redes hormiga, según acontecimientos posteriores habrían de demostrar, dio armas de fuego a no más de un diez por ciento de las milicias.

Y para que este precario armamento fuera útil, había que dotarlo de municiones: durante los siguientes treinta años este será el principal problema de una rebelión aislada totalmente de la modernidad bélica. Para adquirir cartuchos se empieza a cobrar cuotas a los comerciantes que trafican en los ríos, se pide rescate en munición por el reintegro de reses robadas a los ganaderos cercanos y se crea una red, que las autoridades mexicanas reconocen «no se ha podido descubrir», para comprar municiones y armas en Guaymas (donde los comerciantes se las venden muy caras), se da protección a los escasos desertores del ejército. Hay además un contrabando hormiga de municiones (de dos en dos, de cuatro en cuatro) en la Sonora no yaqui; a esto habría que sumar el que en el territorio comienza a fabricarse pólvora aunque de muy mala calidad.

A ello hay que añadir un nuevo factor: Cajeme crea un pequeño cuerpo de caballería en una región donde tradicionalmente abundan los mulos y los burros, pero no hay caballos ni domesticados ni salvajes. Con su lugarteniente general, Loreto Molina, un cuerpo montado se desplazaba por los ocho pueblos hasta el Mayo, y como dice Spicer «con frecuencia cantaban durante sus largas cabalgatas y a menudo se burlaban del ejército mexicano». ¿Se había iniciado la rebelión? Sin duda, pero como siempre en la lógica yaqui, a la defensiva, a la espera de la agresión sobre su mundo y sus tierras.

En 1875 la era Pesqueira se agotaba y las elecciones sonorenses enfrentaban a su hermano, el coronel José J. Pesqueira, a Francisco Serna, generando una fuerte oposición que se acrecentó ante un fraude electoral. Sebastián Lerdo gobernaba el país desde 1872 y esta revuelta yaqui se dará en un México sacudido, aislado, confundido tras la muerte de Benito Juárez. Lerdo envió al general Mariscal a mediar en lo que se había convertido en una revuelta armada.

Mientras tanto Cajeme convocó en junio de 1875 a una gran asamblea en Tórim a la que asistieron gobernadores, *temastianes* y jefes de guerra; en Santa Cruz también había reuniones de los mayo.

¿Aprovechó Cajeme la debilidad del gobierno local para iniciar el levantamiento? ¿Se rebeló ante el intento de Pesqueira de hacer una leva entre los yaquis y envolverlos en la guerra civil, como sostienen algunos historiadores? ¿Reaccionaba ante el crecimiento de haciendas sin permiso de las comunidades en los territorios yaquis y mayos del valle de Guaymas?

El hecho es que los yaquis y los mayos, como habrían de hacer en tantas ocasiones, atacaron en regiones que estaban dentro de los límites de los territorios originales. En julio de 1875 los mayos invadieron Santa Cruz y Cajeme ordenó a los guerreros yaquis la toma de Cócorit (uno de los pueblos originales, donde había crecido la presencia no indígena): ambas poblaciones fueron arrasadas e incendiadas. Los mestizos y blancos mexicanos y extranjeros que habían colonizado la parte baja del río Yaqui durante los últimos años del gobierno de Pesqueira huyeron en desbandada.

A fines de octubre se produce un ataque yaqui en el Guájiri, en la sierra del Bacatete (a pocos kilómetros de La Pitahaya); las partidas armadas amenazaban Bayoreca y la hacienda de Buenavista.

El prefecto de Santa Cruz mandó veinticinco hombres de caballería a combatir a los mayos, y el 26 de noviembre Pesqueira ignoró la rebelión de Serna por el momento y se dirigió al corazón de territorio yaqui con quinientos hombres y una batería. Cajeme, que había salido de Tórim, se dice que con mil quinientos guerreros (la cifra es de Corral, pero probablemente serían menos) se colocó con la cordillera del Bacatete a su espalda. El encuentro de ambas fuerzas se produce el 1 de diciembre en un lugar llamado La Pitahaya.

Pesqueira envió un emisario ofreciendo la paz y Cajeme respondió que no se sometería hasta que los invasores no abandonaran el territorio yaqui. A las tres de la tarde se inició el combate. El fuego del cañón hará la diferencia porque hace estragos entre los indios, Troncoso cuenta que las tropas de Cajeme se lanzaban a pecho descubierto contra la artillería y que los yaquis dejaron en el campo sesenta o setenta muertos y tuvieron muchos heridos; el ejército sufrió veinte bajas. El resultado de la batalla es incierto porque ambas fuerzas se repliegan en la noche.

Pequeños encontronazos, hostigamiento de guerrillas, la columna de Pesqueira llega hasta El Médano. Para el 19 de diciembre Pesqueira tomó las lagunas, única fuente de agua antes de llegar al río. En un informe escrito posteriormente, Luis E. Torres, que no se caracterizaría por su blandura ante los yaquis, contaría: «se les capturaron familias, cometiendo con ellas algunos actos de crueldad, se les quitaron sus propios bienes, se fusilaron cuantos prisioneros cayeron en poder de las fuerzas y se les cometieron otras diversas clases de ultrajes». El ejército sonorense fusilaba a los capturados, armados o no; saqueaba ranchos y robaba pueblos.

Pesqueira estableció su cuartel en El Médano y comenzó la construcción de un fuerte, pero la rebelión de Serna había crecido de tal manera que no le quedó otra que retornar a Ures, en ese momento la capital del estado, para combatirlo; a lo largo de 1876 las fuerzas de Serna y Pesqueira mantuvieron una entente armada sin ceder unas a las otras. Un hecho en la política nacional modificó la situación: Porfirio Díaz toma el poder a partir del virtual triunfo de la revuelta de Tuxtepec (24 de noviembre de 1876) y se producía a nivel federal un cambio de guardia. El nuevo presidente envió un intermediario para arreglar los problemas de Sonora que pudo dar por terminada la rebelión de Serna.

Mientras esto sucedía, el ejército dejó a las comunidades en paz; Pesqueira declaraba que tras la derrota que habían sufrido estaban menguadas, no eran de preocuparse. Los yaquis lo interpretaron al revés: los soldados se habían replegado y luego salido del territorio. Desde el punto de vista de las comunidades Cajeme era el triunfador: sacó a los *yoris* del territorio. El hecho es que se trataba de un empate pero entre los yaquis se creaba una conciencia de la posibilidad de la victoria ante tropas muy superiormente armadas.

Los enfrentamientos menores continuaron en la zona y los mayos amenazaron Navojoa, que estaba resguardada por milicias.

6

La modernidad, la paz, los nuevos personajes
(1877-1882)

Luis E. Torres

Curiosamente esos años de «relativa paz» no fueron utilizados por los hombres del poder y el dinero sonorense para continuar la penetración en el territorio yaqui y el polo de desarrollo se orientó hacia las zonas mineras, la propia nueva capital, Hermosillo, y el puerto de Guaymas, que viviría una época dorada como centro comercial de donde salían cargas de oro y plata y llegaba el comercio terrestre con Estados Unidos a través de Arizona y marítimo vía San Francisco.

De 1877 a 1882 los yaquis permanecieron en calma bajo el liderazgo de Cajeme, dentro de los términos de una paz relativa no acordada y no firmada, y desde luego mantuvieron su organización militar. Mientras los dejaran tranquilos y no se produjeran invasiones de su territorio, como decía un contemporáneo, «se contentaban con vivir independientes». Solo algunos choques aislados y un pequeño conflicto en la zona mayo, donde la penetración de los terratenientes era más amplia, cuando los jefes Felipe Valenzuela y Miguel Totoligoqui se levantaron en San Pedro, trataron de destruir una vinatería y luego atacaron en dirección a Navojoa provocando la huida de la mayoría de los colonos, siendo más tarde derrotados y muriendo doce indios en el enfrentamiento contra la tropa.

En la Sonora «blanca» el mundo giraba de manera diferente. En los siguientes ocho años la población crecerá un tercio, de 110 mil a 147 mil habitantes; en abril del 79 la capital se cambiará de Ures a Hermosillo, llegará el beisbol, el telégrafo, el teléfono, el ferrocarril.

En abril de 1877 una fragata estadounidense llamada *Montana* entró en Guaymas; poco después los marinos pidieron permiso a la capitanía de puerto para bajar a tierra firme y practicar un juego. Con la ayuda de curiosos y mirones acondicionaron el terreno baldío al que se conocía con el nombre de Plaza de los Carros, sacaron bates, pelotas y guantes y comenzaron a practicar un juego raro que llamaban beisbol; era el 3 de mayo. Otros barcos, como el *Newborne*, repitieron el hecho, que para los naturales era una mezcla de deporte y circo; poco después existía un equipo local en el puerto.

El teléfono apareció en Hermosillo el 8 de enero de 1880, una línea muy corta entre la Tesorería General y la Secretaría de Gobierno, algo más tarde habría una línea telegráfica entre Hermosillo y Guaymas y meses después se estableció la comunicación telefónica entre Álamos y Minas Nuevas.

Pero quizá la transformación más profunda habría de producirse por la llegada del ferrocarril. Antes de la construcción de las líneas, el camino que unía a Hermosillo con Guaymas era prácticamente una brecha llena de hoyancos, cruzada por arroyos sin vados y otros obstáculos, piedras, grandes ramas; la ruta de Hermosillo a Tucson estaba aún en peor estado y llena de bandidos. Sonora vivía en el aislamiento.

El 4 de noviembre de 1880, ante la sorpresa y el júbilo de los locales, una locomotora, traducida la palabra por la plebe como «loca Nestora», traída vía Cabo de Hornos por la fragata *Triunfant* desde Boston, fue probada en las vías que poco antes comenzaron a tenderse en la Punta de Arena. La concesión por 99 años había sido dada a una empresa inglesa representada por Robert Symon y David Ferguson y se había pensado originalmente como una ruta de Guaymas a Paso del Norte, con derechos de vía de setenta metros y siete mil pesos de subvención por kilómetro. Como la intención inicial era llevar el destino a Nogales, los nacionalistas vieron el riesgo de anexión a Estados Unidos y se opusieron pero poco después, el 14 de septiembre de 1880, el propio Porfirio Díaz como cabeza de un grupo asesor la aprobaba.

El 4 de noviembre de 1881 se inaugura el ferrocarril Guaymas-Hermosillo en la estrenada capital: bandas de música acompañan en el primer viaje al general Guillermo Carbó, jefe de la Primera Zona Militar que estaba a punto de entregar el mando y marcharía un tiempo fuera de Sonora. Se sale de Guaymas a las seis de la mañana y a las seis de la tarde se llega a Hermosillo, donde por la noche hubo un gran baile que concluyó a las seis de la mañana siguiente porque partiría de retorno con quienes hubiesen viajado a celebrar el proyecto. La fecha fue elegida para celebrar el cumpleaños del nuevo gobernador, el general Luis Emeterio Torres.

La línea se había construido con problemas financieros, golpeada la labor por enfermedades como la fiebre amarilla y el trabajo mal pagado a los indígenas. Finalmente se terminaría en 1882 en dirección a Nogales, no a El Paso.

Los «años de la paz» serían los del ajuste del poder bajo el supremo mando de Porfirio Díaz a la distancia. En 1877 el general Mariscal, un lerdista, no terminó el mandato estatal, un movimiento armado local lo sustituyó por Francisco Serna, el vicegobernador. En la rebelión contra Mariscal y a favor de Serna confluyen los personajes que serán claves en los próximos años: de un lado el coronel de milicias Otero y del otro los generales Torres y Carbó.

Muchos de los futuros barones de Sonora no serán sonorenses, llegarán hasta estas tierras en las varias mareas que intervenciones militares, golpes de Estado y aventuras económicas han producido en medio siglo. Tienen un barniz de ilustración común a los militares menos sólidos del liberalismo, ideológicamente son pragmáticos, han estado en varias guerras (de una dureza tremenda, pasando hambres y recogiendo amigos muertos) y poseen en común una idea de progreso que está escondida en el envenenado clóset del liberalismo más puro y que surge del rechazo al país de mentiras del clero y los bicornios y espadones, pero también de las bondades de la supuesta modernidad: el «enriqueceos» que proclama el nuevo capitalismo.

José Guillermo Carbó era un oaxaqueño pequeño, flaco, de cuarenta años, que a diferencia de los otros «sonorenses» (en 1879 fue nombrado «ciudadano sonorense» por méritos golpistas) era dado a los uniformes de gala y tenía un bigote que lo desbordaba en una cara que parecía de muñeco de aparador. Hizo la guerra de Reforma en 1857 como soldado; en la guerra contra el Imperio ya era capitán y combatió en las Cumbres de Acultzingo como ayudante del general Porfirio Díaz. Participó en el sitio de Puebla, en la campaña de Oaxaca, en la batalla de La Carbonera, en el asalto de Puebla, en la batalla de San Lorenzo y entró triunfante en la ciudad de México con su general. Fue electo diputado varias veces. Al triunfo de Tuxtepec, el general Díaz lo llamó al servicio activo y en octubre de 1878 le encomendó la jefatura de las armas en Sinaloa y luego la de toda la Primera Zona Militar que incluía Sonora.

Como un rasgo distintivo habría que decir que Carbó era un borracho, bebía coñac en grandes cantidades, era muy aficionado a los juegos de cartas y a las parrandas, y cada vez que se embriagaba armaba buenos escándalos. Era además un mal poeta, en una de sus salidas fuera del territorio escribió:

> *Sonó la hora fatal de la partida;*
> *adiós, Sonora, adiós; de ti me alejo;*
> *pero al darte mi tierna despedida*
> *parte de mi alma con mi adiós te dejo.*
> *Si por desgracia mi destino airado*
> *hace que para siempre yo te pierda,*
> *el amor que te tuvo este soldado,*
> *alguna vez benéfica recuerda.*
> *(...)*
>
> *El periodo de paz y de confianza*
> *que has empezado a disfrutar ahora*
> *es el signo feliz de la esperanza*
> *que en tu cielo divísase Sonora.*

El porfirista general Luis Emeterio Torres, elegido gobernador en 1879 (con otro militar, Tiburcio Otero, como vicegobernador y con Ramón Corral como secretario de Gobierno), en el momento de su nombramiento rondaba los 35 o 36 años y era originario de la zona minera en Guadalupe y Calvo, Chihuahua, aunque había vivido su juventud en Sinaloa.

Ingresó en el ejército para combatir la intervención francesa; en 1862 era cabo y en 1868 teniente coronel. Ese año se sublevó contra el gobierno de Sinaloa siguiendo al general Ángel Martínez, y al ser vencida la rebelión quedó fuera del ejército. Secundó el Plan de La Noria, operó en el norte de Sinaloa y el sur de Sonora, y se amnistió a la muerte de Juárez; fue diputado federal por Álamos. Apoyó el Plan de Tuxtepec: buen amigo de Porfirio, se levantó contra Pesqueira en Sonora. Hombre de cabello escaso, bigote poblado pero bien recortado, ojeras prematuras y mirada despectiva, había descubierto muy pronto que su destino personal estaba ligado a la región y al supremo caudillo nacional.

A diferencia de Torres, el general José Tiburcio Otero, casi diez años mayor que él, era un nativo de Quiriego, en la zona de Santa Cruz del río Mayo, y dueño de una hacienda de siete mil hectáreas en la región. Oficial de milicia, combatiente en favor y en contra de alzamientos locales, rechazando invasiones, en guerra eterna contra yaquis y mayos, incluidas las campañas de Pesqueira, era el hombre fuerte de las milicias de Sonora a las que había reorganizado con el grado de coronel; en 1879 fue nombrado gobernador interino del estado.

En cuanto Torres se hizo con la gubernatura, un grupo más o menos cohesionado de personajes, los que luego constituirían la columna vertebral del baronazgo porfirista en Sonora (Luis y Lorenzo Torres, Ramón Corral, Carbó, Tiburcio Otero, Rafael Izábal, Vélez Escalante, Alberto Cubillas) comenzaron a actuar de común acuerdo; serían elementos claves el ferrocarril y el nacimiento del Banco de Sonora, una empresa méxico-estadounidense que tenía a Corral como accionista. Todo esto coincidía con un incremento importante de las explotaciones mineras.

Nombrado el 13 de agosto del 80, otro nuevo personaje, sustituyendo a José Guillermo Carbó, se uniría al grupo que habría de tomar decisiones fundamentales: se trataba del general Bernardo Reyes, quien tomó posesión de la Primera Zona Militar (Sinaloa, Sonora y Baja California) el 15 de noviembre del mismo año.

Bernardo Reyes era un jalisciense de treinta años, con una notable carrera militar en la lucha contra el Imperio de Maximiliano que lo llevó a estar presente a los diecisiete años en el cerco y la debacle imperial en Querétaro. Durante los siguientes diez años adquirió fama de valiente, fue herido en combate contra Lozada, y luego apoyando a Porfirio en la batalla de Villa Unión, recibió tres heridas. Lo acompañaba su notoriedad de arrojado e ingenioso y el nombramiento de general brigadier, uno de los pocos que había en el país, que Díaz le dio en premio. Era, en el momento en que lo envían a Sonora, una de las figuras en ascenso del nuevo régimen.

El novel equipo pasó a la ofensiva; el gobernador Torres comenzó los preparativos para distribuir la tierra alrededor de los pueblos mayos y yaquis e iniciar la construcción de un canal de riego en la región. Un día después de la llegada de Reyes, el 16 de noviembre, la Secretaría de Fomento le indicaba al gobierno estatal que hiciera repartos a los indios del Mayo de lotes de cuatro leguas, pero la iniciativa no pudo prosperar porque el descontento en los ríos fue grande y los indígenas armados impidieron la entrada de ingenieros.

A fines de 1880 el congreso local, el gobernador Torres y el general Bernardo Reyes formularon un plan y pidieron la ayuda del gobierno federal para llevarlo a cabo. En una enorme declaración relataban cómo fue que los pápagos, ópatas y seris se habían vuelto «pacíficos y trabajadores» y así, poco a poco y con el paso del tiempo, los dominios de tales tribus que poblaban Sonora se habían reducido para dar lugar a la civilización, formando «una gente que aunque no es la más educada en la República tampoco es la última». Calificaban a los yaquis y mayos como salvajes (unos catorce mil, de los cuales al menos dos mil estaban armados) que ocupaban «una gran extensión de tierra sobre dos de los mejores ríos que posee el estado» y eran «amos de las más fértiles tierras, sin organización, sin obediencia a cualquier autoridad o ley, totalmente fuera de la obediencia a todo gobierno, y lo que es peor, constantemente juntando materiales de guerra como preparándose para una lucha armada y cometiendo continuos robos y asesinatos».

Explicaban que una «guerra sin cuartel» no funcionaría y una «guerra de castas» tampoco; dadas estas circunstancias, proponían que el gobierno federal enviara mil soldados para establecerlos en territorio mayo y yaqui, donde se les dotaría de tierras. Estos constituirían una coraza apoyados por las fuerzas locales de las milicias estatales, haciéndoles entender a los indios rebeldes que era inútil resistir: se trataba llanamente del primer paso en una guerra contra las comunidades de los ríos.

El plan fue enviado al secretario de Guerra y Marina, quien les contestó que no tenía mil soldados disponibles pero que estaba a su disposición en caso de emergencia. El bosquejo del plan no habría de llegar a Porfirio Díaz, el 1 de diciembre de 1880 Manuel González, general y compadre de Porfirio, asumía la presidencia.

El 29 de mayo de 1881 Bernardo Reyes concretó sus propuestas en un informe a la Secretaría de Guerra en que reconocía que la raíz del conflicto eran las avariciosas denuncias de las tierras yaquis que excedían la totalidad del territorio «despojando totalmente a los indios», el principal de los «innumerables males» que les causó el gobierno de Pesqueira; pero que «el instinto de salvaje independencia propio de esa raza» obligaba a una recia intervención. Mencionaba la «horrible anomalía» de gobiernos controlados por los indígenas y que algunos de los pueblos mayos, principalmente Macoyaqui, Conicorit, Camoa, Tesia y Navojoa, se «habían liberado del dominio de los salvajes» y vivían en conformidad con la organización municipal. Incluye una pregunta al gobierno federal: «¿Será que el gobierno mexicano es tan débil que no puede reducir al orden a estos salvajes, de exigirles vivir como todos los demás habitantes y de hacerlos comenzar a vivir una vida de civilización?»

Definir al enemigo como semisalvaje justificaba todo. Ramón Corral, uno de los más lúcidos canallas de esta historia, reconocía en los yaquis y su cultura la presencia del cristianismo, pero estaban «contaminados por el paganismo» y el fanatismo. Este doble lenguaje, esta mentalidad de rapiña era el liberalismo converso en porfirismo.

Reyes caracterizaba a Cajeme: «mal lee y mal escribe», ha perdido poder a causa de sus abusos, los «males crónicos que padece (...) lo tienen postrado en la inacción», y piensa que se puede aislar a los yaquis de los mayos, aunque todos juntos pueden poner en pie a dos mil hombres, mil con viejas armas de fuego, trescientos con rifles de repetición y el resto con arcos y flechas. (Suponiendo que Cajeme hubiera podido en estos cinco años de «paz armada» mejorar el armamento de la tribu, aun así, como los hechos habrían de probar, Reyes sobrevaluaba la potencia de fuego de los yaquis.) En su informe señalaba que los recientes licenciamientos de tropas permitirían enviar a estos a Sonora como parte de su plan original de poblar con soldados la zona.

Mientras Reyes presionaba a la Secretaría de Guerra, el gobernador Luis E. Torres pedía reiteradamente la intervención federal: la situación de los ríos en el interior del estado hacía urgente pacificar a «los yaquis y mayos reacios en su vida salvaje», e insistía en que los indios preparaban una revuelta.

La Secretaría de Guerra le respondió a Reyes el 19 de julio de 1881, diciendo que la licencia de soldados que había comentado la prensa no era cierta, por lo que la propuesta no procedía. A mediados de septiembre de 1881 y de nuevo en diciembre del mismo año la secretaría le respondió al congreso local y luego al gobernador Torres que si querían hacer guerra a yaquis y mayos debían hacerlo con lo que tenían a su alcance, que no podrían contar con más fuerzas federales.

En ese mismo año, claramente alertados de que se iniciaría una ofensiva contra ellos, los rebeldes mayos y yaquis destruyeron las haciendas de Cabora y Aquihuiquichi, robándose cerca de nueve mil cabezas de ganado mayor, caballos y mulas.

7

El *affaire* Ortiz y el combate de Capetamaya
(1881-1882)

L a tan anunciada ofensiva contra Cajeme y los yaquis sin embargo no se produjo; un gran conflicto local entre las fuerzas que construían el gran poder sonorense aplazó la confrontación.

El 1 de septiembre de 1881 toma el mando como gobernador electo Carlos Rodrigo Ortiz, un sonorense nacido en Álamos en 1851, por lo tanto, a punto de cumplir los veintinueve años. Había estudiado en el Liceo de Sonora y en Alemania, y se tituló de abogado en el Distrito Federal, haciendo carrera política en la región como diputado local y luego federal. Definido por sus contemporáneos como «hombre de talento y educación esmerada, carácter violento y falto de sentido práctico», una de las primeras medidas de su gobierno fue marginar a los adeptos del general Luis E. Torres, incluso pedir al ministro de Fomento (Pacheco) que lo liberara de la presencia del exgobernador.

Hacia fines de ese año Ortiz inauguraba el primer tramo del ferrocarril Guaymas-Hermosillo y Torres salía en diciembre en un viaje de vacaciones a Nueva York, donde el 10 de diciembre se encuentra «casualmente» con el general José Guillermo Carbó y con Ramón Corral, que venían en barco desde Veracruz también de vacaciones. Sin que haya testigos, resulta obvio que los tres se pusieron de acuerdo para sacar del gobierno a Ortiz.

Este mientras tanto emite una ley para que no se les pueda descontar más de la cuarta parte del salario a los peones de las haciendas por manutención y vivienda, nombra jefe de las milicias del estado al general José Tiburcio Otero y días más tarde, el 15 de enero del 82, pide al congreso local facultades extraordinarias en los ramos de Hacienda y Guerra para «imponer respeto a las tribus de los ríos Yaqui y Mayo». Habrá roto con Torres y sus amigos, pero en lo que respecta a los yaquis sigue con el mismo plan de guerra.

A fines de enero Ortiz responde a los ataques de sus enemigos y se queja ante el gobierno federal de que Carbó anda hablando de más: «En el Tucson no tuvo embarazo el Sr. Gral. Carbó de asegurar públicamente que venía dispuesto a arrojarme del gobierno, si yo no quería sujetarme a ser consecuente en todo con los deseos de don Luis E. Torres y sus amigos, jactancias que inmediatamente circularon por todo el estado produciendo una gran alarma a la vez que una profunda indignación». Tratan de imponerle a Ramón Corral como secretario de Gobierno, y entra en el encontronazo «la inquebrantable resolución de sostener la dignidad del gobierno del estado aun cuando para ello fuere preciso sacrificar mi vida y el porvenir de toda mi familia». Le escribe al expresidente Porfirio Díaz y al ministro de Guerra Naranjo. Carbó, el 31 de enero, responde en misivas a la ciudad de México: Ortiz tiene «un carácter inmoderado e irreflexivo». El gobernador de carácter violento y el general dipsómano vuelven a enfrentarse cuando Ortiz quiere armar cinco batallones de milicias, lo que desde el punto de vista de Carbó es una fuerza desproporcionada que atenta contra la visión porfiriana de un ejército centralizado; Ortiz acusa entonces a los torristas de «haber dado la consigna a Julián Valdez de asesinarlo».

Se producen entonces las incursiones de apaches en los distritos de Moctezuma y Sahuaripa. Ortiz pone a disposición de Bernardo Reyes (que los está combatiendo con fuerzas federales) las milicias estatales para enfrentarlos, pero luego habla del futuro levantamiento de los yaquis y le quita el mando, acusando al general Reyes de estarlos apoyando.

Curiosamente, uno de los factores que precipitarían la crisis entre Carlos Rodrigo Ortiz y la facción de Torres sería la llegada en mayo del 82 a Hermosillo del doctor Pedro Garza con una biblioteca de cinco mil volúmenes y una botica bien surtida, un observatorio astronómico y materiales para un museo de historia natural, todo ello comprado en Europa a precios exorbitantes. Con una inversión de sesenta mil pesos para contratar catedráticos y adquirir obras y colecciones zoológicas, el 1 de julio Ortiz fundó el Instituto Científico y Literario bajo la dirección del doctor Garza; Escobosa recoge la opinión de sus paisanos que dicen que el instituto era la muestra de que el gobernador estaba medio loco.

El 22 de septiembre el general Reyes le escribía a José G. Carbó, alertando de que los movimientos de Ortiz alebrestarían a los yaquis, haciendo que «los obliguen a ponerse cuando menos a la defensiva».

El 10 de octubre Ortiz cambia la residencia de la capital a Guaymas, donde tiene una mayor base de apoyo que en Hermosillo. La guerra entre las facciones es de palabras: cartas, artículos, mensajes enviados a la ciudad de México, descalificaciones y rumores. Dos días más tarde *La Constitución* (bajo control de Ortiz) polemiza públicamente con *El Sonorense* de Guaymas, al que acusa de estar dirigido en las sombras por el general Reyes, jefe de la guarnición federal, aliado con Luis E. Torres, que había alardeado de un golpe militar. «Agentes venidos del vecino estado de Sinaloa quieren azuzar al cacique Cajeme y le comprometen a que inicie la revolución sublevando a las tribus yaquis y mayo», afirmaba, y que «en pago a sus servicios le aseguraron que reconocerían el gobierno que había hecho en los ríos».

Ortiz, que había pasado a la acción desde agosto, designando a su hermano Agustín, propietario de una gran hacienda cerca de Navojoa, como comandante militar del distrito de Álamos, a cargo de las tropas estatales, le dio orden de iniciar la guerra. Reyes diría más tarde: «La hostilidad partió del gobierno hacia los indios».

La concentración de tropas estatales había creado gran inquietud en la zona y Cajeme movilizó a los yaquis. Los indios saquearon el ganado de las haciendas en las zonas aledañas: los ranchos de Bacabachi, Capetamaya, Chinobampo, Yopori y Torobena, que están entre Agiabampo y la ciudad de Álamos, llegando en sus incursiones hasta treinta kilómetros de esta última. Cajeme, para dar de comer al pequeño ejército que estaba reuniendo, ordenó que se mataran trescientas reses en solo tres días.

Al inicio de octubre Cajeme se sitúa cerca del pueblo de Etchojoa con una gran partida. Las cifras serán siempre producto de dudas, *La Constitución* hablará de que no había más de dos mil guerreros en dos bandas, Corral aseverará que tres mil y las fuentes gubernamentales mencionarán a tres mil yaquis a los que sumaron mil mayos.

El 6 de octubre de 1882 llegan rumores al gobernador Ortiz de que yaquis y mayos están reuniendo fuerzas para un alzamiento en número de quince mil hombres (los dos que primero fueron tres y luego cuatro, ahora eran quince) y que tienen abundantes municiones y armas, incluso artillería.

Cajeme avanza hacia Agiabampo pensando que ahí puede obtener un botín importante en armas y municiones. Engañado por Cajeme, quien simuló que había dispersado a sus tropas, Agustín Ortiz sale de Navojoa el 15 de octubre a las doce de la noche con ciento treinta hombres de caballería y ciento cincuenta infantes; poco antes de llegar le informan que el caudillo está en Capetamaya con el grueso de sus fuerzas y que tiene cuatrocientos de caballería y ochocientas armas de repetición. A las 5.30 de la mañana, bajando una lomita, van a dar contra la emboscada de los yaquis. En la versión oficial Agustín Ortiz, «con un arrojo que rayaba en delirio» mandó a tocar a degüello y atacó a bayoneta y machete. Los indios, sorprendidos, «no tienen tiempo de lanzar sus griterías que siempre acostumbran»; según Troncoso, se «trató de un reñido combate verdaderamente sangriento».

El combate durará dos horas y media y las tropas de Ortiz se retiran a Navojoa con quince muertos y cincuenta heridos (cuarenta en otras versiones), entre ellos varios oficiales. En la versión de Reyes, «las fuerzas del estado retrocedieron, sufriendo gran dispersión», pero *La Constitución* convierte la derrota en un «triunfo absoluto».

Cajeme resultó herido en la mano derecha, perdiendo el dedo índice, y más tarde se anunció que entre los muertos yaquis había «gente de razón» como un tal Alejandro Jáuregur o Jáuregui del pueblo de Tórim. El ejército cifraría las bajas yaquis en doscientos muertos.

¿Quién triunfó en Capetamaya? Aunque los yaquis se replegaron hacia su territorio, era claro que habían detenido de nuevo la ofensiva de los *yoris*, y así habrían de interpretarlo las tribus: se sentían otra vez dueñas de su territorio. Un interrogatorio a José Loreto Yoicheptemea dos años después de los hechos aportaría una información clave: «como cien rifles y una carga de parque metálico fueron traídos al río como botín de la acción de Capetamaya», o sea que las fuerzas estatales perdieron en el combate un centenar de rifles.

En el territorio yaqui se consolidaba el poder y la autonomía de la tribu. En un informe fechado el 29 de noviembre de 1882 el cura Tomás de Galdeano dice que su predecesor, Sánchez, se negaba a visitar los pueblos yaquis porque tuvo que salir huyendo y «llegó a Guaymas todo asustado (...) se enfermó y se decía que había perdido la razón».

Los comerciantes de Álamos pidieron a los federales que dirigía Bernardo Reyes que fuera enviada una fuerza a Navojoa y este mandó al 6º batallón.

El desastre acelera el golpe militar en marcha contra Ortiz, el cual se producirá de manera silenciosa. El 29 de octubre el gobernador pide una licencia de tres meses y el 31 asume el poder el vicegobernador Antonio Escalante; cumplido el plazo, a fines de enero de 1883 Ortiz obtuvo una prórroga de su licencia por cuarenta días y tropas federales bajo orden de Reyes lo escoltaron al exilio a Estados Unidos. Ortiz, después de la renuncia y expulsión de Sonora, no volvió a figurar en la política local y falleció demente en la ciudad de México en 1902.

Finalmente, y tras una serie de agitados movimientos que terminarían en una consolidación de la facción dominante, con cuatro gobernadores interinos y provisionales durante los primeros meses del año (Antonio Escalante, Cirilo Ramírez, Felizardo Torres y Ramón Corral), el 8 de junio de 1883, con la ayuda del general José Guillermo Carbó, amigo y enviado especial del presidente, gana las elecciones para gobernador del estado Luis E. Torres, ahora con el periodo ampliado de dos a cuatro años y de nuevo con Ramón Corral como secretario de Gobierno.

¿Y quién es Ramón Corral, ese personaje que frecuentemente ocupa el cargo de secretario de Gobierno y en breves periodos de gobernador provisional?

Personaje clave en esta historia, tiene veintinueve años, hijo de un ranchero de Álamos (la hacienda de Las Mercedes), nacido el 10 o el 12 de enero de 1854. Cuando tenía tres años se trasladó con sus padres a la Villa de Chínipas protegido por su tío, administrador de una hacienda.

Prácticamente autodidacta, sin posibilidad de ir a la escuela, su padre le enseña a leer. Don Fulgencio, cuando Ramón tiene catorce años, muere a causa de la coz que le da un caballo y la familia (madre y siete hermanos) queda desamparada. En 1873 se hace periodista en Álamos y dirige los periódicos oposicionistas *El Fantasma* y *La Voz de Álamos* contra Pesqueira. Escribiente de un juzgado, nunca quedarán muy claros los caminos, más allá de su indudable ingenio, que le permiten incrustarse a fondo en la élite política local, pero desde 1879 viene siendo con frecuencia secretario de Gobierno, alternándolo con cargos de diputado local y federal.

Se dedica a la minería y con aventureros estadounidenses registra varios yacimientos, va fraguando a la sombra de sus cargos públicos importantes negocios, entrará en la industria harinera creando un molino cerca de Hermosillo, con el que ganará una fortuna gracias a la protección del congreso local que aumenta las tarifas para la importación de harina gringa. Sobre él corre en Hermosillo una historia: cuando estaba a punto de casarse con la hija del propietario de la hacienda de Las Mercedes y se organizaba una boda suntuosa, la madre de la novia se reunió en secreto con él y le contó que la novia era su media hermana (porque don Fulgencio había tenido una vida secreta); en la provinciana Hermosillo el escándalo tomó mayores proporciones y la boda se suspendió al filtrarse la historia. Corral tardaría años en dejar atrás el trauma y los chismes para casarse con una heredera de Hermosillo, Amparo Escalante.

José C. Valadés lo describe así: «ceñudo en sus facciones, severo en su trato, enérgico en sus disposiciones, hecho en el combate, tallado de una sola pieza y con un corazón que apenas sabía sonreír».

8

La provocación
(1883-1885)

Bernardo Reyes

Los ajustes de cuentas entre los triunfadores prosiguieron: Bernardo Reyes, ratificado en su mando por el presidente Manuel González, chocó con Carbó, al que consideraba un irreflexivo y un borracho, el cual a su vez insistentemente pedía que se le retirara de la zona militar. El gobernador Torres y Ramón Corral le ofrecieron a Bernardo, por conducto de Rosendo Pineda, tierras en la zona yaqui para involucrarlo en su futura campaña, pero la cosa terminó mal cuando Reyes retó a Pineda a duelo, ofendido por el asunto. Finalmente el gobierno central resolvió el problema destinando a Bernardo Reyes a la jefatura de la Sexta Zona Militar en San Luis Potosí el 13 de marzo de 1883.

Tras la batalla de Capetamaya pequeñas bandas, sobre todo de mayos, atacaron los alrededores de Navojoa y a los mercaderes que entraban en la zona de los ríos, y en las fronteras orientales del territorio yaqui hubo ataques a las haciendas y robos de ganado y comida.

Tropas bajo el mando de Carbó detuvieron al jefe mayo José Zarapero y posteriormente lo fusilaron. En junio de 1883 Cajeme, con una escolta de cien o doscientos yaquis, recorrió la zona del río Mayo, resolviendo problemas de límites y teniendo reuniones con los jefes. Troncoso dice que a lo largo del año hubo «grandes reuniones en la zona» y que las más importantes fueron en Quirimpo y San Pedro, donde Cajeme dio posesión a Jesús Mayorro (Moroyoqui) como nuevo jefe de los mayos.

No le faltaba razón a Cajeme en esperar una ofensiva militar contra el territorio yaqui; había sido tan frecuentemente anunciada que solo era una cuestión de tiempo. Buscando la mejor manera de resistir y con una variante en la estrategia habitual, los yaquis iniciaron la construcción de una fortificación en un lugar llamado El Añil, en el centro de un espeso bosque y cerca de una fuente de agua, a poca distancia de Vícam y cortando el camino a Tórim. Cajeme encontró apoyo y oposición a la idea de crear un fuerte; al mismo tiempo comenzó a dedicar más tiempo al entrenamiento de una pequeña fuerza de caballería. Los yaquis históricamente nunca habían peleado a caballo por la ausencia de potros en la región pero Cajeme, que fue oficial de caballería, conocía la importancia de una fuerza de choque de ese tipo. Los historiadores porfiristas darán mucha importancia a este hecho, pero las crónicas posteriores demostrarían que la caballería yaqui no sería significativa en combate.

Un acontecimiento fortuito pospuso el esperado enfrentamiento: en julio de 1883 el barco estadounidense *Newbern* atracó en Guaymas, venía de Mazatlán y aunque había sido revisado por las autoridades sanitarias, uno de los pasajeros estaba infectado de fiebre amarilla. Dos días más tarde murió sin que los médicos que lo atendieron supieran la causa y la epidemia se extendió.

La fiebre amarilla, también llamada «vómito negro», apareció en Hermosillo un mes más tarde y en solo treinta días produjo doscientas once muertes; pasarían dos años antes de que el contagio cediera y en ese lapso hubo cientos de muertos en Sonora y millares de personas la sufrieron, entre ellos el gobernador Luis Emeterio Torres, que sobrevivió al padecimiento.

Pocos meses más tarde dos acontecimientos aumentarían la codicia del gobierno de Sonora y los oligarcas locales. El 11 de diciembre de 1883 se promulga la ley sobre deslinde de terrenos y colonización; surgen a su sombra las compañías deslindadoras, para cartografiar el territorio yaqui, vender las «tierras ociosas» y quedarse con un tercio de lo vendido. ¿Cómo se definía «tierras ociosas» en este caso? Históricamente eran tierras de los ocho pueblos, pero las leyes de Reforma juaristas permitían que las tierras no cultivadas y por lo tanto «públicas», llamadas terrenos baldíos, pudieran, al ser propiedad estatal, ser vendidas a particulares, ser privatizadas.

El segundo factor es que se inicia un auge minero en 1884 en la zona de Cienaguilla, en el centro del estado, con una fuerte intervención de capital estadounidense; muchos yaquis son contratados para volver a poner en operación viejas minas y reclamos. Junto a este pequeño ascenso que habría de durar cuatro o cinco años, rumores de que existían ricas vetas de plata en la sierra del Bacatete, en el corazón de las tierras yaquis, estimularon al gobierno regional a seguir pidiendo la intervención federal.

A fines de 1883 e inicios de 1884, el general y gobernador Luis E. Torres escribía: «Es tal el influjo que ese indio Cajeme tiene sobre aquellas dos tribus, que si tuviera un espíritu más guerrero es seguro que ya hubiera promovido un conflicto bien serio para el estado», y añadía que «con mil hombres de la federación y quinientos auxiliares» se podía reducir a la tribu a la obediencia, poblando la región con colonos mexicanos que «crearían el hábito de la civilización» y volverían estas tierras las más ricas del estado; atribuía a la falta de apoyo de la federación el que no se hubiera podido terminar con «estas guerras continuas».

Los documentos militares, las cartas y escritos de los barones porfiristas, insistirán en que el liderazgo de Cajeme se había debilitado, quizá como una manera de fortalecer las presiones para la intervención militar. Troncoso dice que Cajeme se embriagaba constantemente y habla de «los muchos crímenes que el cabecilla había cometido y seguía cometiendo», sin ofrecer ninguna prueba. Ramón Corral, en esos momentos vicegobernador, mencionaba el desgaste del liderazgo de Cajeme porque «aunque en los primeros años había tenido una conducta intachable», se embriagaba, se volvió mujeriego y autoritario y que por eso muchos indios salieron de la zona. Fortunato Hernández añadía, sin dejar en claro a qué se refería, que «cometía faltas a los más débiles». (¡!)

Troncoso acusaría a Cajeme de tener una importante fortuna personal, porque cada pueblo le mandaba peones (lo cual era cierto, porque cada comunidad aprobó enviar trabajadores para construir colectivamente las fortificaciones de El Añil) y había confiscaciones de los bienes de traidores y desertores. Señala el continuo robo de ganado en los ranchos limítrofes (que por cierto estaban en territorio yaqui): «lo que no consienten por ningún motivo es que los blancos posean terrenos en los territorios de la tribu», para rematar con la lapidaria frase de que la región de los ríos era «centro de bandolerismo».

En 1884, según las fuentes militares, se produjo una reunión de más de tres mil guerreros yaquis y mayos, y prosiguieron los ataques y saqueos de pequeños grupos en la zona del Mayo, de los que Cajeme parecía ser ajeno. El general Carbó en octubre informaba que estaba «a la defensiva»; ¿a la defensiva ante qué, si no estaba siendo atacado? El periodista estadounidense Gustav Eiser denunciaría años más tarde que el general José Guillermo Carbó se había gastado dinero propiedad del ejército y forzaba la entrada en la guerra para cubrir el desfalco.

Un hecho curioso e ignorado por los trabajos históricos posteriores fue que al final del año 84 y al inicio del 85 la Iglesia mormona estadounidense realizó varias visitas a la zona yaqui; primero fueron dos «apóstoles», más tarde un grupo de diecisiete miembros y finalmente su presidente, Taylor, que partiendo de Guaymas fue al Valle del Yaqui. ¿Qué conversaron con los gobernadores y las autoridades de la tribu, permiso para establecerse en la región? ¿A cambio de qué?

La «paz armada» será rota finalmente a partir de lo que Baca Calderón llamaría «un incidente desgraciado que el gobernador Luis E. Torres explotó a su satisfacción».

El 30 de enero de 1885 el gobernador del estado leía en Hermosillo el siguiente telegrama: «A las seis de la mañana recibí parte del comandante indígena Loreto Molina, quien trató de sorprender al cabecilla Cajeme en Pótam el 28 del corriente y no logró su intento por haber salido este de aquel lugar, retirándose Molina con sus veintinueve hombres rumbo a estos puntos [el telegrama se deposita en Guaymas], y estando en los Chiltepines le dio alcance Cajeme con cuatrocientos indios según su parte. Dice que se batió en retirada como dos horas hasta el represo de Luján; que de allí se devolvió el enemigo rumbo al río. Esto ha causado mucha alarma entre las familias de los labradores de estos contornos levantándose muchos de ellos rumbo a otros puntos, temerosos de que los yaquis invadan esos ranchos y se han acercado a la prefectura (...) Creo sería prudente conseguirse que el general Topete situara cien hombres en la Estación Ortiz u otro punto inmediato al ferrocarril para infundir confianza a los moradores (...) e impedir de esa manera intenten avanzar los yaquis más acá de donde han llegado, por respeto a la fuerza».

El autor del telegrama era J. A. Rivero, el prefecto de Guaymas que luego transcribiría una carta de Loreto Molina (fechada el 29), dirigida al gobernador y sin duda no escrita por él, donde justificaba su acción. Molina había sido teniente en las fuerzas yaquis, lugarteniente de Cajeme, y fue depuesto y obligado a abandonar el territorio por razones desconocidas, colaborando con el prefecto de Guaymas y el ejército desde entonces.

«Como usted sabe que Cajeme desde que se hizo jefe del río ha cometido crímenes sobre crímenes y no ha cesado un solo momento en seguirlos cometiendo, y estando convencidos de que el supremo gobierno no ha podido abrirle campaña para someterlo al orden, nos decidimos varios indígenas de los que siempre hemos sido obedientes y leales servidores al gobierno a darle un asalto a Cajeme para ver si podíamos lograr agarrarlo y tener el gusto de presentárselo al gobierno para que dispusiera de él. Con bastante dificultad nos proporcionamos armas, parque y provisiones [¿quién se los proporcionó?] y nos resolvimos definitivamente a nuestra arriesgada empresa el día 27 del que cursa, emprendiendo nuestra clandestina [obviamente el lenguaje no es de Molina, ¿quién entonces escribió la carta?] y secreta marcha haciéndolo conmigo veintinueve hombres y no pudiendo ese día asaltarlo lo hicimos al siguiente; mandé un espía que lo vigilara y me diera parte, el cual me dio diciéndome que Cajeme había salido para Pótam esa tarde con tres hombres pero que él creía que volvería esa misma noche. Dispuse en el acto acercarme a la casa llegando como a las 0 de la noche del 28 creyendo que estaría ahí, no sucedió, encontrándonos tan solo a su familia y cerca de allí a un capitancillo que no sé su nombre y tres más a los que tomé prisioneros, pues Cajeme había vuelto pero estaba en la otra banda del río. Inmediatamente emprendí mi marcha camino real ya en retirada para Guaymas, estando yo en los Chiltepines nos cayó una partida como de cuatrocientos, todos infantes; peleamos como dos horas, haciendo yo con mi gente fuego en retirada hasta el represo de Luján, cerca del cerro que le llaman el Boca Abierta; de mis compañeros nada tenemos que lamentar, del enemigo vimos caer algunos (...) Yo y mis compañeros permanecemos aquí reunidos en espera de que esa prefectura de su digno cargo disponga lo que a bien tenga.»

¿Había sido una iniciativa de Molina? Resulta poco creíble. Maytorena un año más tarde denunciaría que Carbó y Torres, que estaban armando un nuevo fraude electoral, provocaron un alzamiento yaqui agrediendo a Cajeme; Baca Calderón dirá que Molina en el momento de los hechos «se hallaba ya al servicio del gobierno».

¿Estaba el gobierno de Sonora detrás de la provocación, las autoridades de Guaymas? Un historiador sin una pizca de paranoia estaría condenado a aceptar la versión de las apariencias oficiales, de los papeles, y en esta historia el riesgo de ser esclavo de los papeles siempre es peligroso. Parece obvio que aunque Ramón Corral diga que la acción de Molina expresaba el descontento de los indios contra el autoritarismo de Cajeme, detrás del ataque había una fuerza superior que actuaba en consecuencia con la lógica que militares y gobernantes de Sonora habían impulsado durante los últimos años: llevar la guerra a los yaquis.

Un nuevo factor apoyaría la tesis de que el gobierno estaba detrás de la provocación: en días anteriores al ataque el coronel Topete se había situado en Águilas y los federales colocaron fuerzas en Estación Ortiz, supuestamente para proteger el trazado ferroviario.

El 30 de enero Rivero volvió a pedir apoyo militar dada la «mucha alarma». Un día más tarde el general Topete anunciaba que ante la «*lucha intestina* de los yaquis hoy salían cincuenta hombres por tren del 6° batallón».

El 3 de febrero Cajeme, firmando como capitán general del río Yaqui, le escribía al gobernador Luis E. Torres: «Comunico a usted que el gobierno del estado ha mandado reservadamente desde Guaymas a este río de mi mando al teniente general Loreto Molina con una escolta de veintidós hombres bien armados para que me asalten y me asesinen». Continuaba diciendo que desembarcaron en Las Cruces y que «saquearon mi casa» y «golpearon a mi familia con las armas y la dejaron en paños menores y estando una niña de edad de ocho años en la cama dentro de la casa, el mismo Loreto Molina con sus propias manos le dio fuego a la casa por dentro y fuera y una mujer que trajeron ellos mismos prisionera, mujer de uno de mis sargentos, salvó a mi niña sacándola de las llamas». Algunas fuentes dirán que para hacer más fuerte la provocación, los hombres de Loreto Molina violaron a su esposa, María Jesús Matus.

Cajeme prosigue acusando a los atacantes de haber detenido a uno de sus hombres, el general Siquili (que era muy cercano a él) y cuatro más, y que dispararon contra todo, incluso unas familias cercanas, porque se «enviciaron tanto en tirar». Cuenta que a los que alcanzaron en los Chiltepines fueron un capitán con doce hombres como a las tres de la tarde y les quitaron los presos que llevaban.

«Por este vil acontecimiento he detenido las embarcaciones que se encuentran en este río de ese distrito de Guaymas, ahora las lanchas que carguen de setenta cargas de leña arriba tienen que salir por doscientos pesos cada una y las que carguen de cincuenta cargas arriba tendrán que salir por cincuenta pesos cada una, con plazo de diez días y de no hacerlo así que no cuenten con sus embarcaciones.» ¿Pedía rescate, creaba una medida de presión o fijaba nuevos impuestos? Pide que esto lo pongan en conocimiento de las autoridades y los dueños de las embarcaciones, y añade una lista de hombres de Loreto que debían ser castigados.

El 4 de febrero el prefecto de Guaymas informaba al gobernador que llegó un emisario de Cajeme, José García, a preguntar en nombre de su jefe si la «comisión que fue al río a sorprenderlo (...) fue por órdenes del gobierno o por órdenes de esta prefectura, lo cual le ha extrañado pues él no se mete con el gobierno y más bien está dispuesto cuando haya una guerra extranjera a presentarse con todos sus indios, aunque lo hagan pedazos en defensa de la nación» y por tanto, si la cosa fue iniciativa de Loreto y sus hombres, pide que «se les persiga, se les agarre y se les castigue por el hecho que han cometido», porque si no, «se verá obligado a causar él también algunos daños a los puntos inmediatos aunque sepa que después lo harán pedazos porque conoce que no puede oponerse a la acción del gobierno».

El prefecto informa que el enviado, quien habló largo con Cajeme, dice que tiene miedo de que los indios del río quieran matarlo, y que cuando salió de misión Cajeme tenía una reunión grande («considerable») con los indios, quienes decían que no querían que el gobierno les hiciera la guerra «por lo mucho que se perjudicaban». Cajeme además mandó a decir al capitán del puerto que si no pagaban los doscientos pesos por lancha las quemaría en El Médano.

Sin embargo las autoridades de Guaymas, confirmando que el gobierno estaba detrás de la agresión, no tomaron ninguna acción contra Loreto, quien se encontraba en La Providencia «esperando órdenes». Troncoso más tarde reportará que el grupo de Loreto no fue molestado y que las autoridades se limitaron a observar sus actos hasta que «se disolvió hacia Guaymas».

El gobernador Torres le contestó a Cajeme que se haría justicia, pero que debía presentar «en forma su denuncia».

Cuando se ignoró su petición de entregar a Molina, Cajeme ordenó que se quemaran catorce de las veintiuna lanchas retenidas en El Médano, «menos dos por influencia de alguno de sus jefes», contó el 22 de febrero el marinero yaqui Juan Valenzuela. La guerra había estallado de nuevo.

9

La guerra. Las victorias yaquis
(1885)

Grabado "El levantamiento de los indios yaquis"
de Frederic Remington

Los generales Carbó y Otero se movieron con sus tropas hacia la zona mientras que, como si conociera historia antigua y su primer golpe tuviera un contenido simbólico, el 23 de febrero de 1885 una fuerza yaqui de doscientos hombres de caballería y trescientos de a pie, dirigida por Cajeme, apareció cerca de la hacienda de Las Termópilas, al norte y al oeste de la sierra de Bacatete y a unos veinte kilómetros de la Estación Ortiz. ¿Por qué estaba actuando tan al norte? Al descubrir la concentración de soldados federales y milicianos en la Estación se replegaron y pasaron por fuego la hacienda. Los mayos atacaron el rancho La Noria cerca de la hacienda de Baroyeca y continuaron los robos de ganado. Troncoso registra que esas mismas partidas, dirigidas por los cabecillas Guirdado y Clemente Parra, atacaron Agiabampo, cerca de Navojoa, y partieron «cargados con gran cantidad de maíz, otros comestibles y cuantos efectos encontraron».

La prensa sonorense, cuyo eco sería recogido por la nacional, hablaba de asesinatos, bandidaje y saqueo, pero todos los combates se habían realizado dentro del territorio yaqui o mayo: para las comunidades los ladrones eran los hacendados que se habían apropiado de las tierras. Para Cajeme era una opción estratégica: se trataba de hacerse de la mayor cantidad de comida posible.

Otros dos jefes militares tendrán protagonismo en esta primera etapa de la guerra. Uno de ellos es Bonifacio Topete, jalisciense, a cargo de las tropas federales en lugar de Bernardo Reyes (de arraigado origen liberal, venía de las milicias con una destacada intervención en la guerra de Reforma, combatiendo en la batalla de Calpulalpan, un lerdista reciclado) y el otro Lorenzo Torres, que sin parentesco con Luis Emeterio, en los próximos años será una figura clave en la constitución del baronazgo porfirista en Sonora.

Lorenzo Torres, al igual que la mayoría de la nueva aristocracia de Sonora, no es nativo de la región: nació en Mochicahui, Sinaloa, en 1836, y había cubierto como militar todo el espacio liberal republicano: la guerra de Reforma y la resistencia al Imperio. Combatió contra Pesqueira e hizo carrera en las milicias sonorenses, a las que dirigió en varias ocasiones, combinándolo con fuertes intereses económicos en haciendas dentro del territorio de los ríos. Era flaco, calvo, de mirada penetrante y de él se decía que tenía una resistencia inmensa a los extremos del clima. Había sido también durante un breve tiempo gobernador provisional.

La campaña se produce con una lentitud sorprendente, han de pasar tres meses y medio hasta que las dos columnas con ochocientos milicianos estatales y mil cuatrocientos soldados federales avancen hacia el río Yaqui: una va de Pótam a La Pitahaya dirigida por Carbó, y la otra rumbo a Cócorit a cargo del general Bonifacio Topete.

Mientras tanto el coronel Lorenzo Torres, que ha estado haciendo labores de contención en Cumiripa, cerca de Cócorit, pide refuerzos el 1 de mayo a Carbó; «Tengo encima a cosa de dos mil indios». Lo acompaña un singular personaje: Emilio Kosterlitzky, desertor de la marina imperial zarista de 32 años que se había incorporado al ejército mexicano y era capitán de la gendarmería.

Cajeme esperó la llegada del ejército en el fuerte de El Añil a las afueras de Vícam, en la zona más impenetrable del bosque. El fuerte estaba protegido por un ancho foso de setecientos metros de largo y cubierto por una doble estacada que podía resistir un cañonazo; un camino oculto llevaba a una fuente de agua y se habían concentrado abundantes víveres.

El 16 de mayo el general Carbó decide atacar en tres columnas: el ala izquierda mandada por el general García, el general Bonifacio Topete al centro y el propio Carbó en el ala derecha. Se suponía que las órdenes de Carbó eran lanzar un ataque simultáneo, pero dejó que Topete fuera solo por delante y retuvo al ala de Lorenzo García y su centro. Topete inició el ataque con seiscientos hombres; su carga solo llegó hasta el parapeto, frente a El Añil. El fuego de los yaquis es mortífero, deja veinte soldados muertos y al replegarse llevaban 57 heridos. Spicer, comentando la batalla, dirá: «el general Topete fue derrotado de mala manera».

Al regresar al campamento Topete trató de matar a Carbó, lo que fue evitado por unos soldados que se encontraban cerca. Carbó despachó a Topete a Sinaloa, donde este telegrafió a sus amigos y contactos en la ciudad de México contando lo sucedido y acusando a Carbó de traición; para evitar el escándalo la Secretaría de Guerra lo nombró comandante de la guarnición de Mazatlán y exigió su silencio. En Hermosillo corría el rumor de que Carbó sería llevado ante un consejo de guerra, pero tal cosa no sucedió.

Ramón Corral recogería más tarde en una conversación con Cajeme que aunque se dijera que había tres mil indios en El Añil, no eran más de trescientos: «los indios, cuando están detrás de los palos, se hacen muchos».

Baca Calderón resume: «Cajeme, que por primera vez ha usado la guerra defensiva en puntos fortificados, acentúa su prestigio, manda a fortificar otros lugares y da instrucciones a sus hombres de batirse solo detrás de las trincheras». Se inician otras fortificaciones en el cerro de Omteme y el Buatachive (Watachive), cerca de El Añil, diecisiete kilómetros al norte de Tórim: un fuerte cóncavo, cuyas líneas de defensa se apoyaban en las montañas del Bacatete y que tenía dentro una fuente de agua. El nombre del fuerte es significativo: Watachibe significa «sauce llorón» y hace referencia a los cuerpos colgados de mujeres y niños yaquis por el ejército al inicio de la campaña.

Carbó, en un ataque de cinismo, comentaría: «En mi concepto es un enemigo ignorante y tímido» y pidió un refuerzo de ochocientos o mil infantes más antes de volver a atacar. Luego, a pesar de la «timidez» de los yaquis, ordenó el repliegue de sus tropas hacia Guaymas.

El ejército lo intentó de nuevo a mediados de junio: el general Juan B. Caamaño salió el 19 con una columna de mil hombres de las tres armas hacia Tórim. Al llegar a las afueras de Pótam fue tiroteada la vanguardia por cincuenta indios a caballo; los yaquis sufrieron siete bajas y perdieron armas de fuego y carcajes con flechas. Según el parte, la tropa solo sufrió dos bajas.

Continúa la marcha. «Al pasar frente al cerro Omteme, a legua y media de Tórim y limítrofe al camino», los yaquis les abrieron fuego.

Se despliega el batallón de Sonora, «el fuego es bastante vivo». Caamaño calcula que los indios que están en ese y otros dos cerros cercanos son unos seiscientos. Despliega nuevas fuerzas con el general Lorenzo García como soporte en formación de tiradores y logran ascender hasta la cumbre, desalojando los parapetos en que los yaquis se fortalecían. Al replegarse los indios, el ejército les dispara granadas de artillería y fuego de ametralladora. El combate dura una hora y media, la caballería dispersa un grupo de jinetes yaquis que estaban en el flanco. Para los soldados la situación es mala por el calor, porque la operación se desarrolló hacia la 1.30 de la tarde, con poca agua y un «sol abrasador propio de estas regiones cuyos efectos son mortales».

Caamaño decide replegarse al río, ordena mientras tanto la ocupación de Tórim con ciento cincuenta hombres. Encuentra 67 yaquis muertos en el cerro; en sus filas las bajas han sido de cinco muertos y doce heridos. Da descanso a la tropa los días 20 y 21. Tiene informes de que el enemigo «ocupa un vasto bosque y una gran línea de fortificación». Pide órdenes a Carbó para explorar «con prudencia» en la mañana del 24, y se encuentra ante una «espesura de árboles de mezquite». Caamaño cuenta que atacaron las fortificaciones enemigas: un foso de tres metros de ancho, sin poderse saber la profundidad, y se decía que dentro de él los indios andaban a caballo. Con la tierra del foso, tramada con árboles hicieron la fortificación, que tiene aspilleras; hay también trampas de hoyos con estacas, y en un segundo nivel de la fortificación, loberas (trincheras individuales cubiertas con ramas). «La extensión de esta línea fortificada no pude apreciarla porque en el reconocimiento que hice no pasé de veinte metros.» Acampa a mil metros de la fortificación; «se sabe que allí están indios rebeldes en número de cuatro o cinco mil», estima que con mil doscientas armas de fuego largas, pistolas y arcos y flechas. Si la exageración recibiera reconocimientos, Caamaño se habría de llevar el premio del año en su apreciación de las fuerzas de Cajeme y su armamento.

Caamaño usa artillería y ametralladoras para desalojarlos y reportó que había 77 yaquis muertos. Luego, sin que en su parte pueda explicarlo, fracasó en un ataque contra las fortificaciones: una nueva derrota.

Según los periódicos extranjeros, la campaña habría de sufrir otro descalabro más a fines de junio en el que habrían de morir el general García y cuatrocientos soldados; el ejército ocultaría la información, que sin duda era también exagerada. La única crónica existente sobre la batalla cuenta que los yaquis dispararon una o dos descargas y cargaron contra las tropas usando mazos. Lo que parecería una táctica de combate, era simplemente que las municiones comenzaban a escasear de manera terrible entre los insurrectos.

El 22 de julio el ejército se repliega y da por terminada la campaña: el calor del verano y luego la temporada de lluvias son para los militares obstáculos insalvables y tras las derrotas no tienen gran confianza en el poder de sus fuerzas.

Para los yaquis el resultado de la campaña es una inmensa victoria, han detenido la ofensiva militar, pero quedaron despojados de sus bases territoriales, pierden varios de los ocho pueblos, ocupados por el ejército en la zona central del río: Tórim, Pótam, Vícam. Hay muchos hombres y mujeres encarcelados en Guaymas y «muchos indios presos en Baroyeca»; varias familias yaquis abandonan la región, han perdido depósitos de víveres y ganado, incluso se dice que los federales confiscaron ochenta mil pesos que el jefe Cajeme tenía depositados en un banco.

El 24 de julio Cajeme con una partida asaltó el pueblo de Vícam, hostigando a las vivanderas del ejército (mujeres que venden víveres a los soldados, comunes a un ejército con muy pobre intendencia, más tarde serían conocidas en la historia de México como soldaderas); luego suspendió las hostilidades y envió a sus lugartenientes Anastasio Cuca y Juan María a entrevistarse con los militares en Pótam para proponer la paz. El mensaje de los yaquis, condición única para la paz, era sencillo: las tropas deberían salir de los ríos y dejar que la comunidad organizara su propia vida. La respuesta del gobernador Torres fue que depusieran las armas. La guerra proseguía.

Cajeme, calculando justamente que por ahora la ofensiva había terminado, llamó a las comunidades a la siembra, desmovilizó parcialmente al ejército yaqui y permitió que se reanudara el comercio. En el río Mayo detiene y ejecuta al jefe Andrés Capusari, partidario de la rendición, y mantiene el control. Se fortalecen los fuertes, ordena fabricar pólvora y flechas.

Por iniciativa de Carbó, Tórim se vuelve sede de la Primera Zona Militar de Sonora, los ingenieros militares inician la construcción del edificio de la comandancia, de algunos cuarteles y de un hospital militar que funcionaría como lugar de concentración.

En septiembre el gobernador Luis E. Torres ordena que sean detenidos e interrogados los yaquis que llegan a Guaymas para comerciar.

Nunca sabremos si estos interrogatorios se hicieron bajo tortura. Las preguntas recurrentes son: el número de combatientes con que cuenta Cajeme y las armas, sobre todo los fusiles y las municiones que tienen sus tropas.

El 15 de septiembre de 1885 es interrogado el mestizo yaqui Juan María Duarte (como es mestizo dicen que su padre es «de razón» y su madre «india»), quien permanece detenido pero que no estuvo en nada y que nada vio de la pasada campaña. El único dato que proporciona es que la mayoría de los alzados están armados con arcos y flechas, los menos con Remington de fulminantes y que recogen los casquillos de los tiroteos contra el gobierno para reutilizarlos.

Un día más tarde Francisco Montes cuenta que las fuerzas de Cajeme están diseminadas, no acuarteladas, y esperan órdenes en los pueblos; dice que pueden tener cuatrocientas armas de fuego de diferente marca y calibre y algunas pistolas. Añade que si las lanchas transportan víveres pueden volver a entrar, y que después de la salida de las fuerzas del gobierno volvieron a fortificar El Añil y otro reducto «frente al pueblo de Tórim». Preocupa a los interrogadores de dónde sale el parque: Montes no da respuesta aunque confiesa que en el río se está haciendo pólvora. Hay escasez de víveres. Lo mismo dirán Gregorio Álvarez y Juan José, quien agrega que habrá como mil armas de fuego y que «había venido uno de Hermosillo con cuatro cajas de fulminantes». Que Cajeme, cuando salieron las fuerzas del gobierno, dio orden a los insurrectos de que sembraran.

José Lino Mu confirma que se les acabó el parque metálico. Hay muchos interrogatorios donde otros detenidos hablan de que tienen además de Remington algunos fusiles de cápsula, que las balas habían sido compradas en Guaymas en tiempo de paz, que la mayoría de la gente está sembrando y que Cajeme anda con una pequeña escolta; casi todos coinciden en que en el río se habla de paz. Buitimea cuenta que Cajeme solo tenía cuatrocientos hombres, pero que por todo el río había varias partidas de cuarenta o cincuenta.

Continúan en octubre los interrogatorios y los cuestionados insisten en que en el valle del río la gente está sembrando y en que Cajeme anda con una pequeña escolta de cien o doscientos hombres; a la fortificación a seis kilómetros de Tórim la llaman Chumampaco.

No solo los detenidos ofrecen información al ejército. Fechado el 29 de septiembre de 1885, existe un informe del cura administrador del río, José Persevault, quien fue retenido por los yaquis durante la fase previa de la campaña. No es la declaración de un sacerdote sobre los problemas de su comunidad, es el reporte militar de un espía, y por cierto bastante preciso: «Según mi parecer la fuerza activa (…) no pasa de cuatro mil hombres (…) y nunca los hombres de armas están todos reunidos, como no tienen disciplina y sus carácter es sumamente independiente es necesario que diariamente los comisiones militares recorran el monte (…) En caso de que todos los yaquis se encontraran reunidos no compondrán una fuerza terrible porque por lo menos la mitad tienen puros arcos y flechas». Continúa hablando de las armas de fuego, «casi todas viejas»; no hay más «de trescientas armas de repetición o menos y los que tienen estas armas no tienen parque».

«En todo el tiempo que pasé entre ellos no he visto más que un indio que tuviera la cartuchera llena, los demás tienen pocos tiros.» Las armas viejas tienen problemas por falta de fulminantes y escasez del plomo, aunque tienen pólvora bastante porque la fabrican. «La fuerza de los indios consiste en la dificultad que ofrece el bosque.» Y luego Persavault ofrece un curso de táctica: las fuerzas regulares que entren en columna cerrada se verán obligadas a pelear contra una fuerza invisible. Los indios están acostumbrados a resistir hambre, frío, calor, sed y eso les da «una supervivencia grande».

Después el cura Persavault entra en el análisis social y económico. Tras afirmar que los yaquis no son una nación civilizada y no conocen la independencia (¿?), añade que quienes tienen propiedades quieren la paz si los soldados no se las quitan, pero que están sometidos a la presión del ejército yaqui de Cajeme. Y remata el argumento con la típica versión racista: «El que quiere la guerra es el indio sin bienes, sin terrenos, el indio que no quiere trabajar». ¿De quién está hablando? Los propietarios en el Valle son una ínfima minoría, la inmensa mayoría vive en tierras colectivas.

«Los indios dicen que tienen documentos [habla de la cesión de las tierras a los yaquis por el rey de España con la intervención del arcángel San Gabriel], que conocen sus terrenos, que están medidos, que conocen las medidas y que nunca permitirán mientras ellos vivan que nadie venga a ocupar una parte por pequeña que sea.» Y aquí el cura retuerce el argumento: «La experiencia ha mostrado que se puede tomar parte de los terrenos (…) sin que haya guerra», y da como ejemplo la hacienda de la Cruz de Piedra. Y se retuerce de nuevo en un legalismo: los que deben reclamar los terrenos son los indios, no el gobierno. «Esta cuestión de los terrenos es el verdadero motivo de la resistencia.» Reconoce que «muchas veces los han engañado y hoy no se fían de nadie», y remata con el lugar común de la Sonora blanca: «todos los indios son falsos al extremo». ¿Cómo ha podido este personaje siniestro convivir con las comunidades por años?

Piensa que en el futuro los indios, en lugar de encerrarse en fortificaciones como lo hicieron la campaña pasada, optarán por dispersarse y hostigar al ejército para obligar a las fuerzas federales a dividirse. Especula: «los indios pueden mantenerse en los bosques mucho tiempo aunque no siembren». Propone que una gran columna avance hacia las marismas donde se concentran los bienes de los yaquis, y «coger todas las familias» para obligarlos a salir a combatir a campo descubierto. Dice que ha oído que Cajeme piensa atacar fuera del río para obligar a las fuerzas del estado de Sonora a proteger los pueblos y las haciendas; sugiere utilizar a las mujeres que están presas en Guaymas para convencer a las comunidades (¡¡!!).

Por si fuera poco, el cura Persavault (ya a estas alturas tiene poco menos que indignado al narrador) da los nombres de los dirigentes: Leyva-Cajeme, Lorenzo Matus (a) Nochino, suegro de Cajeme; el general Cuca y el *yori* Juan María, jefe de la caballería.

Mientras los informes van fluyendo hacia la comandancia militar con vistas a organizar la próxima campaña, el general José Guillermo Carbó, que se ha retirado a Hermosillo, vive en una borrachera continua, le salen ampollas en todo el cuerpo; atendido por los doctores Eugenio Pesqueira, Fernando Aguilar y Enrique Montero, se va agravando hasta que a las 12.45 del 29 de octubre muere de un derrame cerebral, una «hemorragia meningea». El gobernador Torres decreta luto estatal por cinco días y dos días de cierre de las oficinas municipales de Hermosillo. Porfirio Díaz pide su archivo, que se le envía sellado: ¿qué hay en ese archivo que el presidente no quiere que se haga público? El general Marcos Carrillo toma el mando sustituyendo a Carbó.

De nuevo la «paz armada» durante el final del tórrido verano y luego la estación de lluvias. Algunos colonos armados, el número no es significativo, se establecen en tierras yaquis.

En diciembre de 1885 se iniciaron pláticas de paz en Pótam; actúan como mediadores los curas Tomás de Galdeano, Nicanor Ortiz y Nieves Acosta. Están los gobernadores yaquis y representantes del río Mayo. Durante la conferencia Cajeme permaneció fuera del pueblo y al margen, para que quedara claro que él solo era el jefe militar y que la decisión estaba en los pueblos: obligó a los federales a que negociaran con los gobernadores, no con él. El punto central de las pláticas era que los gobernadores de los ocho pueblos declararan que querían la paz sin estipular condiciones y que debían firmar un pacto, aunque los yaquis insistían en la desocupación militar de la zona. Cuando Cajeme fue llamado para firmar el pacto contestó que obedecería si firmar la paz era la voluntad de los ocho pueblos y añadió: «Mi palabra tiene tanto valor como mi firma y ellos siempre han tenido paz sin firmar ni un papel». El pacto no se firmó y ambas partes se prepararon para la guerra.

Troncoso dirá que Cajeme estaba ganando tiempo, sin duda tiene razón, pero no era el único: tras el descalabro de abril, los caudillos sonorenses buscaban un respiro hasta la llegada de nuevas fuerzas federales.

10
La segunda campaña
(1886)

Ángel Martínez, el Machetero

Porfirio Díaz, que ha asumido el poder de nuevo desde diciembre de 1884, autorizó finalmente al ministro de la Guerra para la campaña federal contra los yaquis. Los barones sonorenses por fin lograban involucrar al gobierno central, pero ni unos ni otros tienen la más remota idea de lo que están iniciando.

En noviembre de 1885 es nombrado jefe de las fuerzas federales de la Primera Zona Militar el general Ángel Martínez, conocido como el Machetero, que en enero del 86 llegará al territorio acompañado del 11° regimiento y poco después de su arribo sumará en Álamos al 12° batallón, además de un refuerzo de unos mil cuatrocientos hombres con algunas ametralladoras y cañones: soldados pobremente entrenados pero bien vestidos con mezclilla azul importada, una tropa poco acostumbrada al calor y medianamente pagada, a diferencia de las fuerzas estatales donde solo cobraban bien los oficiales (capitán: cincuenta pesos mensuales, subteniente: 35 pesos, sargento: treinta pesos), lo que ha de crear no pocas contradicciones.

Ángel Martínez es un jalisciense de 48 años que durante la guerra contra el Imperio actuó en Sonora al mando de una tropa de sinaloenses conocida como los Macheteros, de ahí su apodo. Como algunos liberales, era tremendo comecuras y cuando tomó Álamos entró en la parroquia y destruyó casi todas los ornamentos y cálices para fundirlos y hacer cañones. Al iniciarse la guerra franco-prusiana en 1870, motivado por su falta de amor a los franceses de Napoleón III, fue a incorporarse al ejército prusiano y en enero de 1871 lo acompañó hasta la capitulación francesa; por más que el autor rastree, no encuentra información de cuál fue la actitud de Martínez ante la Comuna de París. A su regreso a México será diputado, senador y gobernador de San Luis Potosí bajo el naciente porfirismo.

Su paso por la Sonora yaqui estará marcado por, como contaría John Kenneth Turner, «la costumbre de colgar gente porque no podían decirle dónde se encontraban en aquel momento los yaquis insurrectos, y llegó al extremo de lazar a las mujeres de los yaquis y colgarlas también».

Cajeme es consciente de que contra ellos viene una nueva ofensiva, se fortalece en Ráhum y pone avanzada en La Pitahaya. De esa época son los rumores, recogidos en el *Arizona Weekly Citizen* y que ninguna otra fuente confirma, de que Cajeme frecuentemente escoltaba a mujeres y niños mexicanos capturados por las partidas yaquis hasta las zonas fronterizas de su territorio, incluso hasta los suburbios de Guaymas. ¿Es posible? Por qué no: para este yaqui, soldado liberal de caballería, hacer la guerra era un problema de ferocidad, pero no debería estar excluido el honor. Cajeme creía en cosas complicadas: los derechos de los pueblos a la tierra comunal transmitidos por Dios por medio de los arcángeles, las cargas de caballería (sobre todo cuando tienes caballos), la sabiduría de los viejos, el aislamiento ante el mundo contaminado por la codicia que se gestaba en torno a él, la guerra defensiva en los fuertes (sobre todo cuando se tienen municiones), la palabra dada y probablemente el honor.

El general Martínez, luego de una vida de guerra continua desde la adolescencia, probablemente creía en menos cosas (el autor se confiesa negado para saberlo), tal vez en la cautela y la victoria, quizá por eso comienza sus operaciones primero en la zona del Mayo, pensando con acierto que la resistencia será más débil no solo porque la cantidad de indios en armas era menor, sino también porque además de los infectados de viruela, una epidemia de sarampión está diezmando a la población.

Entre el 12 y el 23 de enero de 1886 el coronel Rincón penetró con sus fuerzas en la tierra de las comunidades, pero no fue buscando a Cajeme sino que cruzó el territorio mayo hasta la isla de Santa

Bárbara, cerca de Navojoa, saqueando y arrasando los poblados y recogiendo en varias expediciones mil doscientas vacas, veinte mil ovejas, trescientos caballos, ochenta mulas y más de ciento cincuenta asnos. La operación habría de durar un par de meses. Simultáneamente el general Martínez establece el cuartel general en la llanura del Naranjo, colabora con él desde Guaymas, como su verdadero cuartelmaestre, el secretario de Gobierno Ramón Corral, que el 25 de enero de 1886 escribe al gobernador Luis E. Torres: «Señor gobernador, ya está completa la fuerza». Pero las operaciones no comienzan. Siguen multitud de mensajes que narran la organización de guardias nacionales y los pagos y compras de abastos en enero y febrero; Corral ha comprado cinco mil Winchester importados de Estados Unidos por Nogales, lo cual dotará a las columnas militares de un buen rifle de repetición y un poder de fuego enorme ante los viejos fusiles y los arcos de los yaquis. Todo está listo, pero la virtud del Machetero será la paciencia. Al inicio de marzo pide más fuerzas a la federación (petición que será ignorada) para avanzar sobre el Yaqui: Cajeme y el mito de sus enormes fuerzas le infunden respeto, pero ha diseñado una guerra de ocupación y exterminio y no tiene prisa en ejecutarla.

El 23 de marzo Martínez ordenó al general Otero que partiera del campamento con una columna compuesta de doscientos cincuenta infantes del 12° batallón, cien del 25°, doscientos cincuenta infantes de las fuerzas auxiliares del estado, ochenta dragones del 5° regimiento y ciento quince jinetes auxiliares de Navojoa, Tesia y Santa Rosa, lo que sumaba más de ochocientos hombres que se situaron en Navojoa y de allí partieron hacia el territorio yaqui. Una segunda columna dirigida por el general Marcos Carrillo, jefe de las tropas federales en Sonora, avanzó en el mismo sentido.

Hasta el 2 de abril la resistencia de la rebelión parece haber desaparecido, los mayos están destruidos por las epidemias y los saqueos de la columna del coronel Rincón y Cajeme parece haberse disuelto en la nada. Ese día Ramón Corral reporta al gobernador que a las siete de la noche hubo un ataque de indios a un grupo de arrieros, causando varios heridos, y que el mayor Villarreal salió huyendo. Solo eso, pequeñas acciones de más pequeñas bandas armadas.

Cajeme, basado en la experiencia del año anterior, ha decidido dar la batalla a la defensiva y en una fortificación, por eso concentra a sus hombres en el fuerte de Buatachive y deja algunas partidas fuera, una de ellas cuidando El Añil, que le parece más débil. Cuenta, según los fantasiosos números del ejército, con unos cuatro mil yaquis, pero como observa atinadamente Spicer, cuatro mil guerreros sumados a sus familias representarían la totalidad de los yaquis establecidos en el río (unos quince mil para esa época). Si la cifra de cuatro mil es cierta debe incluir a mujeres, niños y ancianos no combatientes, o sea unos mil quinientos guerreros y no concentrados en un solo punto.

El 27 de abril la columna de Otero ocupa sin combate Cócorit, adonde llega Martínez un día más tarde y enseguida se pone en marcha. La segunda columna, dirigida por el general Carrillo, también avanza hacia Tórim; las dos han de converger en las inmediaciones de El Añil, que se encuentra extrañamente silencioso. Carrillo, quien llega primero, ordena que sus tropas se resguarden a tiro de fusil y comienza los trabajos de zapa para cercar la fortaleza. Le ha tomado al ejército cuatro meses llegar hasta este punto, escenario de las batallas del año anterior. El 5 de mayo los trabajos están terminados. Ese día se produce un feroz contraataque de una partida de yaquis cuyo número es de cerca de ochocientos, según las fuentes militares, el cual es rechazado. Entonces el general Martínez ordena a Lorenzo Torres el ataque sobre las fortificaciones de los sublevados, pero las exploraciones demuestran que el fuerte ha sido abandonado.

Los militares reportarán la toma de El Añil como una gran batalla seguida de una enorme victoria; están lavando la derrota del general Topete del año anterior pero no hay tal: los indios, sin apenas sufrir bajas, se les han escabullido, replegándose en orden hacia el Buatachive.

Ese mismo día marchó el general Martínez con su columna para Tórim con el argumento de que debía reorganizar sus fuerzas y darles un leve descanso, quedando el general Carrillo en el campamento de El Añil. El general Martínez declaró a los periódicos que la guerra había terminado; sin duda se apresuraba. Los prisioneros daban noticia de que existía una gran concentración de rebeldes en un lugar llamado Buatachive.

Martínez saca su columna de Tórim el 8 de mayo, enviando por delante exploradores. Al día siguiente los partes militares registran «combates de poca importancia con partidas aisladas de rebeldes», sin embargo eran algo más que eso porque la columna tuvo que utilizar la artillería para detenerlos.

Buatachive se encuentra a menos de quince kilómetros al norte de Tórim, en las estribaciones de la sierra del Bacatete, sobre la que se apoya el campamento fortificado. Los cerros constituyen un arco de paredes de piedra que se conectaban con un sistema de trincheras y de barricadas de rocas uniendo lomas y cerros menores, dejando en el centro un valle de siete kilómetros de circunferencia. Más que un fortín allí los yaquis han creado una pequeña ciudad, llevan las imágenes de los santos de sus iglesias, levantan las eternas tres cruces y se surten de comida producto de los saqueos de las haciendas, pero esta comienza a escasear, se acaban las vacas, luego siguen los burros. La epidemia de la fiebre amarilla ha afectado a muchos. Es imposible saber cuántos se encuentran en Buatachive: el ejército dirá que ocho mil (cuatro mil combatientes y cuatro mil miembros de sus familias), pero la cifra está enormemente exagerada.

Martínez concentra sus fuerzas en ese punto para terminar la campaña con un solo golpe decisivo. Hace un exploración «buscando agua» para no depender de la que traigan del río y ordena un reconocimiento. Después despliega al general José Tiburcio Otero con los batallones 12° y 25° y dos cañones rayados de 70 milímetros, y luego suma al general Marcos Carrillo con el 6° batallón, las milicias sonorenses y otros dos cañones. Más tarde toma su lugar «frente al enemigo sin ninguna novedad».

Con su habitual cautela Martínez inicia el combate: «Toda la tarde del 9 y parte del 10 fue empleada en abrir brechas y caminos en las montañas inmediatas a las posiciones enemigas»; en la tarde comienza el cañoneo, prácticamente ha establecido un cerco (bajo el supuesto de que la sierra a espaldas de los yaquis no tenga salidas).

El día 11 de mayo se siguieron practicando reconocimientos, organizando el asedio, probando las defensas «sin ningún resultado satisfactorio», dirá el general, y fallan los ataques para desalojar de los cerros fortificados a los indios a pesar del fuego de los cañones; acercan la artillería a un cerro sobre el flanco izquierdo. Hay rumores que luego se probarían falsos de que Cajeme ha abandonado a los suyos y escapado del cerco.

En la mañana del día 12, a las seis, cuando «despunta la aurora» se inicia el ataque; las columnas de los generales José T. Otero y Lorenzo García y los coroneles Lorenzo Torres y Carlos Margain avanzan en formación paralela a los parapetos enemigos. Martínez dirá luego: «arrojé las columnas hacia las trincheras enemigas», protegidas por el fuego de artillería. Atacaron a «paso gimnástico», como ordenó el Machetero, y les responden con un «fuego nutrido». Lorenzo Torres reconoce en los defensores yaquis «un valor temerario digno de mejor causa». En lo alto de uno de los cerros de apoyo «había una bandera roja». ¿En qué momento los yaquis han adoptado la bandera roja como símbolo de la rebelión?

Las crónicas registran la resistencia tenaz de los defensores bajo un poder de fuego que es infinitamente superior al suyo. Al caer las primeras trincheras se produce un repliegue; la mayoría de los guerreros, con Cajeme al mando, se escurren entre los cerros opuestos al avance de los militares, al norte y centro de la fortificación. El médico militar Fortunato Hernández, que participa en la campaña, dirá que lo hicieron «sin dejar un herido ni arma, ni pudieron los soldados tomar prisioneros». Van hacia el corazón de la sierra del Bacatete.

Hacia las doce de la mañana ha terminado el combate. El ejército distinguirá los méritos del coronel sonorense Eleazar B. Muñoz.

Sobre el terreno han quedado de ciento veinte a doscientos yaquis muertos. Los partes nunca serán precisos: ¿cuántos de ellos son mujeres, ancianos y niños? El odio es terrible, el «estilo» del Machetero hace escuela en el ejército nacional. Los informes que se envían a la ciudad de México y a Hermosillo hablan de la importante victoria, pero si los defensores armados eran dos mil, se les han escapado no menos de mil ochocientos guerreros (si los números anteriores del ejército fueran ciertos, no deben haber sido más de quinientos) y el ejército no ha recuperado armas de fuego.

Los asaltantes perdieron veintiún muertos y sufrieron 47 o 48 heridos. El máximo botín de Martínez son los dos mil no combatientes capturados, en ese y los siguientes días: viejos, mujeres y niños, muchos enfermos de viruela. José C. Valadés comentará: «Cuando los yaquis caían prisioneros parecían espectros que acababan de dejar la tumba (…) nunca se les oía proferir una queja y lo soportaban con verdadero orgullo». Poco hay que saquear en el campamento, pero los federales se llevan las imágenes religiosas que los indios no han podido rescatar en la huida.

Aguilar Camín, como si lo gozara, verá en el combate de Buatachive «la acción militar federal [que] quebró el espinazo del cacicazgo de Cajeme». Mucho apellido para tan poco nombre.

¿Dónde está Cajeme? Fortunato dirá: «nunca se le llegó a encontrar y parecía que era un ser imaginario, invisible, un mito creado por la fantasía de su pueblo». El general Ángel Martínez agregará desconcertado: «esos indios están hoy en un lugar y mañana en otro»; Troncoso dará un agregado a estas explicaciones: «Cajeme fragmentó su fuerza en pequeños grupos y partidas que roban maíz y ganado en los ranchos».

Si bien militarmente no han podido batirlos, políticamente los yaquis han sufrido una importante derrota: han caído los fuertes, el Valle está invadido, las epidemias los merman, no se ha podido sembrar ni recoger cosechas, hay miles de no combatientes detenidos. Por eso, para dialogar con el ejército y con el gobernador de Sonora, el 27 de mayo de 1886 se reunieron en el pueblo de Tórim, que se había convertido en un gran cuartel militar, todos los gobernadores indios acompañados de *temastianes*, alcaldes y fiscales y una inmensa multitud. Estaban presentes el gobernador Luis E. Torres y el general Martínez, e intervino con un discurso del que no quedan huellas el general Palomares. Luego tomó la palabra el gobernador de Vícam, Francisco Siquimea, y haciendo la señal de la cruz protestó someterse como también todos los vecinos de su pueblo; se agregaron los gobernadores de Huírivis, Lorenzo Tamiscomea, de Pótam, Antonio Cupis, de Bácum, Juan José Yosimea, de Cócorit, Hilario Tas, de Tónichi, José Molina, y de Ráhum, José María López. Estuvo ausente el gobernador de Belem, pero se presentó cuatro días más tarde. Formalmente la rebelión había terminado: cuatro mil indios yaquis, según estimaciones oficiales, se rindieron, pero solo se recuperaron ciento cuarenta armas de fuego.

Martínez informa que ha comisionado al coronel Lorenzo Torres, que está presente y reparte víveres y telas al final del acto, «para que organice la administración del Valle del Yaqui», y el 1 de junio de 1886 es ascendido a general de brigada.

Manuel Balbás dirá años más tarde: «El general Lorenzo Torres era un apasionado agricultor. Nunca quiso vestir el uniforme ni siquiera en las grandes ceremonias cívicas»; un latifundista armado con grado de general. Pero el dato no es totalmente cierto, en la sala de historia del Museo de Sonora el autor ha podido ver cómo se conservan los uniformes militares de Lorenzo Torres usados entre 1890 y 1990. Son bastante parcos, más bien en la lógica del republicanismo juarista del que los porfirianos se reclaman herederos; capote con quepí azul oscuro y uniforme de gala con bicornio y doble hilera de botones dorados no muy ostentosos.

El general Martínez nuevamente da por concluida la campaña. Huírivis, Pótam, Bácum y Cócorit son amnistiados, y a sus gentes se les distribuyen ropas y víveres. Sin embargo, ni la mayor parte de los amnistiados entregan las armas ni Cajeme se ha sometido. Se establece un cuartel general del ejército en Tórim y cuarteles en Buenavista, Cócorit, Pótam, La Pitahaya, Las Guásimas, Guaymas y treinta destacamentos esparcidos en las sierras, valles y río.

Poco ha de durar el júbilo de los barones. El 21 de junio de 1886 Lorenzo Torres reporta: «Las casas de los indígenas eran abandonadas». No sabe que por órdenes de Cajeme los yaquis huyeron masivamente de El Médano, de Tórim y de Cócorit; mujeres, niños, viejos, no solo los guerreros, sin aviso previo abandonan los pueblos. De poco sirve el reparto de mantas y comida que ordena el gobernador o las ofertas de reparto de parcelas. Se siguen entregando grupos, pero no rifles.

Lorenzo hace un reconocimiento en las inmediaciones de Tórim. Recibe reportes de robos de mulas y burros y ataques a muchos arrieros, parecen ser los objetivos de la guerra de guerrillas de los yaquis resistentes. Torres descubre seis yaquis ahorcados por los insurgentes en Vícam que les pusieron entre los dientes el salvoconducto que llevaban. Dos días más tarde el nuevo general se mueve hacia el interior de la zona con doscientos hombres; las huellas van hacia el bosque en la margen izquierda del río. Indios capturados le dicen que Cajeme va a la cabeza de una partida.

En la mañana del 5 de julio el general Leyva sin trabar combate desaloja a los indios de sus posiciones de El Añil, de las cuales se habían apoderado nuevamente.

Han pasado dos meses desde la batalla de Buatachive cuando el 18 de julio Lorenzo Torres registra: «Salí del campamento de El Médano como a las seis de la mañana», lo acompaña una fuerte columna de cuatrocientos cincuenta soldados. Chocan con una partida de indios y les hacen tres muertos y dos prisioneros a los que les sacan la información de que Cajeme estuvo allí en la mañana y que organizaba fuerzas para atacar el campamento de El Médano, conseguir comida y las tan urgentes municiones; los rumores son que ha reunido cerca de mil quinientos combatientes. Las tropas salen en marcha de nuevo y en la mañana del 19 encuentran en Chipoca a un grupo de indios armados, se produce un choque leve. El 21 la columna va hacia los médanos blancos; en el camino persiguen a un indio que pudo escapar perdiendo a su mujer y su cabalgadura.

Mientras tanto Cajeme se mueve al frente de un fuerte grupo de guerreros yaquis hacia El Médano, donde piensan aniquilar al destacamento y hacerse de pertrechos y provisiones de boca.

El 22 de julio, cerca de la laguna del Mascobampo, Lorenzo Torres ve «algunos movimientos de indios». «Y como conozco aquel lugar, temí ser atacado con ventaja por los indios que tuvieron tiempo para preparar trincheras»; vira a la izquierda del camino para obligarlos a salir al llano. Los indios toman el bordo de un médano (el lugar se llama Guachimoa, hacia los esteros occidentales del territorio, a diecisiete kilómetros del poblado de El Médano). Según las fuentes oficiales, «una masa de más de dos mil indios» («esa espantosa tribu se constituyó en ejército») atacó al general Lorenzo Torres; los guerreros estaban acompañados de mujeres, niños y ancianos, y posiblemente se replegaban hacia el Bacatete después de la incursión de Cajeme por la costa. Torres reportará «tres cuartos de hora de un fuego nutrido». Parecía que la victoria iba a decidirse a favor de los sublevados. La infantería del ejército carga a la bayoneta y luego lanza una carga de caballería, pero los indios se repliegan a un bosque no muy tupido aunque repleto de plantas espinosas donde no puede actuar la caballería.

Sobre el terreno quedan 62 indios muertos. Los militares recogen cuatro rifles, cuatro de chispa, carcajes y flechas, noventa cabezas de ganado, veinticuatro caballos y doce burros. El ejército sufrirá seis muertos, entre ellos el capitán José María Haro.

A partir de ahí Cajeme se desvanece de nuevo a los ojos del ejército; los indios rebeldes en todos los partes militares son una fuerza fantasmagórica. Troncoso contará: «faltos de subsistencias, desnudos y hambrientos, divididos en muchos grupos (...) diezmados por la viruela, sin municiones...» Fortunato Hernández cuenta que de vez en cuando una columna recibía una descarga desde el margen de un bosque, pero cuando avanzaban no encontraban nada y añade: «La guerra se había convertido en mutua cacería en la que por lo común, tocaba a los indios la peor parte».

La temporada de lluvias pareciera detener todo, congelar la guerra y posponerla. Los barones lidian ahora con el problema de cómo fijar a la población yaqui al territorio conquistado y bajo las nuevas reglas, les ofrecen pequeñas propiedades a cambio de que en la práctica han cedido todo su territorio, pero además necesitan a los *pacíficos,* que constituyen una parte esencial de los trabajadores sonorenses en haciendas, minas, servicio doméstico, peonaje en las industrias. Se les ofrece un incentivo: los yaquis que se queden en el valle del río recibirían diez centavos diarios por persona hasta que pudieran sembrar de nuevo y se les daría semilla. Mientras tanto comienzan a llegar colonos no yaquis a la zona y se les entregan tierras.

El ejército ocupó los ocho pueblos. El general Martínez dio por terminada la campaña por tercera vez; el gobierno estatal había gastado más de ciento cincuenta mil pesos en las operaciones. Luis E.

Torres ofreció la amnistía a los que se rindieran y anunció que «serían perseguidos y castigados con toda energía los que persistieran en mantenerse rebeldes».

Un periódico definió así el momento: «Este era el inicio de un gran trabajo humanitario: la incorporación [de los yaquis] a la masa común de ciudadanos de la República». No todo es júbilo en los registros de la prensa nacional y extranjera, el *Arizona Weekly Citizen*, el periódico estadounidense de la región más próxima a Sonora, reportaba que el general Martínez era «un monstruo sangriento que indiscriminadamente disparaba sobre cualquier yaqui que cayera en sus manos» y atribuía la raíz del conflicto a que «el gobierno de Sonora intenta robarles sus tierras a los yaquis».

A lo largo del verano columnas del ejército recorren la zona. Se producen continuas escaramuzas: «aprehendidos un indio, once mujeres, trece niños», dicen lacónicos los partes militares. Pero por más que se da cuenta de detenciones, el botín en armas es escaso: un fusil de percusión, una carabina Yogi, un Remington.

Con el inicio de septiembre Cajeme, que se ha refugiado en la sierra del Bacatete, se ve obligado a pasar a la ofensiva para conseguir comida. Con una partida avanza hacia San Manuel, luego hacia el valle de Guaymas; al mismo tiempo pequeñas partidas dirigidas por Gregorio, capitán de Pótam, Filomeno Canoro, el capitán Chico, Oropejore, desde la sierra del Bacatete salen para hacer incursiones hostigando al ejército. El 26 de septiembre Cajeme en persona, bajando de la sierra con quinientos guerreros, ataca los ranchos de Pocitos de Aguirre, El Álamo, Las Sanguijuelas, San Lorenzo y Las Chinches, recogiendo ganado; los soldados lo persiguen. El 12 de octubre el coronel Lorenzo García choca con ellos en Paloscagüi, les quitan cuatrocientas cabezas de ganado.

Una semana después, el 19 de octubre de 1886 Cajeme le manda una nota al general Juan Hernández diciendo que les han enviado «tristes mujeres» con propuestas de paz. «Si a ustedes le conviene hacer la paz yo la recibo con mucho gusto (...) bajo la condición de que en quince días se retiren todas las fuerzas del gobierno que están en este río Yaqui para Guaymas y Hermosillo, de no hacerlo así, pueden ustedes obrar de manera que les convenga; yo, en unión de mi nación, estoy dispuesto a hacer hasta la última defensa.»

Hernández responde que el río no es de los yaquis y que el gobierno puede tener a las tropas donde quiera, «para hacer respetar las leyes».

A lo largo de noviembre se producen escaramuzas y el día 20 el mayor González reportará que topó con la escolta de Cajeme, aunque no logró capturarlo.

En cambio decenas de indios serán aprehendidos y fusilados a lo largo de noviembre; junto a ellos son detenidas sus familias. ¿Qué están haciendo con las mujeres, viejos y niños apresados? No existe ninguna constancia de su encarcelamiento.

El general Martínez inicia una nueva operación, ahora sobre las islas en el mar de Cortés, donde le han dicho que se oculta Cajeme. El 25 de diciembre Lorenzo Torres, en el cañonero *El Demócrata*, embarca en Guaymas hacia la isla de Siari y el 28 el propio general Martínez, en el *Korrigan*, un vapor de la compañía del Boleo de Baja California, rumbo a la isla de Lobos. El coronel Rincón marchó por tierra con algunas fuerzas para reunirse en la isla de Siari con Torres, porque la faja de agua que separa a aquella de la tierra es vadeable durante la marea baja. Las operaciones les permitirán capturar a cuatrocientos indios. ¿Eran combatientes o simples desplazados por la guerra? Nunca lo sabremos.

En esos mismos días se presentaron trescientos indios en Cócorit, luego 64 mujeres y el general Juan A. Hernández emprendió una expedición sobre la sierra donde se le presentó una multitud de mil yaquis, los que fueron conducidos a El Médano. Fortunato Hernández describe a esta legión de fantasmas: «pálidos, demacrados, hambrientos y desnudos». Pero los derrotados yaquis no lo están totalmente; Hernández, que andaba en campaña, de nuevo comentaría: «La soberbia de esa raza altiva no se doblegaba ni ante aquel infortunio».

Hacia fin de año, el 6 de diciembre, presionados por el hambre, doscientos indios atacan la hacienda de La Jaimea y se van con un botín de cien fanegas de maíz y cuarenta bueyes. Los soldados los persiguen mientras tratan de volver a la sierra y en dos combates les hacen 45 muertos, pero los rebeldes logran salvar una parte del botín. Es una lucha que muchos años más tarde Daniel Cosío Villegas caracterizaría como «una resistencia que por perseverante parecía suicidio».

Al finalizar el año se habían «sometido», según las cifras oficiales, 1683 mayos en los poblados de Etchojoa, San Pedro y Santa Cruz, y a partir de 1887 la mayoría de ellos se irían a trabajar a los ranchos y haciendas en las cercanías de Navojoa, que había sido despoblada por el sarampión, las inundaciones y la guerra. Las mismas cifras hablaban de que se habían rendido 3984 yaquis. ¿Se seguía estimando la población del río Yaqui en quince mil habitantes? ¿Quiénes

82

entonces se habían «rendido»? ¿Cuántos permanecían en estado de guerra?

Probablemente en esos meses del 86 Ramón Corral, Luis E. Torres y otros destacados militares que habían actuado en la campaña comienzan a apropiarse de tierras en la zona calificándolas como baldíos. Torres llegará a tener más de ciento sesenta mil hectáreas en asociación con empresas agroindustriales estadounidenses como la Sonora & Sinaloa Irrigation Company, que poseerá doscientas veintiún mil. El coronel Lorenzo Torres establece una hacienda en El Médano, cerca de Pótam, y hace crecer enormemente la que tiene en Guamúchil, obligando a prisioneros yaquis a trabajar allí como forzados. Lorenzo y Luis Torres dieron propiedades a sus amigos en Tórim y tenían la intención de hacerla una de las grandes poblaciones de Sonora; actuaban con la confianza que les daba la enorme guarnición que allí se había concentrado. Lorenzo también invitó a accionistas estadounidenses a cultivar tierras al sur del río Yaqui, donde la Richardson Company había iniciado la construcción de un gran canal de riego. En la zona del Mayo José Tiburcio Otero crea la hacienda Jupateco, de siete mil hectáreas, con permiso para construir un canal. El coronel Ángel García Peña se asoció con Jesús Morales y se apropiaron de trece mil hectáreas para crear la hacienda Juárez.

El grito de «¡Enriqueceos!» recorre la mente y el alma de los barones sonorenses. No solo se trata de la apropiación amoral de las tierras de las comunidades yaquis y mayo, también del dinero que se desliza en sus bolsillos gracias a la presencia del ejército federal al que le proporcionan materiales de construcción, comida, abastos, animales de monta y carga.

En esos momentos la casa de Luis E. Torres en Hermosillo se ha vuelto un palacio. Colindaba con la del capitán Mix y medía cuatro hectáreas en el centro de la ciudad, rodeada de altas tapias de adobe; tenía una bomba de agua para regar los jardines, una casa con almenas en las paredes, un jardín repleto de bugambilias y había plantado en el 84 dos laureles de la India que trajo de Yucatán.

11

Captura y asesinato de Cajeme
(1886-1887)

A fines de 1886 todo el Valle del Yaqui sigue en poder del ejército; un informe gubernamental decía que se habían «pacificado» los pueblos. En las ocho comunidades se repartieron tierras, pero menos de la mitad de los que las recibieron se quedaron en la zona del río. Tan solo se habían recuperado por parte del ejército ciento cuarenta armas, y de ellas solamente una nueva, el resto, viejos rifles y escopetas. Si se resumían esos mismos partes oficiales, en los dos últimos años de combate murieron 356 yaquis, entre ellos el suegro de Cajeme, Tachino, los gobernadores de Vícam y de Bácum y el jefe de la caballería, Luis Miranda. Un millar de hombres, mujeres y niños se encontraban prisioneros. Desde el punto de vista de los militares y los barones sonorenses se trataba de una victoria absoluta. Pero las cifras podían leerse de una manera diferente: ochenta por ciento de los indios yaquis se hallaban en estado de rebeldía, habían emigrado fuera de la región, se encontraban en las montañas o se refugiaron en haciendas, minas, ciudades, trabajos del ferrocarril. La inmensa mayoría se negó a que las tierras comunales fueran repartidas en lotes individuales o entregadas a colonizadores o a empresas deslindadoras. La lucha armada se mantenía en la sierra del Bacatete.

Pero las condiciones de la resistencia eran terribles. Ramón Corral contaba que se veían en esos días muchos indios hambrientos y semidesnudos buscando comida en Guaymas y Hermosillo. Los pequeños grupos de alzados sufrían no solo la persecución sino además las epidemias y un invierno riguroso, la falta de comida y de ropa de abrigo.

Palemón Zavala cuenta que Cajeme «siente el toque en el hombro izquierdo». La referencia habla de una creencia común entre los yaquis que aseguraba que la proximidad de la muerte se percibía por el paso de una sombra fugaz y un roce sobre el hombro izquierdo.

El 26 de diciembre de 1886 el general Juan A. Hernández reportaba que una avanzada de caballería comandada por el subteniente Pablo Matus chocó con la escolta de Cajeme. El jefe yaqui estaba acompañado por Juan Siquili, Francisco Güi, Francisco Chico Masolero (o Masoleo) y unos veinte hombres. Intercambiaron tiros a corta distancia, el caballo de Matus cayó herido y el grupo de yaquis se dispersó al acercarse la infantería. Los soldados siguieron las huellas, que mostraban a un grupo de cinco hombres a caballo y seis a pie con una mula, pero por más patrullas que se lanzaron en su persecución en los siguientes días no los localizaron. Troncoso recoge un parte militar en el que se dice: «se multiplicaron las columnas, no solo por los bosques del río y la sierra», pero la persecución nuevamente resultó fallida. Cuatro días más tarde del encuentro, el 30 de diciembre el general Martínez hablaría de Cajeme como de alguien «cuyo paradero se ignora».

La persecución en enero del 87 llegó hasta las cercanías de Hermosillo porque se decía que el dirigente de la rebelión trataba de cruzar la frontera. Lo que Martínez ignoraba es que probablemente, tal como Palemón Zavala sostiene, las elecciones de gobernadores en los ocho pueblos se celebraron hacia fines de año 86 y el 6 de enero del 87 estos se reunieron y destituyeron a Cajeme como jefe de armas, responsabilizándolo de las derrotas; eso explicaría por qué Cajeme se escondió a partir del 6 de febrero de 1887 en Guaymas en casa de un amigo apellidado Galaz.

Los rumores lo situaban en esa ciudad y desde el 28 de marzo hubo cateos buscándolo aunque resultaron fallidos. Pero el 11 de abril una mujer yaqui lo denunció al administrador de rentas del puerto, un tal Armenta, y este se lo contó a Francisco Seldner, el cual telegrafió al gobernador Torres, que estaba en Nogales, quien transmitió la noticia al general Martínez, que se encontraba en Guaymas; la versión de Judas se repite en barroco y a lo yaqui.

Torres tomó el tren y hacia las dos o tres de la madrugada se reunió con el general Martínez. En la mañana del 12 de abril, escoltado por soldados del 11º batallón, el Machetero tomó la casa donde se ocultaba Cajeme.

Llevaron al detenido a la propia casa de Ángel Martínez y Corral dirá que el general le «guarda consideraciones» al preso, porque el Machetero podrá ser un salvaje pero Cajeme le infunde respeto. Allí lo visitará Ramón Corral: «Creía encontrarme con un indio corpulento, silencioso y de expresión feroz en el semblante, y no dejó de sorprenderme ver a un hombre de mediana estatura, delgado sin ser flaco, con una sonrisa astuta en una boca desmesurada, de ceño simpático, blando y comunicativo, como pocos indios (...) Le pregunté cómo era que estaba tan delgado, habiendo sido un hombre obeso (...) "No es lo mismo [dijo] estar comiendo y durmiendo bien todos los días que andar por los montes sin comer y sin dormir casi nunca" (...) Me separé de él quedándome con una profunda impresión de simpatía por aquel indio tan inteligente y tan valeroso, último y digno jefe de una raza cuya historia está llena de rasgos de valor y heroísmo».

Es curiosa la actitud de Corral, habla del gran caudillo y lo compara con el azteca Xicoténcatl, reconoce en él un valor que «nadie puede negarle», constancia y firmeza. Pero lo mira desde otro planeta, desde otro lenguaje, desde otra visión del mundo; su idea de progreso no tiene nada que ver con este hombre que es para él un emisario del pasado. Y el presente es el progreso y ahí sobran los yaquis y su visión comunal del mundo.

Corral esperaba encontrar a un Cajeme taciturno y se sorprendió de hallar a un hombre cincuentón de buena naturaleza, suave, platicador, orgulloso de su nacionalidad y de haber peleado al lado de los liberales. Para ilustrar a Corral acerca de su patriotismo, le contó cómo le había negado el permiso a un estadounidense para realizar en tierras yaquis una explotación de carbón sacándola por tren, diciéndole: «Nosotros los mexicanos no necesitamos que vengan extranjeros a sostenernos la mano para hacer la señal de la cruz». Cajeme sostuvo que los ocho pueblos habían peleado de manera voluntaria y que había obedecido sus deseos de conservar la tierra.

Quizá la parte más endeble de la entrevista es cuando Corral asegura que Cajeme dijo que ahora «comprendía la necesidad de una nueva existencia para los indios, basada en la sumisión al gobierno». ¿Cajeme conciliaba con sus captores? ¿Está huyendo de la muerte y quiere mostrarse como un ser que no representa ya peligro, o Corral quiere cerrar el episodio con una mirada propagandística?

Durante su detención será retratado un par de veces: le han prestado para la foto dos armas sin balas, un Colt .45 y una carabina Winchester 1873.

Llegan a verlo un montón de curiosos, entre ellos muchos yaquis; Cajeme se acercaba a la ventana y platicaba con ellos, muchos indios esperaban horas hasta que se asomaba. Durante el tiempo de la detención la familia de Cajeme que estaba en Guaymas se le unió y él le enseñaba a leer a su hijo.

A partir de la entrevista, Ramón Corral comienza a escribir una biografía de Cajeme que se irá publicando por capítulos en *La Constitución*; como las primeras entregas se producen mientras está preso es posible que haya leído lo que el hombre clave del baronazgo sonorense pensaba de él.

En abril de 1887 le anuncian un traslado, Cajeme intenta darle a un custodio un atado con ropa para que se lo entreguen a su mujer si lo matan. Le dieron seguridades de que no sería así. «No es tiempo de gastar bromas a un hombre que va a morir», respondió.

El 21 de abril fue sacado del cuartel y llevado a bordo del vapor artillado *El Demócrata*, la expedición iba al mando del teniente Clemente Patiño. El barco hizo la ruta a El Médano en camino a Cócorit donde supuestamente iba a ser juzgado. El 22 lo desembarcaron en la costa y lo pasearon por varias de las comunidades para mostrar al líder derrotado y en el margen del río, en el camino a Cócorit, en un lugar llamado Las Tres Cruces la escolta se detuvo a las once de la mañana del 23 de abril y se organizó el pelotón de fusilamiento. ¿Quién dio la orden? ¿Qué sentido tenía matar al caudillo derrotado? Sabemos que fue fusilado, sabemos que el cuerpo tenía siete impactos de bala.

En la primera versión oficial se decía que se había liberado de sus captores y trató de huir. Una segunda versión oficial (porque en México puede haber hasta una docena de versiones oficiales contradictorias) registrada por el *New York Times* reproducía un telegrama del gobernador Torres a Nogales en el que se decía que se trató de «un juicio corto de acuerdo a la ley», un juicio sumario en el cual lo condenaron a muerte, pero nunca hubo registros del supuesto juicio o de la formación de un tribunal militar. Ninguna de estas dos versiones se sostuvo, todo el mundo sabía que lo habían asesinado aplicando la «ley fuga». Corral reconocerá más tarde en la biografía de Cajeme:

«lo pasaron por las armas». Lo mismo publicaría el *Arizona Weekly Citizen.*

Hay muchas versiones respecto al lugar donde fue muerto: Las Cruces (¿cuál de todas?), Chuman Paku («llanura donde mataron al perro») y Laguna de Náinari, que es la más consensuada entre las comunidades. Guiado por locales que aseguraban que eso era Las Tres Cruces, el autor fue a dar a las márgenes de un canal a las afueras de Santa Teresa, cerca de Cócorit, donde están dos de las tres cruces habituales (una ha desaparecido) y una de ellas tiene imágenes de un santo.

Es el mismo lugar en que meses más tarde un reportero del *Tucson Daily Citizen* vio un letrero que decía: *Aque fallecio General Cajemé, abril 23, 1887, a los 11 y 5 la mañana.* El sombrero de Cajeme estaba clavado en un árbol; en una de las cruces decía «INRI».

El cuerpo de Cajeme fue entregado a Tomás Durante, un manso dirigente indígena, y el 25 de abril fue enterrado en algún punto cercano a Cócorit. No existen huellas de su tumba.

El general Martínez abriría una investigación, o diría hacerlo, pero la tal investigación no ofrecería, claro está, ningún resultado. Ramón Corral pronunciaría un epitafio con el que se autodefinían los barones de Sonora: «El sacrificio de Cajeme ha sido triste, pero traerá la paz en los ríos, la base del inicio de un periodo de civilización para las tribus».

En esos mismos días se celebró en Hermosillo un baile dedicado al gobernador en el que un poeta local, Hilario Gabilondo, declamó la siguiente loa:

> *Vos señor habéis cumplido*
> *con misión tan elevada,*
> *dando la paz deseada*
> *a nuestro suelo querido;*
> *su pueblo de gozo henchido,*
> *de gratitud rebosante.*

12

Tetabiate
(1887-1889)

Tetabiate

Tras la muerte de Cajeme se producen grandes ceremonias en las comunidades asoladas. En un repliegue casi total en lo militar, las comunidades se abstienen de nombrar a un jefe de guerra. El asiento de Cajeme queda vacío.

Lentamente se reanuda el comercio en la zona. Hay un nuevo sujeto: las tropas federales; tras ellas, colonos que van entrando, parcelando y cultivando. En número no son significativos, aún el Valle del Yaqui no es «seguro».

La muerte de Cajeme desata a los especuladores. Si en 1875 los reclamos de tierras baldías en Sonora habían sido de dos mil hectáreas y saltaron en 1880 a 99 mil, en 1886 y 1888 crecen a cerca de 245 mil por año. ¿Cuántas de estas tierras otorgadas al menos en el papel se encuentran en territorio yaqui?

Se inicia una migración hacia la frontera: algunos centenares de yaquis cruzan hacia Arizona, donde encuentran trabajo en las cercanías de Tucson en la construcción del ferrocarril. Otra parte se distribuye en las haciendas, crecen particularmente las de Maytorena, La Misa y El Águila, porque tenía fama de ser «buen hacendado».

Hay una historia que se profundiza, aunque se había presentado anteriormente: los presos de la última campaña son un estorbo y una parte es cedida a los hacendados que se hacen responsables de custodiarlos; hay sirvientes en semiesclavitud. Una carta del comisario de Agiabampo denunciaba que el teniente Aviña había secuestrado a tres viejos y cuatro niños y los traía de San Francisco contra su voluntad. La historiadora Raquel Padilla ofrecerá una lista de docena y media de familias ricas de Hermosillo que tenían niños yaquis como sirvientes.

Y será en este año cuando surja una iniciativa que producirá la más grande herida en la historia de Sonora. El autor de la maligna idea será el general Ángel Martínez, que en una carta dirigida a Porfirio Díaz informa que la situación de los rebeldes yaquis es desesperada, pero se mantienen ocultos en las montañas y las espesuras de los bosques cerca del río, y sugiere que la única manera de acabar con ellos «será embarcarlos a un lugar lejano». En otra carta precisará que se trataba de «romper con sus tradicionales hábitos y costumbres que tienen todavía algunos puntos de semejanza con el salvajismo. Para llevar a efecto mis propósitos, quizá sería bueno confinar a diferentes partes de la República a todos aquellos indios que notoriamente estén tachados de incorregibles [y hacer] imposible su regreso a estos ríos, donde su permanencia es motivo de alboroto y sublevaciones». Martínez planteaba como una opción enviarlos a Colima para trabajar en haciendas, por cierto, propiedad de amigos suyos.

El 18 de noviembre de 1886 Porfirio Díaz le responde que no, porque «equivale a mi juicio a iniciar una guerra de exterminio, porque el indio prefiere la muerte al destierro y ante la perspectiva de ser alejado de su hogar luchará hasta perecer». Díaz contrapropone que los líderes de la rebelión se remitan a México y sean incorporados al ejército como leva forzosa.

Sin embargo, el presidente está muy lejos y en Sonora mandan los que mandan, porque tres años después, en agosto de 1889, Joaquín Redo, propietario de una de las grandes fortunas de la época en haciendas, molinos de azúcar, textiles, fundiciones, y que además sería senador por Sinaloa, trata de que le entreguen prisioneros yaquis presos para trabajar en sus fincas de Sinaloa, y cuando los militares sonorenses se niegan le dicen: «Aumenta el recelo de los yaquis el recuerdo de que más de cien familias fueron trasladadas como negros en buques de guerra para alguna hacienda en Colima en cuyas playas perecieron al saltar a tierra».

Reiniciando una vieja propuesta, en marzo de 1887 la Comisión Científica de Sonora, al mando del coronel e ingeniero Agustín Díaz, procedió a iniciar la medición de las tierras en ambos lados del río

Yaqui; en un segundo paso se distribuiría la tierra en lotes. Se trataba de fragmentar la propiedad colectiva y abrir el paso a tres tipos de propietarios: especuladores, vinculados con las propuestas de irrigación del Valle por medio de canales y promotores de grandes haciendas; pequeños agricultores venidos de otras partes del país, y los propios yaquis que aceptaran abandonar la propiedad comunal. Aguilar Camín calificaría este tipo de experimentos como dotados de una «sensación de profunda confianza en la capacidad persuasiva del progreso». La comisión fracasó en sus labores a pesar de haber actuado siempre bajo escolta militar.

Pero quizá el movimiento de los ingenieros aumentó la tensión en el Valle porque las bandas de alzados, que confirmaban sus peores temores, se reactivaron.

El 17 de junio de 1887 una partida de cincuenta indios ataca cerca de la hacienda de La Misa; un grupo armado salió a perseguirlos pero fue emboscado y derrotado, muriendo en el combate el administrador de la hacienda. Como reacción el general Hernández declaró que «abre formal campaña contra los yaquis». La acción correspondía a una paulatina retirada de las fuerzas federales y en Cócorit, dos días más tarde de los acontecimientos de La Misa, una partida encabezada por Tetabiate entra en el pueblo y da muerte a las autoridades, saqueando e incendiando la zona no indígena de la comunidad; es la primera vez que se escucha el nombre de este jefe yaqui. Palemón Zavala dice que los gobernadores de los ocho pueblos lo nombraron jefe de armas, pero no hay registro alguno que lo pruebe y la información no tiene sustento. Paralelamente otra partida ataca en la sierra de Pilares y otra más en el norte, en las sierras del camino a Ures.

Los ataques muestran una nueva forma de comportamiento militar: los yaquis alzados, que han estado consiguiendo algunas municiones y armas en los últimos meses, operan con tácticas guerrilleras, rehúyen encuentros frontales, «disparando desde los bosques, las alturas y los matorrales, cayendo por la noche y en silencio sobre los soldados, y cambiando de sitio permanentemente y en pequeños grupos».

Es muy probable que en la sierra del Bacatete se cree un núcleo de resistencia en torno a Tetabiate, un hombre de unos treinta años, con Ignacio Güito, Chico Venadero, Chico Güi, y alrededor de cuatrocientos hombres. ¿Qué tanto podrá influir este grupo sobre los gobernadores, los *temastianes* y los ocho pueblos al tratar de reconstruir la base de poder de Cajeme?

Juan Maldonado Waswechia o Uauetchia, conocido como Teta-biate o Tetabiakte (Piedra Rodante, Piedra Volteada), nace alrededor de 1857, posiblemente en Belem; su apodo de guerra, según algunos, surge de un combate en que arrojó rocas desde un cerro a los que lo perseguían. A partir de una de las pocas fotos que se conocen de él, podría describirse como un hombre de mediana estatura, recio aunque parece prematuramente envejecido, canoso, con un pelo peinado con fleco y entradas, potente bigote, levemente bizco.

Santos Wikit dice que antes de entrar en la guerra era el ganadero más rico de la sierra. No hay duda de que no participó de manera destacada en la resistencia dirigida por Cajeme, pero las leyendas atribuyen al destino de sus hermanos Luciano (o Luis) y Manuel su incorporación definitiva. De Luciano se cuenta que denunciado por un ranchero fue colgado por el ejército. Santos García Wikit ofrece una noticia más precisa: «En cierta ocasión, al regresar de una corrida donde había herrado más de cien becerros, en unos mezquitales cercanos al rancho se encontró colgados y acribillados a balazos a sus hermanos Manuel y Luis, su hogar estaba hecho cenizas. Fue entonces cuando se desbordó su cólera, cuando estalló su odio».

El hecho es que los yaquis encontrarán en Tetabiate el caudillo necesario para mantener la lucha, sobre todo porque sufrirán en esos meses tres bajas muy importantes: en mayo Anastasio Cuca, el segundo de Cajeme, es capturado en Tucson; las autoridades estadounidenses lo deportan a Sonora donde será fusilado por órdenes del gobernador Torres, y el 16 de julio el ejército mata en combate a Chico Güi en las cercanías de Apobampo. Cuatro días más tarde, el general Lorenzo García persigue a un grupo de indios que habían aparecido en las cercanías de Cepobampo, en el encuentro muere el cabecilla Juan Siquili y nueve yaquis más.

Para tener un amplio lugar donde mantener encarcelados a los yaquis se construye la penitenciaría del estado en Hermosillo; las obras serán dirigidas por un ingeniero polaco-estadounidense, Arthur F. Wrotnowski, en la ladera oriente del cerro de La Campana. Los trabajos los realizarán los mismos reos, en su mayoría yaquis: acondicionando el terreno, cortando, transportando y nivelando las piedras calizas del cerro para lograr solidez y seguridad máxima. La roca extraída fue reutilizada para la construcción de los muros exteriores y las celdas, anexándose un segundo edificio para uso administrativo, el cual fue construido a base de ladrillo.

Las pequeñas partidas de rebeldes siguen dando muestra de su existencia. El 26 de agosto de 1887 se producen dos encuentros, el más importante es cuando un centenar de yaquis atacan el rancho del Bachoco y son perseguidos sin éxito.

El 1 de septiembre Lorenzo Torres, con el eterno Ramón Corral como vicegobernador, serán electos para el cuatrienio 1887-1891. Torres no permanecerá demasiado en el cargo porque a fines del 87 pedirá licencia por tiempo indefinido para dedicarse a sus dos grandes negocios y pasiones: el establecimiento de una hacienda en El Médano, cerca de Pótam, y la guerra.

Acciones menores en los últimos meses del año, quizá la más importante es que los rebeldes (una partida que baja de la sierra) capturan en Tórim al traidor Loreto Molina y lo ejecutan. El hombre que trató de matar a Cajeme desaparece de la escena. El ejército envía columnas hacia la sierra sin éxito y crea retenes en Bonancita, La Misa, El Reparto y Cruz de Piedra.

El invierno debe de ser terrible para los campamentos yaquis en pleno movimiento en la sierra y deben escasear los alimentos porque los reportes militares dan noticia de dos acciones en diciembre de 1887, la primera cuando una veintena de indios roban maíz en El Tomatal, llevándose ocho fanegas, y tropas del 11° regimiento los persiguen hacia el Bacatete sin éxito. Poco después, una banda de otros veinte hombres ataca el rancho El Lomatel y roban «grandes cantidades de maíz». Son perseguidos por el ejército sin éxito.

El 13 de diciembre de 1887 el gobernador Luis E. Torres entrega condecoraciones a los participantes en la campaña 85-86, «a la consistencia y al valor» (como si la guerra hubiera terminado). El gobernador no parece darle mayor importancia a Tetabiate, es otro jefecillo más de una partida al que el general Lorenzo Torres calificará como un «traidor débil». Luis E. Torres dejará temporalmente Sonora en manos de los electos Lorenzo y Corral al ser destinado, a partir del 1 de enero de 1888, como jefe político del Distrito Norte de Baja California, con cabecera en Ensenada.

La guerra no ha terminado. Unos días más tarde, una patrulla bajo el mando del capitán Enciso enfrenta a una banda de yaquis en las cercanías de Laguna de París. El combate dura tres horas porque los indios no retroceden y se refugian entre las rocas; cuando se les acaban las municiones, desaparecen dejando un muerto y un herido que, según Palemón Zavala, los soldados rematan «como a un perro». Es capturado un grupo de mujeres y son enviadas a Bonancita.

Corral escribiría en 1888 que «por causas que no es fácil determinar» los yaquis se levantaron. La frase, destinada a mantener a las tropas federales en la región, no es exacta: nunca habían dejado de hacerlo. Los trescientos o cuatrocientos guerrilleros que operaban desde la sierra del Bacatete simplemente siguieron atacando dentro del territorio, los destacamentos militares los enfrentaban y perseguían constantemente hasta las montañas; cada semana morían algunos y unas pocas familias eran capturadas.

Al iniciarse el año 89 el general Ángel Martínez, el Machetero, dejará Sonora para ocupar la jefatura de de la Sexta Zona Militar en Matamoros. Lo sustituye el general Julio M. Cervantes, quien parece coincidir con Luis E. Torres, Corral y Lorenzo Torres en que la rebelión es ya prácticamente inexistente, porque declara un armisticio y envía proposiciones de paz. Su tono es bastante más moderado que el de sus antecesores: «Exigir a esas razas que sepulten en el olvido su destrucción, la pérdida de sus hogares, de sus propiedades, de sus deudos (…) es demasiado pedir».

En abril de 1889 un censo registra en el Valle 1075 hombres yaquis, 1100 mujeres, 552 niños y 729 niñas. Hay 19 casas, 571 jacales, 339 enramadas, 525 caballos, 972 burros, 4699 cabezas de ganado mayor y 7332 de ganado menor. Muy lejos estamos de los treinta mil originales, o de los quince mil (catorce mil dirá Troncoso) que vivían en la zona al iniciarse la última campaña. Los yaquis se han dispersado en el exilio en Arizona, o en el exilio interior, llegando a trabajar como pescadores de perlas en Baja California; se han desplazado por todo el estado de Sonora trabajando como peones en las haciendas, de sirvientes en las casas, marcharon a trabajar en la construcción del ferrocarril, se convirtieron en albañiles, carpinteros, curtidores, tejedores y zapateros en las ciudades. Las minas de cobre de Nacozari y Cananea los emplean, trabajan en las minas de plata de La Trinidad, eso sí, con salarios miserables de ocho pesos mensuales cuando la paga normal estaba en quince. Y habría que contar, y mucho, a quienes viven en campamentos con mujeres, ancianos y niños, y siguen alzados en armas en la sierra del Bacatete.

13

La Comisión Científico Militar
(1888-1889)

Ángel García Peña

El gobernador Ramón Corral y el ejército no saben cómo lidiar con la situación; los yaquis están derrotados, pero no lo están. Supuestamente el Valle está bajo control, pero las acciones guerrilleras prosiguen. Buscando una solución, llevan a la dirección de la guerra a diferentes generales: en dos años ocuparán el cargo Bonifacio Topete, Joaquín Z. Kerlengand y Diego M. Guerra. No solo no encontrarán solución al conflicto, la actividad de los grupos rebeldes crecerá.

El 13 de enero de 1888 el capitán Gil, del batallón 25, con un grupo de vecinos apoyándolo, ataca a una partida de yaquis en Bucabamba, cerca de Cócorit, dejándoles tres muertos y dos heridos, y teniendo en sus filas un herido grave. Menos de quince días después, cincuenta yaquis merodean en Punta de Agua y roban cincuenta reses, siendo perseguidos por federales; el 6 de febrero, una semana más tarde, se produce un encuentro de yaquis fortificados en la sierra (en Batachi) contra 45 soldados del batallón 25. Los indios resisten para cubrir la retirada de mujeres y niños. Al anochecer, cuando los soldados iban a recibir refuerzos del 10º batallón, los indios se esfuman dejando atrás diez muertos. Al menos, dadas las distancias y que los yaquis se mueven a pie en compañía de la ranchería completa, con abastos, ancianos, mujeres y niños, no puede tratarse del mismo grupo.

Tres días después el teniente coronel Enciso vuelve a encontrarse con los yaquis en Batachi, en «lo más escabroso de la montaña», cerca de Pótam. Nuevamente una fracción de la partida se refugia tras trincheras de piedra; de nuevo tras una hora de combate los yaquis se repliegan, dejan un muerto y huellas de sangre. Los soldados sufren dos bajas y serán reforzados por veinticinco hombres más de las milicias de Sonora.

A fines de febrero un tercer grupo de cincuenta yaquis roba ganado en el rancho El Carrizo, los persiguen sin éxito. El 10 de marzo «son batidos» los indios en la sierra de la Tinaja, pero no es una derrota total: las partidas yaquis, la ranchería completa con los no combatientes y el ganado, deja un grupo haciendo resistencia y el resto se repliega; nunca hay combates definitivos. El 28 de marzo ochenta indios yaquis atacan Guamúchil, cerca de Buenavista, el general Diego Guerra manda tropas desde Cócorit en su persecución sin resultado. Pocos días después un grupo de la misma partida, no más de media docena de indios, roba ganado en el rancho El Cajón, en Buenavista. Los rumores dicen en las haciendas y en los campamentos que hay un grupo grande fortificado en un punto llamado Tesaymaya y que tiene buenas armas. ¿Dónde se encuentra? ¿Quién los ha visto? El ejército no encuentra cooperación en las comunidades «pacificadas». Nadie sabe, nadie ha oído.

Dos días más tarde las tropas del 25° batallón chocan contra los yaquis en Basain, los indios pierden tres caballos y algunas armas, pero no tienen bajas y se desvanecen. Seis días después, las columnas unidas del mayor Villarreal y el capitán Enciso atacan una posición fortificada en el cerro Zamalaguaca; los yaquis sufren diecisiete muertos. ¿Son guerreros o la cifra incluye a no combatientes? ¿Está el ejército fusilando a los detenidos? El 15 de abril de 1888 hay un ataque yaqui en la isla de Santo Domingo, se trata sin duda de otra partida.

Cuatro días más tarde los yaquis atacan a una conducta entre Pótam y Tórim, matando a un soldado, y al día siguiente hay un enfrentamiento contra otra partida diferente a la que las tropas derrotan en Güichore, con once muertos y veintiún indios prisioneros. Se reporta un ataque el 21, más bien una escaramuza en Tejibampo con más de veinte yaquis y un capitán del ejército muertos, y otros siete muertos en Agua Caliente el 25 de abril; el 26, entre Bácum y Chumampaco es atacada la diligencia de Álamos por una partida de veinte yaquis. «El coche quedó acribillado a balazos.»

Un día más tarde el capitán de milicias Ángel Llanes y su tropa alcanzan a una partida que va hacia Agua Caliente y se enganchan en un tiroteo: el resultado es siete indios muertos y quince prisioneros (mujeres y niños, incluso algunos heridos logran escapar). El *New York Times*, curiosamente muy atento a lo que sucedía en Sonora, registraba estos encuentros y decía: «En muchos de estos conflictos los yaquis salieron victoriosos», negándole veracidad a los cuidadosamente elaborados partes militares.

Los sublevados no tienen jefes conocidos, el ejército no sabe quién los manda o si es que acaso hay un líder común, pero sí tienen voz: dos cartas lo atestiguan, una colocada sobre un árbol en el rumbo de los Pilares y luego otra que dejaron en La Pitahaya. En ambas declaran que bajarían en paz si el gobierno retiraba sus tropas del río y permitía que ellos se gobernaran según sus costumbres.

Los encuentros, más espaciados, siguen en el verano del 88. El más importante es un choque en la sierra del Bacatete, en un punto llamado Mazokoba, de ciento cincuenta yaquis con las tropas del coronel Juan A. Quintero: el ejército sufre bajas, un muerto y varios heridos, los yaquis no pero mujeres y niños son capturados.

El periódico sonorense *La Constitución* del 9 de agosto habla de la incalificable audacia de los yaquis y reseña pequeñas confrontaciones, sobre todo cerca de Pótam; ataques a conductas, a diligencias y luego repliegues a la sierra. El ejército estima que hay unos cuatrocientos hombres en armas y sus familias, la prensa dice que no serán más de doscientos. La realidad es que deben ser algunos más, pero fragmentados en pequeños grupos.

En 1889 un nuevo elemento va a polarizar la confrontación en el Valle del Yaqui: la Comisión Científico Militar, dirigida por el ingeniero y coronel Ángel García Peña y que vendría a sustituir al organismo anterior, comienza a medir para luego distribuir los terrenos «en las vegas del Yaqui». Partiendo de establecer ocho cuadriláteros (más o menos en correspondencia con los ocho pueblos originales, solo San José ocupa el lugar de Ráhum), cada uno es subdividido en cinco secciones de cien lotes de tres a cuatro hectáreas cada uno (o sea, cuatro mil lotes en total). Tras la medida se inicia la distribución, ofreciendo a los yaquis un lote y medio por marido y mujer, y medio por cada hijo; pero cuando se cita a los indios de Tórim para la distribución de la tierra en parcelas rechazan el reparto. ¿Por qué les van a repartir su propia tierra? Héctor Aguilar Camín registrará: «El sueño de imponer al río Yaqui una racionalidad que le era ajena, nació del genio topográfico y urbanístico del coronel Ángel García Peña».

García Peña había nacido en Chihuahua en 1856, tenía por tanto poco más de 33 años cuando se vuelve el «genio topográfico y urbanístico» del saqueo; se graduó en artillería en el Colegio Militar al inicio de los setenta y asciende rápidamente, vinculado siempre a trabajos científicos: en 1881 en estadística, en 1882 trabaja en el Observatorio Nacional para estudiar el tránsito de Venus, del 25 de julio al 30 de agosto de 1887, acompañado por el general Sóstenes Rocha, participa en la Comisión Científica de Sonora.

Tras el trazado se inició la distribución: primero fueron los militares sonorenses Lorenzo Torres y Otero, luego se entregaron pequeñas parcelas en Cócorit, Bácum y San José para colonizadores.

Torres fundó una colonia de quince mil hectáreas entre Tórim y Pótam llamada Bacojori, invirtiendo mucho dinero, y en 1889 se inició un canal para regar sus campos, el «Marcos Carrillo», que partiría de Tórim regando la margen derecha del río, parte de Vícam, Ráhum y las tierras de Lorenzo, pero solo irrigaba en las crecidas del río y la colonia no progresó, perdiendo bastante en la aventura. El general José T. Otero inició otra colonia con un nuevo canal de riego construido por la Compañía Irrigadora de Sonora; lo que en la época se llamaba elegantemente «colonias» no eran más que latifundios privados. Otero por cierto había estado muy ocupado buscando en la zona de Sahuaripa a un grupo minero fantasma, Tayopa, cuyas huellas se habían perdido al ser abandonada tras un ataque de los apaches y que se suponía era de una enorme riqueza. Las búsquedas serán fallidas.

Los canales de riego eran la manera de incrementar el precio de los terrenos. A partir de 1889, además de los dos anteriores, otros dos se comenzaron a construir y un año más tarde el quinto, que llevaría el nombre de Porfirio Díaz. El gran promotor de los canales y el riego es Carlos Conant, otro miembro destacado de la oligarquía sonorense.

A mitad del año García Peña hacía pública una carta circular en la que decía que «en el río Yaqui, en ambas márgenes de él, hay muchos terrenos regados en los cuales pueden cosecharse miles de fanegas de maíz y frijol en la próxima estación. Estoy autorizado por el supremo gobierno para ceder gratis estos terrenos». Para 1890 la Comisión Científica supuestamente había terminado la certificación de todas las tierras arables en el Valle, y ese año el ejército intentó nuevamente que los yaquis que lo habían abandonado regresaran y se asentaran. Los militares amenazaron con forzarlos a volver y llegaron unos pocos; Spicer registra que «a fines de 1890 cincuenta familias se habían establecido en Bácum».

El 7 de enero de 1890 se reabre la campaña. El general Julio M. Cervantes ordena la marcha de dos columnas sobre la sierra de Buatachive y Bacatete con el coronel Lauro Villar (doscientos hombres) y el coronel Agustín García Hernández (ciento cincuenta hombres); tienen la misión de establecer un cerco y son apoyados por pequeñas patrullas. La operación fracasa por falta de acémilas.

Dos meses más tarde, el 2 de marzo, el general Marcos Carrillo, un veracruzano que había combatido en la guerra de Reforma y contra el Imperio, sustituye al general Cervantes, que se va como jefe de la Séptima Zona. Carrillo dirige un manifiesto a los alzados, el cual es ignorado. Las acciones del ejército en los ocho pueblos provocan nuevas emigraciones hacia Ures y Hermosillo.

El 7 de abril Carrillo retoma el plan de Cervantes y suma a tropas de las milicias, que dirigirá Lorenzo Torres. La operación se propone entrar de lleno con dos columnas en el Bacatete hasta converger en un lugar llamado Minas del Frío, en lo más profundo de la sierra, donde se tiene noticia de que una partida de yaquis ha creado una ranchería estable de donde salen para atacar la zona del río. Los militares pretenden crear un depósito de víveres en el arroyo de Tetacombiate, en el centro del Bacatete.

Cinco días más tarde, el 12 de abril, García Hernández choca por primera vez con una ranchería de doscientos indios, mujeres y niños incluidos (los dirige Chico Güilo), en un lugar llamado La Nopalera, más allá del Tetacombiate, en la parte más elevada de la sierra. Los alzados frenan al ejército y se produce un breve intercambio de disparos entre ellos y la tropa que iba subiendo el cerro, con lo que los yaquis ganan tiempo para poder huir. Los soldados encuentran en el campamento carne seca y cueros de venado y res. En la persecución los frenan cuatro indios de buena puntería que luego se retiran; los militares se repliegan para concentrarse.

Una semana después, el 20 de abril, la columna de Lauro Villar los encuentra en la sierra de los Bancos: otra vez resistencia y huida. El combate termina al oscurecer cuando de nuevo se escapan. El ejército sufre dos heridos y siete muertos, entre ellos dos oficiales. Los indios sufren una importante pérdida, queda muerto Chico Güilo.

Hernández choca con ellos de nuevo el 24, luego los yaquis se esfuman. El 13 de mayo las columnas concentradas en el Tetacombiate siguen peinando la zona. Los yaquis se les escapan, en la huida atacan a dos civiles de una diligencia en la zona boscosa el 18 y un día antes chocan en Mochobampo, donde el ejército les hace un muerto y capturan a una india y municiones de Remington. Pocos días después capturan a un indio que dice que «habían marchado hacia Hermosillo para proveerse de municiones».

8 de junio: el coronel Lauro Villar llega hasta el Mazokoba y encuentra una ranchería semifortificada en la que hay doscientos indios. Los va flanqueando, hay tres soldados heridos, la acción no es decisiva. En un combate que dura dos días los desalojan pero los indios se les escapan. Los persiguen durante los tres días siguientes hasta un último encuentro en Mazampo, donde «se dispersan completamente», eufemismo cada vez de mayor uso en los partes militares para decir que se les escaparon de nuevo.

En julio se releva a las tropas estacionadas en la sierra. El día 11 el ejército vuelve a topar con una partida, pero en medio de una feroz tormenta se les escapan otra vez, quedan dos soldados heridos. Una columna del ejército recorre toda la sierra buscando los aguajes, porque el agua es definitiva para la supervivencia y donde la encuentren puede haber yaquis, y terminan en el Tetacombiate. No hallan ni partidas ni huellas, presuponen que las terribles lluvias que caen sobre todo en las noches las han borrado. Reciben órdenes de volver a Tórim pero el 23 de julio, gracias a unos caballos que habían sido dejados atrás por los yaquis para remontarse a lo alto de un cerro llamado Siquisiba, el ejército descubre a una partida y les hace once muertos, descubriendo muchas reses que estaban carneando. Es el único encuentro en que el botín es importante para los soldados porque se capturan dos Remington, dos fusiles de percusión, cuatro fusiles recortados, doscientos veintisiete cartuchos metálicos, veinticuatro de papel, un bote de pólvora, una bolsa de azufre, un saco con salitre (ambos para hacer pólvora) y dieciocho cajas de cápsulas (para rellenar). ¿Eso es todo, ocho fusiles? ¿Cuántos guerreros tienen uno? Cuatro o cinco cartuchos por combatiente, ¿y cómo reponen las municiones cada vez que disparan? El general Carrillo tiene una respuesta, en un escrito al Ministerio de Guerra dice que los indios se abastecen de armas y municiones en las haciendas y que hay que aplicarles la ley a quienes se las suministran.

Hay algunos pequeños choques en septiembre, luego termina la campaña. El plan de los generales ha sido un fiasco, no han podido acabar con la resistencia y ni siquiera debilitarla parcialmente, pero el ejército domina los ocho pueblos y las tierras de las comunidades están siendo desmembradas.

14

La santa

Teresita Urrea

C omo si la historia hubiera sido diseñada por un novelista fanáticamente adepto a la fantasía, como si hicieran falta nuevos personajes e ingredientes sorprendentes, hacia fines de los años ochenta y el inicio de 1890 un personaje singular haría su aparición en esta convulsionada escena. Se llamaba Teresa Urrea, hija de una sirvienta india tehueca y el patrón de la hacienda; había nacido en una ranchería en Sinaloa y a los doce años se trasladó a vivir con su padre, Tomás Urrea, en el rancho de Cabora, situado en la confluencia de los ríos Yaqui y Mayo. Poco después de su llegada comenzó a tener ataques epilépticos y al retornar de ellos permanecía en estado cataléptico; vuelta a la normalidad, comenzó a decir que había estado en contacto con Dios y el Espíritu Santo.

Había algo en su rostro y sus maneras que invitaba a la certeza y le creyeron porque este personaje, transformado en sus visiones, comenzó a hablar en un lenguaje extraño, a traer noticias del más allá y sobre todo a practicar el curanderismo.

Se afirmaba que realizaba sanaciones milagrosas que ni ella misma podía explicar. «Practicaba la imposición de manos para curar y con un polvo rojizo que extraía de una cueva cercana a Cabora, hacía con su propia saliva una masilla que frotaba suavemente en piernas, brazos y otras partes doloridas del cuerpo hasta dejarlas enrojecidas. Con esa masilla también frotaba los oídos a los sordos y practicaba extensamente la herbolaria, arte que le enseñó una curandera sonorense. Sin embargo, son sus pequeñas y suaves manos las que utilizaba con más frecuencia, posándolas sobre los miembros enfermos. Mientras lo hacía, oraba en voz baja pidiendo al Gran Poder de Dios por la salud de los enfermos, muchos de los cuales sanaban, pero otros, los más graves, no, y algunos morían. Pero ella siempre tenía palabras de consuelo para todos, especialmente para los moribundos, a cuyo lado permanecía hasta que morían confortados con su presencia y sus palabras.»

Mario Gill cuenta que en torno al culto el rancho se volvió diferente: crecieron puestos y changarros donde se vendía bacanora, se bebía sotol, se comían fritangas y se jugaban loterías; se dice que entre 89 y 92 cerca de doscientas mil personas fueron a visitarla. Del destino de este culto mesiánico tendría buena parte de responsabilidad otro personaje igual de atractivo, el periodista chihuahuense Lauro Aguirre, anticlerical y radical, liberal lerdista y medio espiritista que viajó hasta Cabora, se reunió con Teresita y la adoptó ideológicamente. A la curación y los milagros se añade una visión política: «los actos del gobierno y del clero son malos».

El momento álgido de aquello que se volvía un movimiento social se produjo en septiembre de 1890: los indios mayos, que habían sido derrotados militarmente, comenzaron a involucrarse en una nueva forma de resistencia y se acercaron a ver a los santos, porque en torno a Teresa empezó a crecer un culto que tenía sus propios profetas.

Hubo reuniones religiosas en Jambiobampo, cerca de Masiaca. Se habían reunido cerca de mil doscientos mayos para escuchar a un joven de dieciséis años, San Damián Quijano (sobrino de un general de Cajeme), que les hablaba en su lengua y les transmitía que Teresita había sido advertida por Dios de que se acercaba una gran inundación.

En otros lugares, nuevos santos predicaban en las «tierras sagradas» entre la costa y Navojoa. Los otros predicadores eran tres mujeres y tres hombres: Santa Camila, Santa Isabel, Santa Agustina, San Juan, San Luis (también llamado La Luz), y San Irineo.

El ejército mexicano se tomó muy en serio el asunto, a pesar de que el culto que había prendido entre los mayos no parecía interesarles demasiado a sus vecinos yaquis, envueltos en una resistencia armada. El coronel Antonio Rincón, en aquellos momentos jefe de la línea del Mayo, alertado por la manera como iba creciendo el *teresismo*, se movilizó para ver si las reuniones tenían por objeto «alterar la tranquilidad pública o eran solamente producto del fanatismo». Aunque no encontró motivaciones rebeldes y atribuyó los hechos al «fanatismo», los soldados interrumpieron en algunas de las prédicas buscando armas y solo encontraron los arcos que la gente depositaba en los altares; aun así se disolvieron varias de las grandes asambleas y se concentró a los *santos* en lugares donde pudieran ser vigilados. Tras un tiempo, San Damián y cuarenta de sus compañeros mayos que estaban bajo custodia en Jambiobampo fueron llevados a Tórim y sentenciados a trabajar en las minas de Santa Rosalía en Baja California. Teresita Urrea no fue detenida.

Junto con la represión militar vino la religiosa; el obispo de Sonora, Herculano López, no paraba de denunciar a Teresita: «Esa mujer se expresa muy mal en contra de los sacerdotes, contra el sacramento del matrimonio y otras prácticas cristianas».

Un nuevo acontecimiento elevó la tensión más aún. En diciembre de 1891 una peregrinación armada originaria de la comunidad de Tomochic, en la sierra de Chihuahua (hasta ahí había llegado la palabra de Teresa), viajó hacia Cabora para ofrecerle a la santa protegerla con su vida. El ejército trató de detenerlos y los tomochitecas dejaron difunto sobre el terreno al jefe de la patrulla, el capitán Emilio Enríquez, y varios soldados heridos y muertos; luego encontraron en Cabora a la milagrosa Teresa Urrea, una mujer de tez clara, baja de estatura, de rasgos delicados y cabello castaño rojizo, que les confirmó su fe.

Carlos Conant decía a sus amigos en una carta (donde equivocaba el nombre del pueblo natal de los chihuahuenses y el nombre del capitán muerto): «Hace pocos días unos treinta fanáticos armados de los pueblos de Tepolocachic del estado de Chihuahua vinieron a visitar a Teresita, la Santa de Cabora: fueron cuarenta federales al mando del capitán Ornelas a aprehenderlos, hicieron resistencia y mataron al capitán, al teniente y ocho soldados de los federales, teniendo solamente un herido los fanáticos [al] que dejaron en Cabora y que al día siguiente colgaron las fuerzas que fueron en su persecución; los demás tomaron la sierra y no les dieron alcance. Antes de salir de su pueblo decían que apalearían al cura del pueblo porque no creía en Teresita y mataron otros siete». Un mes más tarde, en enero del 92, comentaba que el choque con los chihuahuenses estaba precipitando la confrontación y que «es posible que el gobierno tome alguna determinación en vista de estos acontecimientos y no será difícil que le den una encerrada a la Santa».

Y así fue. El 15 de mayo de 1892, abandonando las prédicas, los anuncios de inundaciones, señalando al gobierno sonorense como causante de sus peores males y rompiendo el largo periodo de paz tras la derrota de Cajeme, doscientos indios mayos dirigidos por Juan Tebas y Miguel Torigoqui se alzaron en armas y asaltaron Navojoa y San Ignacio; durante el ataque gritaban vivas a la Santa de Cabora y mueras al gobierno. Los defensores se concentraron en un lugar llamado La Máquina, encabezados por el teniente coronel Severiano Talamante y José Morales. Aunque los atacantes lograron ocupar la mayor parte del pueblo y saquear los comercios, a la postre fueron obligados a retirarse dejando en las calles once muertos (catorce, según el parte del general Bandala).

En el enfrentamiento muere el alcalde de Navojoa, Cipriano Rábago, el jefe de policía de San Ignacio y su hermano, y quedan cuatro heridos, entre ellos el capitán Manuel Valenzuela. Se movilizan una parte de 24° batallón y el 11° regimiento, comandado en persona por el general Abraham Bandala. El general Otero, latifundista y responsable de las milicias estatales en el Mayo, salió de su retiro, organizó la persecución de los alzados y reporta la muerte de otros veintidós indios.

En la posterior versión de Teresita Urrea, dos días más tarde, el 17 de mayo, «el general Otero ordenó aprehender a los yaquis [mayos], hombres, mujeres y niños que había en la ciudad de Navojoa y colgó a tantos que agotaron las cuerdas disponibles, siendo necesario usar cada una de ellas cinco o seis veces».

Los barones sonorenses decidieron atacar lo que les parecía un cáncer en el corazón del río Mayo: actuando como siempre frente a todo aquello que no comprendían y que resultaba un posible obstáculo en el camino del capitalismo y el progreso a lo Porfirio Díaz, optaron por la solución militar. El general Abraham Bandala, otro rancio porfirista (jefe de la Primera Zona en ese momento), asaltó Cabora y detuvo a Teresita («fui personalmente»). Para no exacerbar las pasiones no la encarcelan sino que la expulsaron de Cabora, primero a Cócorit para alejarla de los mayos, y luego del territorio nacional, en principio a Tumacácori, cerca de Nogales; en el inicio de julio de 1892 llega a El Paso. Desde ahí Teresa, cada vez más radicalizada políticamente, se establece en Arizona, más cerca de la frontera con Sonora, junto a Lauro Aguirre.

En los siguientes dos meses (septiembre-octubre de 1892) se produce la insurrección de Tomochic, que tendrá en el joven Heriberto Frías su gran testigo y narrador. Lorenzo Torres, a estas alturas uno de los más expertos represores con que contaba el porfirismo en el noroeste del país, con una brigada de sonorenses participa en las operaciones sobre el pueblo chihuahuense.

Paradójicamente los yaquis, que poco habían tenido que ver con los dos alzamientos teresistas, cargaron en los periódicos con la responsabilidad. Teresita fue llamada «la reina de los yaquis» y el *New York Times* les atribuyó los levantamientos de Chihuahua.

En 1895, Teresa Urrea inició la publicación de un periódico de contenido antiporfirista en el que además proclamaba la vida del espíritu sobre la materia; se le responsabilizó de la rebelión de Temósachic, municipio del estado de Chihuahua, en abril del 93.

No había de terminar ahí la respuesta armada del teresismo a la dictadura, el 12 de agosto de 1896 se produjo un ataque a la aduana de Nogales protagonizado por 75 indios («sesenta fanáticos armados con rifles, arcos y flechas»; Escobosa los llama «cuarenta holgazanes»). Un futuro prisionero, Francis Vásquez (parece ser que era yaqui) contaría cómo el grupo se reunió en Tubac, 32 kilómetros al norte, y que formaban parte de él indios y mexicanos, mayoritariamente exiliados.

El asalto se produjo en la madrugada al grito de «¡Viva Teresa, viva la libertad!», y por cuatro horas la aduana permaneció tomada. El objetivo era hacerse de dinero, armas y municiones; se decía que la propia Teresa iba a llegar a la aduana desde el lado estadounidense de la frontera para enlazar con los rebeldes.

Con rurales apoyados por fuerzas estadounidenses, los atacantes de la aduana fueron reprimidos, causándoles de seis a ocho muertos y siendo perseguidos los sobrevivientes. La investigación policiaca enfatizó que varios de los fallecidos traían entre sus ropas el periódico *El Independiente* de Lauro Aguirre, editado en El Paso, y que en uno de los cadáveres había una nota manuscrita de Teresita: «Confíen en Dios y la expedición será un éxito». ¿Estaba involucrada o se trataba de un montaje policiaco?

La prensa se apresuró a culpar a los yaquis de la acción, pero era evidente que el teresismo se había organizado con indios mayos y yaquis que vivían exiliados en Estados Unidos junto a liberales radicales mexicanos.

Teresa se estableció en Nogales, Arizona, convirtiéndose en patrona de los indios que se habían visto forzados a emigrar, tuvo apoyo en la prensa estadounidense y sus labores como curandera eran publicadas en los periódicos *El Monitor Republicano* de la ciudad de México y *El Tiempo* de Las Cruces, Nuevo México.

En los siguientes años continuaron circulando listas interminables de milagros, curaciones extraordinarias, dones proféticos, doble visión, oído universal y viajes fuera del cuerpo.

El 24 de diciembre de 1903 fue detenido en Cabora el hermano de Teresa, Antonio Urrea. La santa revolucionaria, o bruja a juicio de sus detractores, murió en Clifton, Arizona, el 12 de febrero de 1906.

15

La guerra interminable
(1891-1892)

Una diligencia viaja a la orilla del río Yaqui

Mientras en el Mayo crecía el movimiento teresista, el 7 de enero de 1891 un reporte militar en Tórim aseguraba que no habían entrado indios armados «procedentes del territorio de Arizona», desmintiendo el rumor que circulaba. El gobierno federal había pedido al de Sonora que asumiera la guerra contra los yaquis sin apoyo extra del ejército nacional, pero el gobernador contestaba que se sentía incapaz para hacerlo. Sin embargo, la actividad bélica había disminuido: en el primer trimestre del año solo se registraron dos pequeños choques y se lanzaron varias expediciones infructuosas a la sierra del Bacatete; el coronel Lauro Villar continuaba recorriendo la sierra sin mayores resultados. Los indios parecían haberse desvanecido.

Hubo algunos esporádicos encuentros en la sierra, pero el 31 de marzo una tropa mandada por el teniente coronel Claudio Zapata detuvo en la hacienda de El Gavilán a Chico Güicho (o Huicha), capitán de Bácum en la era de Cajeme, y cinco capitanes a los que acusó de ser jefes de partidas. Sin ningún tipo de juicio o corte marcial fueron fusilados sobre el terreno.

Durante los movimientos las columnas militares seguían hallando huellas de partidas en la sierra, pero los encuentros eran intrascendentes hasta que el 7 de mayo, siguiendo a una que había robado ganado en La Pitahaya, se produjo un combate en las Mesas de Pilares con una ranchería yaqui. Para frenar a los soldados, el jefe de la partida se quedó a contenerlos y resistió «durante ocho minutos» antes de caer muerto mientras las familias huían. Durante dos días el ejército los persiguió hasta que perdieron las huellas.

En mayo de 1891 el coronel Lauro Villar volvió a montar una columna que se internó buscando infructuosamente a los rebeldes en el Bacatete. En un encuentro hacia fin de mes, en Mazokoba, queda muerto en combate un blanco que andaba con los yaquis; el difunto, que no pudo ser identificado, traía un rifle nuevo, dinamita, balas y 164 casquillos de Remington. Una segunda columna, la del coronel García Hernández, no pasó de registrar huellas de «pequeñas gavillas». Nuevamente los rebeldes se habían desvanecido. Al inicio de julio el general Carrillo dio órdenes de reconcentrar la tropa, bajándola del Bacatete por la oleada de calor y las muchas insolaciones. Ocho días después una pequeña partida atacaba una diligencia en el camino de Pótam.

Luego, durante meses, nada.

En junio hay nuevas elecciones en Sonora y se vuelve a elegir Luis E. Torres como gobernador con Rafael Izábal como vicegobernador (un nuevo personaje, quien dará mucho de qué hablar en el círculo de los barones sonorenses); Corral se hizo cargo por tercera vez de la Secretaría de Gobierno. Se estrenaron recibiendo los rumores de que se avecinaba un nuevo alzamiento yaqui y el 9 de noviembre el general Carrillo reinició la campaña en el Bacatete. El eje era la columna del coronel Lauro Villar, la más grande que había penetrado en la sierra: doscientos cincuenta hombres del 24°, doscientos cuarenta del 12°, diez del 11° regimiento y 42 de la guardia nacional de Sonora. La única resistencia que encuentra se produce en un choque con ochenta yaquis en un lugar llamado Las Bufas, pero los rebeldes escapan.

Una semana más tarde, en otra zona del territorio, hay ataques de una partida de yaquis en Santa Rosa, Santa María y San Antonio de Abajo. Carrillo en su informe oficial tiene que reconocer que no los pudieron capturar porque se han mimetizado con los peones de las haciendas y «hubiera sido necesario efectuar la [detención] de todos los indígenas» con el consiguiente conflicto con los hacendados.

Mientras tanto Lauro Villar al inicio de diciembre reconoce la inutilidad de la búsqueda del grupo de indios que persigue en las montañas, porque se fragmentaron en muchos más que iban hacia el valle de Guaymas.

Al terminar 1891 el general Marcos Carrillo, jefe de la zona militar, le dice a todo el que lo quiera oír que así no se puede, atribuye la imposibilidad de derrotar a los alzados a la colaboración de los dueños de minas, haciendas y finqueros que les permiten ocultarse entre ellos porque necesitan mano de obra: «Esos malvados encontraban protección en todas partes (...) confundidos con los que llamaban mansos». A partir de eso se crea una ley que obliga a llevar un censo de los trabajadores indígenas en las haciendas, simultáneamente trata de crear una red de informadores y se descubren cartas escritas en yaqui (con alfabeto castellano) que prueban la conexión entre la sierra y los que trabajan en Pueblo de Seris y Hermosillo.

En el informe del gobernador Corral de ese año se decía: «se notaba que los sublevados siempre disponían de cartuchos para hacer fuego nutrido», de esto deducía que los alzados y los mansos, quienes los proveían de municiones, estaban en contacto permanente y que los hacendados los encubrían. La información de Corral no era exacta, entre los alzados, a pesar del contrabando hormiga, escaseaban de manera cruel las municiones, tenían muy pocos rifles nuevos y manufacturaban escasamente la pólvora para los viejos fusiles, para los que era casi imposible conseguir fulminantes. Mientras tanto el ejército había logrado homogeneizar su armamento gracias a las compras de Mauser y Remington reformados.

El 19 de febrero de 1892, el general Marcos Carrillo murió repentinamente en el pueblo de Tórim, donde estaba la sede de la zona militar; dejó una familia establecida en Guaymas y la fama, al igual que otros de sus antecesores, de que su muerte estaba relacionada con su afición al alcohol. Lo sustituirá por unos días el general Hernández y a partir del 23 el general Abraham Bandala, otro veracruzano de 53 años, exgobernador de Tabasco y hombre de la guerra de Reforma y la lucha contra el Imperio de Maximiliano.

El 4 de abril se reporta un tiroteo en el distrito de San Miguel, cuando una patrulla del ejército buscaba yaquis acusados de estar haciendo acopio de municiones. Les respondieron tirando y resistiendo el arresto: dos indios resultaron muertos y uno herido. A consecuencia de esto, diez días después el gobierno de Sonora y el general Bandala insisten en su política de control y ordenan que los dueños de los ranchos de los distritos de Ures, Guaymas y Hermosillo tengan listados a sus trabajadores, en qué fecha entraron a laborar, cuándo se separaron y por qué; antes de tomar a un nuevo sirviente los patrones deben averiguar quién es, y si no está claro, remitirlo al gobierno. El edicto establece una multa de cincuenta pesos o quince días de arresto por violar estas disposiciones. El siguiente mes, respondiendo a la circular, comenzaron a llegar docenas de respuestas para elaborar un censo de «sirvientes yaquis» en pueblos y rancherías.

Al mismo tiempo, de varios pueblos llegan reportes de secuestros de yaquis niños y adolescentes de sexo masculino por los alzados; se habla de que eso sucedió en Buenavista, Cumuripa, Movas, Río Chico, Tecoripa. Supuestamente se raptaba a estos niños para ser educados como guerreros. Si esto era verdad o una historia que en el rumor popular creció como leyenda, nunca se podrá saber. El hecho es que en términos generales los alzados no andaban buscando nuevas bocas que alimentar en las condiciones de carencia que estaban pasando; necesitaban fusiles y municiones, no combatientes.

Por las mismas fechas se produce un enfrentamiento con los yaquis en los Pilares, donde muere un jefe yaqui y dos de sus hijos; en la refriega fueron capturados niños. ¿Qué se hace con ellos? ¿A quién se entregan?

Y siguen los choques esporádicos: el 6 de junio de 1892, un nuevo enfrentamiento en la zona próxima a Los Álamos; una emboscada yaqui sorprende al ejército, que perdió dieciséis hombres. En medio de un calor terrible, Bandala da por terminadas las operaciones en la sierra y retira del Bacatete a sus tropas, argumenta que lo hizo a causa de la escasez de agua y el mucho calor.

En septiembre se reanudan las operaciones. El capitán Miguel Rivera choca con una pequeña partida de yaquis en el cañón de los Pilares, tras dos horas de combate la lluvia y la noche permiten que se replieguen los yaquis sin bajas, quedan dos soldados heridos.

Poco después será el coronel Francisco Peinado (del que se hablará más tarde) el que sea derrotado por otra partida en Las Burras; el ejército sufre tres muertos y cuatro heridos. Los indios se les escapan, aunque el 26 en otro punto llamado Piedras de Lumbre capturan a veintiún yaquis. Se trata de mujeres y viejos, no de combatientes.

Y las guerrillas siguen cosechando pequeños éxitos: el 10 de octubre hay un combate en el rancho de Zaragoza, sesenta yaquis insurreccionan a los peones, que cuando se retiran los acompañan. El ejército no les puede dar alcance.

Del 3 al 17 de noviembre las tropas del coronel Agustín García Hernández recorren la sierra. «Aunque ha encontrado muchas huellas de indios, muy pocas veces los ha tenido a la vista.» Hallan los restos de una ranchería que debió haber albergado ciento cincuenta indios. Los yaquis en todos los partes son una fuerza fantasmagórica. Del 29 de noviembre al 6 de diciembre el coronel Lauro Villar encabeza una columna que recorre el Bacatete sin resultado.

Sin embargo, los rebeldes existen. El 7 de noviembre se produce un ataque en Los Sentaditos contra un grupo de mineros, les roban las mulas; luego atacan el rancho de Torimacuca, propiedad de unos estadounidenses, y los asaltantes roban vacas, se trata de una partida de ochenta guerreros. Ciudadanos estadounidenses dejan Sonora, entre ellos los propietarios de la mina Contención que dicen que han perdido miles de dólares. Curiosamente los yaquis atacan propiedades de estadounidenses pero no a los gringos, atacan ranchos y haciendas fuera de su territorio pero rara vez a los peones. Su objetivo es el expolio de las haciendas vecinas y la guerra contra los invasores militares del territorio.

Los ecos de los combates en la vecina Chihuahua contra la comunidad de Tomochic hacen que circulen noticias exageradas en la prensa. El *New York Times* insiste en que hay un alzamiento yaqui, pero se confunde cuando informa que se enviaron tropas a la Sierra Madre. La prensa local en Chihuahua habla de que en la zona sonorense de Onavas hay dos mil yaquis y varios centenares de mayos en armas; la historia es falsa. Los yaquis están en otra parte cuando atacan el rancho del español Pablo Muñoz y destruyen silos y molinos, llevándose mil cabezas de ganado.

En los últimos días del año 1892 el gobierno sonorense envió al río a cobradores de impuestos acompañados de soldados; desembarcaron en Belem, donde encontraron resistencia de los yaquis y se vieron obligados a regresar a los botes. Allí existía un pequeño grupo de comerciantes españoles desde hacía tiempo: los indios en represalia los expulsaron junto con sus familias, y quemaron sus casas y propiedades.

16
Guerrillas
(1893-1896)

Rafael Izábal

En 1893 los datos oficiales del gobierno del estado de Sonora afirman que en el territorio habitan veintiún mil yaquis y once mil mayos de un total de 165 829 habitantes, pero el *New York Times* dice que el ejército necesitaría doscientos mil soldados para dominar a los veinte mil yaquis. ¿De dónde sacan la cifra? A cambio, los gobernadores y los militares piensan que enfrentan a no más de cuatrocientos rebeldes y sus familias, eso sí, con el apoyo de la mayoría de las comunidades y de los indios que trabajan en las ciudades y las haciendas, las industrias y las minas. La prensa local dice que los rebeldes actúan en partidas de quince a doscientos combatientes.

Para enfrentarlas el general Bandala cuenta con casi dos mil hombres de una tropa con moral habitualmente baja, disminuida desde los tiempos de Cajeme, porque una parte de los que actuaron en Sonora han sido devueltos a Mazatlán, cansados de campañas infructuosas y con problemas de deserción e indisciplina (en Tórim hay varios procesados por indisciplina y deserciones). Tiene cinco coroneles que conocen la sierra y se han enfrentado muchas veces con la guerrilla, son quizá lo mejor de este ejército, triste heredero de la guerra de Reforma y los chinacos antiimperialistas.

Están distribuidos de la siguiente manera: en Tórim el 12° batallón del coronel Agustín García Hernández, con 35 oficiales y 502 soldados, y destacamentos en La Pitahaya, Las Termópilas y Bonancita. También en Tórim el 24° batallón, con 37 oficiales y 576 soldados del coronel Lauro Villar, con destacamentos en Chumampaco, Bacojori, Cócorit, Bácum y en la zona mayo; en La Misa el 11° regimiento con veinte oficiales y 253 soldados, la mitad de caballería, del coronel Juan A. Hernández. A eso habría que sumar el cuerpo especial de Estado Mayor del coronel Ángel García Peña, con base en Vícam, las milicias estatales y los irregulares indígenas.

A lo largo del año la percepción de los militares es que las guerrillas basadas en la sierra del Bacatete habían aumentado y les comenzaba a ser notorio que los combatientes crearon una red de apoyo e información en las haciendas, allí se abastecían de comida y municiones, dejaban las armas por un tiempo y regresaban más tarde a unirse a los alzados, o enviaban sus provisiones para ayudar. Los mansos y los rebeldes comenzaban a ser lo mismo para las autoridades, bajo dos apariencias *todos* ellos.

La realidad es que la fuerza armada yaqui en esos momentos era mucho más débil; hay en la sierra unas nueve partidas, la mayor con setenta guerreros, todas acompañadas de familias. Si bien Tetabiate es el jefe principal, cada una de ellas actúa con autonomía, las dirigen combatientes relativamente jóvenes que hicieron sus armas en la época de Cajeme, como Loreto Villa y Gutmasoleo. Lo cierto es que había creado una forma de guerrilla de ataque de abeja, picar y retirarse, donde buena parte de la población yaqui de hecho estaba «pasivamente en armas».

En febrero del 93 una partida de regular tamaño robó reses en Los Algodones y se fue a la sierra, luego otro grupo atacó una diligencia. Las persecuciones del ejército resultan infructuosas a lo largo de todo marzo. En abril, tras un fuerte enfrentamiento en Bacojori, del 15 al 19 una columna del ejército descubre en las montañas, hacia el Mazokoba, cuatro rancherías abandonadas y las quema; mostraban que allí hubo un campamento de ciento cincuenta indios, pero de los que lo habitaron, ni sus sombras. Después, meses sin enfrentamientos, hasta que el 17 de junio un regimiento de caballería fue emboscado en los accesos de la sierra: tres oficiales de la tropa fueron muertos y muchos soldados heridos; las bajas de los indios, que se retiraron en orden, son desconocidas.

En julio el ejército detiene en Pueblo Viejo al cabecilla yaqui Antonio el Chino, al que en la noche aplican la «ley fuga». Poco después los estatales son batidos cerca de La Misa, pierden siete hombres y tienen dos heridos y un desaparecido. Esa partida se acerca en septiembre a veinticinco kilómetros de Tórim para robar ganado.

En la última parte del año siguen produciéndose los choques, los robos, los pequeños ataques, y en respuesta las persecuciones que no obtienen resultado. La guerra ha cambiado desde la época de Cajeme: los yaquis viven bajo una invasión militar de sus comunidades, muchísimos han sido desplazados de sus tierras y se niegan a participar del reparto que les ofrecen en pequeñas parcelas, rompiendo la tradición comunal; muchos se han dispersado a lo largo y ancho del estado y una fracción de guerreros, la más dura, con sus mujeres, hijos y ancianos en continuo movimiento, practica una guerra de guerrillas que parece eterna. Troncoso comentará: «Después de muchos años de campaña los indios han adquirido gran práctica en la guerra, rodeados siempre de exploradores se hace muy difícil sorprenderlos». ¿Quién los dirige? ¿Hay una dirección centralizada? Media docena de bandas y sus correspondientes rancherías, con apoyo en minas, ranchos, haciendas y ciudades; ¿es cierto el rumor de que Tetabiate los coordina, los dirige, o se trata de una serie de partidas aisladas?

En enero de 1894 se publica un bando del coronel Ángel García Peña, similar a su carta del 89: «En el río Yaqui, en ambas márgenes de él, hay muchos territorios regados con los cuales pueden cosecharse miles de fanegas de maíz y frijol en la próxima estación. Según la opinión de los conocedores prácticos aún hay tiempo para limpiar y preparar estos terrenos para la próxima siembra que se llama de verano. Estoy autorizado por el supremo gobierno para ceder gratis todos estos terrenos por el tiempo necesario para la cosecha, a los que se presenten a solicitarlo». Hay muy poca respuesta. El año anterior se había establecido una colonia de mexicanos en Vícam, en torno al cuartel de Tórim se creó una población de comerciantes y residían unas cuantas familias no indígenas en Cócorit.

Gobierna Sonora Rafael Izábal (parece ser que originalmente era Yzábal), llamado por sus amigos el Cabezón, un sinaloense de Culiacán de madre sonorense, llegado a Hermosillo a los veinticinco años, fiel representante de la burocracia que Luis E. Torres y Corral han montado en el estado. Pasa de visitador de escuelas primarias a regidor del ayuntamiento, y es varias veces diputado local y federal, bien sea por Álamos o por Hermosillo; vicegobernador desde el 91, llega a la dirección del estado supliendo a Luis Emeterio Torres. Su carrera política no impide sino que facilita el que se convierta en uno de los latifundistas más grandes de Hermosillo. De la capital hacia territorio yaqui poseía la hacienda Europa, con un molino harinero (igual que Corral, quien poseía El Hermosillense), un inmenso latifundio que se iniciaba en Hermosillo y terminaba en el mar (a más de ochenta kilómetros de distancia). En la ciudad poseía el rancho El Pozo, una enorme huerta de naranjas con peones yaquis «a los que les tenía cierta consideración», según los cronistas de la época; menos consideración tenía para los bienes públicos porque se robaba el agua de las acequias de la ciudad, desviándola a su huerta.

En sus haciendas trabajaban y vivían yaquis como peones acasillados, ligados a ellas por deudas hereditarias de anticipos de jornal ofrecidos por el hacendado en condiciones de casi esclavitud. Poseía también el rancho El Centro y sobre la costa el San Enrique; don Agustín Monteverde, su cuñado, era dueño de casi todas las tierras situadas al poniente de Hermosillo.

Izábal era un personaje con cierto toque folclórico, paseaba en una berlina por Hermosillo sintiéndose propietario de la ciudad; era muy malhablado, lo que le festejaban sus amigos. Calvo, cachetón, de rotundo bigote y poblada ceja, y en las fotos solía estar con la boca entreabierta.

Durante su mandato le escribe al presidente Porfirio Díaz, diciendo que el general Bandala «carece de energías, de iniciativa y de actividad [por lo que] los indios están más insolentes que nunca». La crítica parece dar resultado y el 6 de diciembre Porfirio nombra al general Luis Emeterio Torres como jefe de las fuerzas militares en la Primera Zona, esto unifica el mando de las milicias locales y los soldados federales bajo la cabeza visible del grupo de los barones.

Torres ha estado en pleno movimiento, gobernando Baja California y dirigiendo durante un breve lapso (a partir de enero del 93) la zona militar de Yucatán (¿para llevar a los mayas en inquietud la receta antiyaqui?). Creará un sistema de vigilancia en los ranchos y ordenará se haga un estudio de los accesos al Bacatete y las fuentes de agua en la sierra.

El 7 de mayo de 1895 el general Torres escribe a Porfirio Díaz: «He capturado a varios yaquis que estaban en comunicación con los rebeldes y que merecen un duro castigo, aunque no veo sea necesario el fusilamiento. Pido autorización para mandarlos a Acapulco o Tonalá para deportarlos a un punto donde no puedan volver». La carta, si se suma a otros elementos dispersos, permite tener clara idea de que poco a poco la maligna idea de la deportación de los yaquis va cobrando forma y se explica el enigma de qué está haciendo el gobierno con los prisioneros, porque solo unos cuantos han ido a dar a la cárcel de Hermosillo. Un par de años antes los «santos» teresistas de los mayos (unos cincuenta) habían sido deportados para trabajar en régimen de semiesclavitud en Santa Rosalía, Baja California; durante la campaña iniciada en 1895, a los yaquis capturados que no fueron fusilados o ahorcados se les trasladó al sur de México para servir como leva en el ejército, y en los papeles del Archivo Histórico de Baja California se encuentran constancias de que entre 1892 y 1894 el ayuntamiento de La Paz ofrece solares vacíos para que se establezcan los yaquis enviados desde Guaymas; en un análisis de la fuerza laboral se menciona que eran llevados como forzados para trabajar en las minas o en la pesca de perlas.

El 14 de octubre Luis Torres le proporciona al gobernador Ramón Corral una lista de yaquis (dieciséis) para ser deportados en el cañonero *Oaxaca* que se encuentra en Guaymas; hay en la lista algunas mujeres y varios indios seris. Dos días más tarde, Torres vuelve a preguntar adónde manda a los indios: Porfirio Díaz sugiere Salina Cruz. Hasta ahora se trata de grupos que sumados no darán más de tres centenares, y las soluciones son arbitrarias. ¿Por qué a Oaxaca? Probablemente algún amigo y paisano de Porfirio Díaz se verá beneficiado con la entrega de dieciséis yaquis y seris encadenados para trabajar en una hacienda. ¿Por qué a Baja California? Los yaquis tienen fama de poseer una gran resistencia pulmonar, lo que los hace excelentes pescadores de esponjas o perlas hasta que revienten por el agotamiento.

A partir de ese año será Ramón Corral el nuevo gobernador con Prisciliano Figueroa como vicegobernador, pero estará poco tiempo en el cargo, dejando a Prisciliano en su lugar. Su primer conflicto es responder a las quejas del gobierno estadounidense a causa de la muerte de Frank Debs, que recorría la zona yaqui hacia San Francisco, y posteriormente de ocho mineros que buscaban oro en Sonora. No es mejor la suerte que le toca a Figueroa, porque los partes militares no pueden ocultar una derrota militar en julio en un lugar llamado Mapole, donde los yaquis sorprenden a una escolta de dieciséis soldados. A causa de esta y otras acciones de la guerrilla, el 10 de diciembre el gobierno ofreció una recompensa de cien pesos por cada indio muerto en batalla.

En los primeros meses de 1896 el ejército no ha encontrado la manera de enfrentar la rebelión; a lo largo del año relevan a los batallones 14 y 24 por el 12 y el 17. Mal asunto, porque si bien el desgaste es muy grande, la experiencia perdida es invaluable y ponen a tropas que no conocen el Bacatete a actuar en él. No es de extrañar que en los cuatro primeros meses no logren nada, tienen que incorporar a García Peña al activo y ponerlo de jefe de columna, y ni así.

Sus expediciones, ahora más grandes, deben entrar a pie en la sierra para trepar cerros y sortear cañadas, y cuando logran hacer contacto con los indios estos se evaden. A veces Luis E. Torres (cuando se encuentra en Sonora) dirige personalmente las acciones: en marzo tiene la recompensa de derrotar a una pequeña partida de yaquis en Rinconada del Cerro de los Chinitos, haciéndoles doce bajas. El combate, que dura una hora y tres cuartos, llega al enfrentamiento cuerpo a cuerpo. Lo demás sigue en la misma tónica, huellas que no van a ninguna parte, persecuciones infructuosas. Hacia noviembre termina la campaña a causa del frío y la tropa de Lorenzo Torres se repliega a sus cuarteles en el Valle. Aun así nuevas columnas salen a recorrer el Tetacombiate, pero solo encuentran «uno o dos indios», «ninguna huella de los indios rebeldes». Los partes son desalentadores para el ejército: «En toda esta expedición, no obstante el escrupuloso reconocimiento que hemos practicado (...) donde siempre han estado los rebeldes no hemos encontrado absolutamente ninguna huella», y Torres concluye: «Ni en la sierra Grande ni en la Chica hay por ahora ninguna partida de indios».

Del 17 al 29 de enero de 1896 la columna de Lauro Villar penetra nuevamente en la sierra, va persiguiendo y no encontrando, hay breves choques que los frenan sin bajas de ninguna de las partes. Lo que descubre son las rutas de acceso. El 27 de enero hay ataques de partidas yaquis al oeste de Ures, pequeños asaltos. En febrero dos tiroteos, sin lograr los militares más que dispersarlos; el 9 matan a dos yaquis y capturan a siete. Cuando chocan con una columna, los grupos de rebeldes la frenan, luego se fragmentan y se dispersan.

Para apoyar la acción militar en una operación conjunta, el obispo Herculano López de la Mora y Luis G. Torres gestionan con el presidente Porfirio Díaz el envío de religiosos católicos al Valle, y él les manda cuatro misioneras josefinas encabezadas por Fernando María Beltrán; se establecen en El Médano-Huírivis. La iglesia estaba custodiada por un viejo indio. Los sacerdotes registran que «los *temastianes* solían oficiar misa»; por todos lados observan las huellas del culto a Teresita Urrea, la Santa de Cabora. Los curas juegan un triple papel: evangelizan, espían para el gobierno y «pacifican». Beltrán se comunica con Tetabiate, invitándolo a la rendición: en una carta le dice que si no va a verlo, «en lugar de la bendición de Dios escuchará la del diablo». No tiene respuesta.

O tendrá una respuesta diferente, porque en los siguientes dos meses los yaquis atacan con éxito. El 31 de marzo el teniente coronel Joaquín Vásquez, persiguiendo a una partida de indios que se había robado unos burros, con 76 soldados y veinticinco de milicias cae en una emboscada de un centenar de yaquis en el puerto de montaña de Huichore. La guerrilla, a la que sin duda se ha unido más de una partida, dispersa a la vanguardia de tropas estatales y ataca al cuerpo del ejército, haciéndole diez muertos (los partes no dan el número de heridos) y obligándolos a retroceder al llano. Al día siguiente, un médico que va en camino para atender a los heridos cae con una escolta de diez hombres en una nueva emboscada: mueren el doctor Cerda, el alférez que dirigía la escolta y tres soldados. Sale Lauro Villar a perseguir sin fortuna a los atacantes. El 23 de abril se produce una nueva emboscada, ahora contra un grupo que instalaba el telégrafo con escolta militar. Nuevas persecuciones infructuosas a cargo de Lorenzo Torres y el coronel Juan Manuel Gómez; los indios fragmentan su fuerza y se desvanecen en la sierra.

Como si esta ofensiva no fuera suficiente y probablemente a causa de ella, el 2 de mayo de 1896 el gobierno de Sonora edita un boletín donde reconoce que es «verdaderamente notable el número de deserciones realizadas por soldados de la guardia nacional en servicio en la campaña contra los indios yaquis rebeldes». El documento, que se edita para hacer conocer en todas las poblaciones del estado y notificar a alcaldes y autoridades municipales la persecución de los desertores, circula en un millar de copias. Y aún más: «no son menos perjudiciales las deserciones entre federales», resume Mario Ramírez Rancaño cuando habla de un ejército formado por la leva, «reclutados contra su voluntad, analfabetos, mal alimentados, de baja estatura (...) tropa descontenta, resentida y volátil». A esto hay que sumar las contradicciones entre las milicias sonorenses y los soldados federales, los separan los mandos y las diferencias de salario.

Y no solo la moral y la capacidad combativa son muy bajas, en los próximos meses los alzados derrotarán a las columnas militares varias veces. En mayo se produce un choque importante en el que queda herido el teniente coronel Hermosa y otros cinco federales, una columna de refuerzo persigue a los indios y los pierde. El 11 de junio, una nueva emboscada en el puerto del cerro de la Mina, combaten veintisiete federales y voluntarios contra cincuenta indios; tienen cinco bajas y los indios pierden diez reses. El 2 de julio un nuevo combate en el Aguaje de las Higueras, donde el ejército captura a diez mujeres y niños pero se les escapan los guerreros, no dejan tras de sí ni muertos ni heridos; y el 17 una emboscada cerca de Pótam sorprende a una patrulla del batallón 17 a la que hacen fuertes bajas. Luego sesenta yaquis se repliegan hacia la sierra; sus perseguidores tienen que desistir porque tienen varios insolados.

El golpe más fuerte esperable tras esta cadena de derrotas lo sufrirá el ejército cuando el 29 de julio, entre Cruz de Piedra y Las Guásimas, es emboscado el capitán Gerardo Gómez. Es destruida su fuerza de 48 hombres tras dos horas de combate, pierde diez muertos, dos heridos, quince dispersos y le roban diez mulas; Gómez logra huir con solo siete hombres. Las persecuciones contra la partida yaqui fracasan porque se inicia la temporada de lluvias. Esto no detiene a los yaquis y el 8 de septiembre se produce un ataque a las labores de Jaimea en el valle de Guaymas: los indios de la hacienda se suman a la guerrilla tras el encuentro. Entra en acción el general José Tiburcio Otero, que choca con ellos doce días después en La Pitahayita y resultará gravemente herido.

Fuera del estado las noticias son erráticas, Sonora está lejos de todo; muchas veces se depende de rumores de viajeros, que cuentan historias a periodistas en sus puntos de destino. El gobierno tampoco quiere transmitir una imagen clara de lo que está pasando, no hay prensa independiente en la región y en pleno porfiriato a casi nadie le interesa lo que suceda en la perdida frontera. La prensa estadounidense es muy poco precisa, por ejemplo el *New York Times* del 20 de agosto de 1896 recoge rumores de que en las cercanías de Tucson hubo un enfrentamiento entre yaquis y el 7º de caballería, luego se sabría que se trató de un tiroteo con un desertor y que ningún yaqui participó en él.

En Sonora, desesperado, el ejército cambia de estrategia, aprovechando que hay un batallón más y un nuevo reclutamiento de fuerzas estatales: lanza una gran expedición de octubre 8 al 15, encabezada por el general Lorenzo Torres, con seiscientos hombres en cuatro columnas; tienen un encuentro en los cerros de Bacsataboca donde dispersan a los indios, queda muerto un niño de ocho meses. Lorenzo Torres repite la incursión con una columna igual sin resultados y lo vuelve a hacer en diciembre. En ese mismo mes, en la sierra el coronel Peinado localiza un campamento con trincheras y enramadas donde habían estado de ciento sesenta a ciento ochenta hombres, pero está vacío; sus soldados destruyen todo lo que encuentran. En los últimos dos años de enfrentamientos el ejército no ha logrado recuperar más de una treintena de fusiles. Cuatro operaciones y el resultado es un bebé yaqui asesinado.

Sin embargo, el 25 de diciembre hay un ataque de los indios yaquis a las labores de Bacojori donde se producen «cinco fuertes tiroteos», el objeto del ataque era llevarse maíz, frijol y ganado. En el repliegue se enfrentan a sus perseguidores, haciendo varias bajas al ejército.

Un día antes de la Navidad de 1896, en la ciudad de México se registran rumores de una próxima ofensiva de los yaquis y noticias de destrucciones de propiedades. Troncoso dirá que los alzados no pasan de cuatrocientos; es posible que el número se acerque a la realidad, pero su movilidad los hace parecer muchos más. Y hay algo que Tetabiate y los alzados en la sierra del Bacatete no saben: con su tenacidad están impidiendo que los grandes proyectos agroindustriales prosperen. Están, sin saberlo, impidiendo que los colonos y las empresas se apoderen del Valle del Yaqui.

17

Conant, la epopeya burguesa

La historia de Carlos Conant es una epopeya burguesa, solo que sin final feliz para el protagonista. Al igual que los restantes barones sonorenses e impulsado por una codicia similar, Conant trató de apropiarse de las tierras de los yaquis, pero eligió mal a sus socios y en la batalla por el poder económico fue derrotado.

Carlos nació en la ciudad de Guaymas en 1842, hijo de un minero inglés y de una mexicana apellidada Maldonado. A diferencia del resto de los barones de Sonora no tuvo una trayectoria militar en la guerra contra el Imperio, pero fue un militante antijuarista y acompañó a Porfirio Díaz en sus primeras aventuras golpistas. Fue uno de los más activos opositores al gobierno de Pesqueira y en 1873 se sublevó, proclamando el Plan de Promontorios; ocupó Álamos y avanzó sobre el interior del estado. La aventura terminó mal porque fue derrotado, detenido y sentenciado a diez años de destierro fuera de Sonora.

Pasó a la vida civil y se dedicó a la minería, en relaciones con la Compañía Minera Santa Juliana. En enero de 1883 los mineros de Pinos Altos se habían declarado en huelga, exigiendo se les pagara en efectivo y semanalmente frente a la patronal estadounidense, y el 20 de enero durante una fiesta se produjo un duelo entre un trabajador y un guardia en que ambos resultaron muertos. Con el pueblo amotinado, el encargado John Buchman Hepburn intentó convencer a los mineros desde el balcón de un hotel, pero un disparo surgido de la multitud lo hirió de muerte; ese fue el pretexto para la represión. El «coronel» Conant llegó con la tropa, proclamó la ley marcial y organizó un consejo de guerra donde fueron sentenciados a muerte varios trabajadores bajo los cargos de asesinato, lesiones, sedición, daño en propiedad ajena y conato de incendio. Cinco mineros fueron fusilados.

Hacia 1888, tras haber vendido sus acciones a una empresa estadounidense, viajó a Sonora en busca del gran botín. Recordemos que en el 87 había muerto Cajeme y la situación de los yaquis estaba, desde el punto de vista de los barones de Sonora, supuestamente bajo control, y que en 1890 la Comisión Científico Militar comenzará la distribución de las tierras yaquis.

En agosto de 1890 Porfirio Díaz le reconoce a Conant su grado de coronel y le otorga una concesión por conducto de los ministros de Fomento y Colonización (Carlos Pacheco) y de Industria y Comercio para el deslinde de los valles del Fuerte, Mayo y Yaqui, y el uso de sus aguas hasta para un millón de hectáreas. El gobierno federal le vendió la hectárea a noventa centavos y además se comprometió a pagarle los trabajos de deslinde.

¿El dictador estaba siguiendo una política económica o había segundas intenciones tras la concesión otorgada a Conant? Si las había, se trataba de equilibrar el poder, creando en Sonora un contrapeso al grupo de los Torres y Ramón Corral.

Con 162 mil hectáreas del Valle del Yaqui en sus manos y los estudios para la canalización del río, ampliando el regadío de las tierras cultivables, y más allá de la resistencia armada de algunos grupos yaquis, Conant se va a Nueva York en 1891 en búsqueda de accionistas y regresa con una compañía, la Sonora & Sinaloa Irrigation Company. Asociado con el abogado neoyorquino Walter S. Logan, que luego sería importante accionista de las minas de cobre de Cananea, le cede la presidencia y se queda con la vicepresidencia y la dirección de las obras. El hecho es que el dinero empezó a fluir.

En febrero de 1891, Carlos Conant da noticia desde San Diego, donde se encuentra reuniendo capitales, de que «antes de ayer compré un solar en una de las mejores localidades de esta, me costó $1400 y ayer di un contrato para que me construyan una bonita casa que estará concluida dentro de cinco meses, con dos pisos o mejor dicho tres, por uno que tendrá debajo del techo… a más habrá caballería con dos establos y un lugar para un carruaje. Todo está muy bien ideado y será una de las casas más bonitas de esta población, con una vista muy bella de la bahía por quedar en la falda de una loma con pequeña elevación. Si acaso no estoy muy ocupado nos cambiaremos para fines del próximo julio y si mis negocios no me lo permiten será hasta todo septiembre».

En junio se encuentra en Cócorit, donde construye una pequeña mansión mucho más funcional que la de San Diego, de adobe de dos pisos como hogar y oficina de la Sonora & Sinaloa Irrigation Company, y enseguida parte hacia la ciudad de México a presentar al gobierno los planos del proyecto de canalización. Allí topa con el primer problema, las contradicciones con la Compañía Internacional, que le disputa algunas de las zonas deslindadas. El problema se resuelve cuando en septiembre «el gobierno me dio todo lo que en justicia me pertenecía y le dio también a mis contrarios, por tal de cortar la cuestión».

Un mes más tarde en Nueva York escribe: «En el caso de que encuentre dificultades para conseguir capital, no nos queda otro recurso que tratar con los mormones y creo que no tendré trabajo para arreglar con estos, porque les gusta mucho el Yaqui que ya conocen».

En diciembre de 1891 comienzan los trabajos de trazo del canal con un equipo de ingenieros de Arizona que Conant ha contratado. Los problemas son de otra índole: «Ha habido una resequedad general en todo el país, casi no hubo agua. El maíz está a seis reales el almud y no se encuentra, hay mucha escasez y las clases menesterosas están pasando una crisis muy angustiosa y todos tienen la esperanza en el canal». Es curioso cómo sus esperanzas se vuelven las de «todos», evidentemente con excepción de los yaquis. Esta burguesía en ascenso del porfirismo tiene clara su identidad, ellos son el progreso, su proyecto es el de la nación. Ellos son «La Nación».

A partir de enero de 1892 se instala con su familia en San Diego, California, y casi de inmediato viaja a Cócorit, desde donde el 22 escribe: «Los yaquis no quieren volver a sus pueblos con la esperanza de que los *yoris* salgan del río, esperanza que les saldrá fallida si logro llevar a cabo mi empresa, porque esta traerá mucha población permanente que no saldrá del río nunca. Tan luego como dé principio a los trabajos de una manera formal, voy a esforzarme por traérmelos a todos, estimulándolos primero con darles trabajo en el canal y luego con darles su lote de terreno de regadío para que puedan trabajar con éxito; si con todo lo que me propongo hacer por ellos no es suficiente para vencer la obstinación que manifiestan, lo sentiré, porque tal vez pierdan para siempre la oportunidad de volver a la tierra que les ha costado tan cara y les es tan querida». La cosa está clara, el despojo al que someten a los yaquis «se hace por ellos».

Durante 1892 Conant viaja entre Guaymas, San Diego, Nueva York y la ciudad de México, presentando papeles al gobierno, consiguiendo dinero, dirigiendo la continuación de las obras.

Mientras Conant viaja, el coronel E. S. Nettleton, exjefe de ingenieros del Departamento de Agricultura de Estados Unidos, que tras haber trabajado en los canales de irrigación de Colorado ahora labora en el río Yaqui en las obras de Conant, da una declaración a la prensa. Nettleton compara el Valle del Yaqui con el Nilo, habla de las nuevas maquinarias que se están probando: taladros de vapor y montacargas para quitar la roca, y dragadoras para el trabajo pesado. Los avances en la maquinaria agrícola en los últimos diez años han sido enormes; piensa que se puede mover la yarda cúbica (más de una tonelada) a cinco centavos de dólar en lugar de los veinticinco que costaba antes. Y sin que venga al caso y nadie se lo pregunte, afirma que el gobierno mexicano es estable.

Pero las cosas no son como el coronel quería; Conant, traicionado por uno de sus socios, pasa por grandes problemas financieros: «todas estas dificultades las debo a un amigo en quien tenía una confianza ciega y que ha abusado de una manera infame, causándome grandes perjuicios».

Además registra en una carta: «En días pasados estuvieron los indios en considerable número muy cerca de Los Hornos y se llevaron algunas bestias y ganado de los vecinos. Se prepara una campaña eficaz contra ellos y tengo la esperanza de que se logre la captura de algunos. Estas excursiones de los alzados perjudican mucho porque la prensa americana exagera las noticias y causa naturalmente alarma entre los interesados en la empresa del canal. Con frecuencia me ocupo de desmentir las noticias falsas que circulan en los periódicos americanos».

En paralelo a los trabajos de Conant, el 23 de de julio de 1892 los Torres, utilizando al ejército como mano de obra, inauguran el canal Marcos Carrillo en la zona yaqui, terminando las obras que el propio general Carrillo había iniciado.

Pero si bien la irrigación comienza a crecer, para que el negocio funcione no solo tienen que funcionar los canales de riego, deben encontrarse empresas o colonos a quienes venderles la inmensa cantidad de tierra que se ha acumulado. El 30 de mayo de 1893 Conant anuncia un nuevo viaje a Nueva York «de donde me llaman con mucha urgencia, parece que la compañía está algo alarmada por las noticias que circulan en la prensa americana de las incursiones de los indios alzados y me llama Logan para que le ayude a calmar el desaliento de algunos socios».

A partir de la mitad de 1893 Conant empieza a encontrar que los problemas son irresolubles. Desde Saint Louis escribe: «La crisis financiera que atraviesa este país nos ha puesto en una situación difícil, no se puede conseguir dinero con las mejores seguridades, los bancos no quieren prestar por temor de que los depositarios se les vengan encima. Nadie quiere entrar en negocios y todos nuestros esfuerzos hasta cierto grado han resultado estériles. (...) Esta es verdaderamente una calamidad para todos los negocios que están como el nuestro en circunstancias que requieren grandes desembolsos». Busca infructuosamente capitales en Europa, «donde hay alguna esperanza de poder hacer algo» y de nuevo en Nueva York. Sus socios locales le deben dinero y «no pueden pagarme y mi situación es verdaderamente angustiosa».

En 1894 sus socios de la Sonora & Sinaloa deciden hacer una ampliación de capital de cien mil acciones, Conant no tiene dinero para comprarlas. «Pienso presentar al *meeting* mi renuncia como *general manager*, pues no me conviene seguir en las condiciones en que me tienen colocado». Termina vendiendo su casa en San Diego y trata de salvar una parte del dinero familiar (suyo y de su hermano Benito). Evidentemente no encuentra apoyo en el grupo de los barones, los Torres, Corral y compañía lo ven como a un molesto competidor.

Aun así, la empresa completa 39 kilómetros de canales, entre ellos el Carlos Conant, que fue destruido en una crecida. Finalmente la Sonora & Sinaloa Irrigation Co. se disolvió en la nada y los tribunales de Guaymas la embargaron en 1894, entregando las tierras y las obras a la Compañía Constructora Richardson. En 1896 se puso en servicio el canal Porfirio Díaz para la colonia de Cócorit. En junio de 1898 toda la ribera sur, donde el general Torres le había dado una concesión a la Conant Development Company, estaba en manos de los yaquis.

En 1901 Carlos Conant se declara en bancarrota.

18

La paz de la Estación Ortiz
(1897)

Las negociaciones de paz en la Estación Ortiz

Tras cinco años de labores, el 17 de enero de 1897 la nueva cárcel pública de Guaymas fue inaugurada, en el mismo lugar donde nació el beisbol, ante el gobernador Ramón Corral, el vicegobernador Figueroa y el general Luis E. Torres; cinco días más tarde los presos, en su mayoría yaquis y mayos que habían contribuido a levantar el edificio con trabajo forzado, entraban en parejas custodiados entre dos largas filas de soldados. Tenemos una descripción de Ernest de Vigneaux rescatada por Escobosa: «un vasto edificio de adobe sin repellar (...) los pisos eran de tierra, el techo estaba construido con vigas de palmera sin labrar, había una puerta estrecha y baja, flanqueada por dos ventanillas de reja y abierta a cinco pies del suelo que daba salida al patio interior; por la disposición en que se encontraban las ventanillas era imposible que se pudiera establecer una corriente de aire; la atmósfera era sofocante, las ventanillas no tenían hojas y la puerta tenía que estar abierta todo el día. Reinaba en este vetusto edificio un olor mefítico, por la costumbre que tenían los carceleros de no otorgar permiso para salir al patio».

Mientras esta mediocre catedral de la represión se inauguraba, los barones sonorenses buscaban un cambio de estrategia. Los resultados previos de la guerra desde el punto de vista gubernamental eran desastrosos. En los últimos años el ejército había reportado la cifra de 356 yaquis muertos en combate, pero era imposible saber cuántos eran guerreros, cuántos niños, mujeres y ancianos, y además no solo no había disminuido el número de enfrentamientos sino que aumentaba. Su política de pacificación (muy porfiriana) supuestamente incluía a cuatro mil yaquis «controlados», en la cárcel o en el territorio, trabajando tierras parceladas, pero la mitad de ellos se habían negado finalmente a aceptar las tierras y emigraron hacia otras partes dentro o fuera del Valle.

Luis Emeterio Torres fue quien inició el acercamiento con la guerrilla yaqui, devolviendo prisioneros a las montañas acompañados de mensajes, pero nunca regresaron. En diciembre de 1896 el coronel de caballería veracruzano Francisco Peinado, uno de los mejores conocedores de la sierra, que tenía su cuartel en una hacienda de Maytorena, buscó un contacto con Tetabiate utilizando a un yaqui llamado Juan Buitimea. Peinado, que se movía en la zona con su ayudante, el mayor Joaquín Téllez, había recibido a Buitimea herido, capturado junto con sus ancianos padres por el capitán Osuna. El indio no hablaba español, solo cahita y fue imposible sacarle una sola palabra. La futura versión oficial diría que el coronel «curó de sus heridas y lo tomó a su servicio tratándolo con tanta bondad que al curarse no quiso separarse ya de su salvador». Fuera esto cierto o no, el caso es que Tetabiate aceptó iniciar correspondencia.

El 10 de enero de 1897 el coronel Peinado escribía a Tetabiate: «Siempre he visto en ti a un hombre de corazón bueno (…) No solo se les dará dinero sino que contarán con fierros para sembrar, bueyes para sus arados, cabras, vacas y el terreno que quieran ya sea en la sierra o en los pueblos (…) Si quieres te puedo dejar uno solo para ti, Vícam (…) Ya mando que los destacamentos no salgan, sino que permanezcan en los cuarteles (…) Dime cuándo te mando unas reses para que las manden a recoger y las coman».

En otra versión de las primeras cartas, Palemón Zavala recoge la siguiente frase: «He ordenado que los destacamentos no salgan del cuartel y cuando la paz se haya logrado serán retirados poco a poco y no volveremos a perseguirle», e incluso sugiere que Peinado, con tal de abrir la puerta de la negociación, ofreció una salida permanente del ejército.

Durante estos días reinó la tranquilidad y las informaciones que hablaban de incursiones yaquis las situaban en Villa de Rosales (al oeste de Chihuahua), donde doce indios y cinco soldados resultaron muertos, y otra al este de Ures, donde un centenar de yaquis atacaron ranchos y pequeños pueblos. En ambos casos es muy posible que no fueran yaquis los involucrados, los dos lugares estaban muy lejos de su territorio natural. Aun así, a pesar de que sin duda estaban informados del progreso de las conversaciones entre enero y febrero de 1897, el ejército lanzó cuatro expediciones infructuosas a la sierra.

Los testimonios registran que el 25 de enero quedaron abiertas las conversaciones de paz y Tetabiate escribió el 6 de febrero: «el supremo gobierno (...) nos hará favor de retirar los campamentos (...) sin eso no nos podremos arreglar (...) Tan sencillo como una gota de agua», y desde luego se negaba a entregar las armas.

Así se llegó al 25 de febrero con una especie de armisticio, en el que el caudillo yaqui ofrecía garantía de vidas y plena seguridad en los caminos.

Al inicio de marzo el coronel Francisco Peinado acercó su base adonde suponían estaban las rancherías yaquis y desde ese campamento, hasta ahora abandonado, organiza el envío de reses y sacos de harina para los alzados, «pues están muy necesitados». A cambio recibió una carta de agradecimiento de Tetabiate, quien esperaba que se reunieran las partidas dispersas para negociar la paz, y en la que además agradece al general Torres y al presidente de la República sus regalos. Continúa Peinado despachando víveres y mantas, carretes de hilo, camisas, una caja de botones, en pequeñas cantidades; en uno de los envíos añade sobres, tinta, papel, lacre, cigarros, cajas de comida en lata, panocha, sal.

Las negociaciones se conocen en la capital de la República, en marzo la *Revista Militar Mexicana* declara con una mezcla de paternalismo, cinismo y prepotencia: «Los indios yaquis ponen por condiciones para la paz, que nadie les gobierne, que nadie se inmiscuya en sus vidas y costumbres, hermosísima utopía que la fuerza se encargará de disipar».

El 22 de marzo de 1897, haciendo un doble juego, Francisco Peinado le escribe directamente al presidente Porfirio Díaz diciendo que la ambición de algunos sonorenses había orillado a los yaquis a rebelarse, que la guerra permite que personas ambiciosas estén aprovechándose al apoderarse de sus tierras y que en las haciendas los yaquis recibían tan mal trato de sus patrones que aquello los invitaba a la rebelión; al pasar por encima del gobernador Corral y del general Torres se distanciaba de los barones sonorenses y trataba de congraciarse con Díaz.

Tres días más tarde Tetabiate le escribe a Peinado aceptando la rendición. Hasta ese momento Luis E. Torres no había informado al ministro de la Guerra que entró en contacto con los rebeldes para abrir negociaciones de paz.

Y un día después, el 26 de marzo, en un lugar llamado La Cienaguita, al pie de la sierra del Bacatete y en las cercanías del Tetacombiate, Peinado se entrevistó con Tetabiate. Federico García y Alva dejará un retrato bastante preciso del personaje: «El caudillo indígena era de mediana estatura, de complexión robusta, frente un tanto despejada, ojos negros, hundidos y muy brillantes, nariz aguileña, bigote y piocha entrecanos». La reunión es muy formal. Peinado le manda su carabina por delante para que vea que va desarmado, atrás deja a la escolta y solo lo acompaña el intérprete Jesús Villa. Se abrazan, luego los demás yaquis les van dando la mano uno a uno. La reunión se hace con dos intérpretes, Villa con Peinado e Hilario Amarillas, un indio de El Médano, con Tetabiate, se intercambian toquillas y listones para los sombreros.

En el acta que levantan se habla de los ofrecimientos del gobernador Luis Torres. ¿Quedará claro para los yaquis que el gobierno no dará paso atrás en la fragmentación de las tierras comunales del río Yaqui? Que pueden ceder en desmilitarizar la región si las guerrillas abandonan la lucha y entregan las armas. Que pueden regalarles víveres y comida, allí mismo les entregan dieciséis acémilas de víveres, pero no la libertad.

La correspondencia prosigue: el 2 de abril, Tetabiate escribe que va a cumplir aunque sabe que «voy a perder la vida». Cuatro días más tarde será Peinado el que continuará el diálogo, pero no parece haber un claro acuerdo. Hay una segunda entrevista el 29 de abril en el Tetacombiate. Días después, Peinado le escribe de nuevo a Porfirio Díaz diciendo que registra rumores de que los hombres de negocios de Sonora decían que el «fin de la guerra sería el fin de un buen negocio».

El general Torres inicia entonces una segunda mediación utilizando al cura Fernando M. Beltrán, al que le recomienda «firmeza». Beltrán usa como enlace a Hilario Amarillas y aunque al principio es recibido con desconfianza, el 8 de mayo logra que Juan Maldonado, Tetabiate, se entreviste directamente con el general Luis E. Torres de nuevo en el Tetacombiate. El jefe viste de gala, con corona de plumas de águila, hay fiestas y danzas. Parece ser que Torres logra convencerlo y darle seguridades porque cuatro días más tarde, el 12 de mayo de 1897, Tetabiate le escribe a Peinado: «muy apreciable y querido hermanito», «fiel amigo», «yo y mis subalternos estamos a lo que usted disponga»; «He hecho mis santos juramentos». Y le dice que caminará «con moderación» al punto de encuentro, añade una lista de cabecillas con el número de gente que tienen y que se rendirán. La lista da idea de la fragmentación de lo que ha quedado en la sierra en armas: Loreto Villa con cuarenta guerreros, Juan Valencia con cincuenta, Ramón Lion con treinta, José Lion con 67, Juan María con 48, Guemasotero (Gutmasoleo) con setenta, José María Begas con 45, Antonio Cobuajoi con 39 y con él van sesenta familias.

Al día siguiente, según *El Contemporáneo* de San Luis Potosí, Tetabiate mandó una circular a todas las haciendas, diciendo a los patronos que enviaran de cuatro a seis indios a la sierra para que presencien «la santa paz que les va a conceder el gobierno».

Torres y Corral han decidido hacer un despliegue informativo fuera de lo común del acto de «rendición de los yaquis» y eligen como sede, en lugar del Tetacombiate, la Estación Ortiz, un pequeño poblado fundado en 1881 sobre la vía del tren Guaymas-Hermosillo, al occidente del Bacatete y a menos de sesenta kilómetros de Guaymas. Desde la estación, que lleva el nombre del gobernador defenestrado, se ve la sierra.

Un centenar de soldados del 11° y 12° batallones cubren el pueblo. Los yaquis se van concentrando en el cuartel que hay en la hacienda de La Misa, donde reciben provisiones y vestidos. El general Torres llegará un día antes de la ceremonia en un tren especial, y con el coronel Peinado visita a los yaquis. La expectativa crece, arriban personas de las haciendas, se prepara una plataforma con bandas tricolores en la que no podía faltar «un buen retrato del Sr. Presidente de la República», tribunas, sillas, banderas con la palabra «paz» que se entregarán a los yaquis. Como a doscientos metros de la plataforma se construyen dos extensas enramadas para campamento de los indios, «y una enramada pequeña debajo de la cual se veían cuatro enormes cazos de cobre, que serviría como comedor» para el futuro *wakabaki*.

El 15 de mayo, hacia las doce llegó un tren especial de Hermosillo con doscientos notables, «extranjeros y algunas señoras», y «minutos antes de las tres de la tarde se hizo una gran polvareda por el camino que conduce a La Misa». Llegaban los yaquis. En el camino habían tenido un extraño incidente, al pasar por el Rancho del Echo, un «fayuquero entusiasmado» disparó unos balazos celebrando. Los indios se desconcertaron intuyendo una traición y entonces el «coronel Pei-

nado mandó hacer alto, aprehender al alborotador y fusilarlo». Tetabiate medió para que perdonaran al inconsciente.

Marchaban en cabeza, tras cinco dragones del 5° regimiento, el
coronel Peinado vestido de charro y a su derecha Juan Maldonado,
Tetabiate. El jefe yaqui tenía 42 años, «montaba un caballo colorado que le fue obsequiado por un comerciante de Guaymas» y vestía
«sombrero aplomado, pantalón de casimir del país color claro, zapatos corrientes, en la cintura portaba una pistola de puño de concha
calibre .44»; lo seguían su secretario y traductor Julián Espinosa, Loreto Villa y Felipe Valenzuela. Luego venía la caballería federal y una
columna «de 394 yaquis, vestidos de algodón azul y sombrero de petate, de los cuales 213 venían armados de rifles Remington de infantería, carabinas antiguas de caballería de un tiro, de flechas y dos o tres
carabinas viejas de cámara de metal amarillo, cada uno portaba dos
cananas de cien tiros, cuchillo a la cintura, hules, porrones y carama-
ñolas para el agua». Por el tono de la crónica parecería que todos tenían rifles, pero realmente solo entregaron 73 armas de fuego.

Federico García y Alva registra que además «cerrando la columna iban hasta veinte individuos a caballo que eran autoridades de los
pueblos del Yaqui, guías y capitancillos de los indios». ¿Estaban re-
presentadas las autoridades tradicionales de los ríos, los gobernadores y los *temastianes*, o nadie los había convocado?

Los indios se dirigieron hacia la enramada, colocando centinelas.
García y Alva no puede rehuir su vena poética: «El sol ardía calentan-
do los tostados y ennegrecidos rostros de los rebeldes, un polvo su-
til levantado por el viento caliente que soplaba los envolvía como en
un velo; el cielo enteramente limpio y los acordes bélicos de la banda
del 5° regimiento impresionaron vivamente a la multitud, que presen-
ciaba el desfile de los rebeldes», y registra que el general Luis Torres
abrazó a su compañero Lorenzo Torres.

A las seis de la tarde, convocados por el tambor, los indios reciben
una bandera blanca con la inscripción *Paz* en letras azules. En la mesa
ceremonial se sientan Tetabiate, Julián Espinosa y Felipe Valenzuela,
junto a ellos el general Luis E. Torres, el general Lorenzo Torres, el
gobernador Ramón Corral, el vicegobernador Figueroa, Rafael Izábal y los oficiales más importantes. Suena el Himno Nacional. Se lee
el acta en la que los yaquis reconocen «la soberanía del supremo gobierno». Torres recibe «la sumisión» del jefe Juan Maldonado y sus
compañeros de armas y «les ofrece toda clase de garantías, la seguridad
de que no serán violentados en su persona ni interesados por motivo

de la sublevación pasada», en nombre del gobierno les ofrece terrenos en el río Yaqui de los que «están desocupados» (les entrega una mínima parte de sus propias tierras). Añade a la oferta algunos animales y provisiones a lo menos para dos meses.

Del documento fueron firmadas cuatro copias, una de las cuales se entregó a Tetabiate, otra al coronel Peinado, otra al gobernador del estado y otra al general Luis E. Torres para enviarla a Porfirio Díaz. Firman el acta además todos aquellos que han venido al festejo, incluido el presbítero Beltrán y las figuras menores de la oligarquía sonorense como Aguilar y Monteverde.

Entonces, el general Torres dijo: «Juan Maldonado: te entrego este sobre que contiene tu indulto y el de tus subordinados, y te doy un abrazo en nombre del supremo gobierno en señal de conciliación y de olvido del pasado». Habló también Corral y repartió un talego de monedas, «tocándole sesenta pesos a Maldonado y dos a cada uno de los indios».

El coronel Peinado, que debió de haber estudiado oratoria en la escuela, estuvo a cargo del discurso ideológico «con voz entrecortada por la emoción que lo embargaba» y desde luego dejó de lado sus contradicciones con los barones: «En tan solemne acto, en ocasión tan grandiosa, no es posible que guarde silencio. Hechos que reúnan las condiciones y detalles del que presenciamos son tan sublimes, tienen una fuerza dominadora tan absoluta, que se imprimen sobre la conciencia, sobre el corazón y sobre la inteligencia. Por eso mi voz se levanta, no para pronunciar frases de correcta estructura, sino para desbordar el sentimiento que se ha posesionado de mi ser, para colocar el laurel de triunfo que mi corazón y mi amistad dedican a todos y a cada uno de los valientes, de los ameritados militares, que unos dirigiendo y otros ejecutando, han prestado su contingente poderoso hasta llegar a este supremo momento en que una parte del listado se emancipa de la prolongada lucha, hasta este supremo momento en que es un hecho la redención de una raza que entregará sus brazos al progreso del Estado».

Registra las bondades del general Luis E. Torres, «cumplidor, modesto, sin apariencia de su inteligencia, de su acto, de su valor, de sus mil cualidades que hay en el hombre abnegado, el hombre superior»; de Lorenzo Torres, «para él no hay descanso, no hay familia, la edad nada sigue, ni las enfermedades le preocupan». Y por último se dirige a Tetabiate y sus hombres «vencidos por las leyes del progreso y la civilización».

Las músicas se mezclaron, sonaban los tambores yaquis y tocaba la banda del 5° regimiento; el festejo duró buena parte de la noche. Tetabiate no durmió: «Sentado la pasó en una silla o paseando por su campamento en actitud vigilante o desconfiada». ¿Estaría pensando en qué era lo que había firmado?

Tetabiate y sus hombres fueron incluidos en la nómina estatal como auxiliares de las tropas. Al líder se le dio el mando de ellos, y se distribuyó tierra para sus seguidores y demás yaquis que las solicitaran; se entregaron seis mil títulos de propiedad, pero no se sabe cuántos de estos fueron a dar a manos de sus dueños. Además de las tierras de riego, el general Torres entregó terrenos de pastoreo a los que los solicitaron y declaró que los depósitos de sal deberían ser explotados por yaquis exclusivamente.

¿Se había logrado la paz? ¿Entendían yaquis y sonorenses de la misma manera lo que se había firmado? Todos los pueblos yaquis están en poder de los federales, bosques, desiertos, solo resisten algunos grupitos en lo más alto y recóndito del Bacatete. Pero el médico militar Manuel Balbás auguraba: «Mientras exista un indio yaqui, habrá un enemigo del gobierno».

Según versiones que circularon en el mundo del río y las ocho comunidades yaquis, la ceremonia había sido observada desde lo alto del cielo por el arcángel San Miguel, que flotaba sobre la plataforma contemplando a los firmantes.

19

La frágil entente
(1896-1898)

Peinado, Luis E. Torres, Espinosa, Tetabiate y Loreto Villa

Al día siguiente, cerca de las nueve de la mañana salieron de la Estación Ortiz el 5° regimiento y la columna yaqui con dirección a La Misa. El coronel Peinado puso a disposición del grupo la banda de música y al pasar por la hacienda de San Isidro fue con ella a dar las gracias al propietario Cosme Echeverría, por el buen trato que siempre había dado a sus peones. La celebración llegó hasta Guaymas, donde desfilaron los cuatrocientos yaquis y Peinado con otros tantos dragones, y abundancia de música.

Le siguen lloviendo regalos a Tetabiate: un caballo, montura y ropa que le entregan los comerciantes de Guaymas, Peinado le obsequia otro caballo, Cosme Echeverría una bonita calzonera de cuero y el general Torres un sarape de Saltillo. No paraban de cultivar al caudillo rendido.

Y junto a él a sus hombres: el gobierno del estado distribuyó entre los antes alzados cuarenta cargas de harina, ocho de panocha, veinte reses, ocho cargas de garbanzo, cien kilos de café, diez rollos de petates, catorce docenas de vestidos para mujeres, una gruesa de enaguas interiores, veinticinco sombreros de pelo galoneados, quinientos sombreros de palma, quinientos vestidos de mezclilla azul, veinte vestidos de casimir del país, treinta camisolas finas, veinte pares de zapatos, cien rebozos corrientes, cien rebozos finos y seis sarapes; poco significa el regalo al lado de los millones de pesos que le había costado a la federación esta guerra.

La comisión inicia el reparto y titulación de las tierras: 4.5 hectáreas por adulto. El plan es entregar a los yaquis seis mil predios, a los que se añadirán algunos terrenos de pastoreo con animales y semillas. En una versión beatífica escrita por Fortunato Hernández se dice que «el Valle del Yaqui se tornó en país de Jauja».

Después de un año de paz el coronel Manuel Gil escribirá: «Un curioso fenómeno: de los indios que regresan a ocupar el río, noventa por ciento habían pasado años practicando la vida civilizada en los pueblos del estado. Al llegar, reemplazaron con placer su delicioso café por pinole; sus zapatos por huaraches; y las mujeres mantuvieron sus sedas, encajes y medias en el fondo del baúl, y regresaron con gusto a andar con los pies descalzos y ropas primitivas. La ropa de los niños estaba reducida a su más simple expresión».

Sin embargo algo no está funcionando: cuando un grupo de ancianos se reúne con el general Torres en las sesiones que se llevaban a cabo para atender quejas, respondían negativamente; no había ninguna. Luego, de pronto, algún anciano le preguntaba: «¿Cuándo se van los mexicanos?».

Para asegurar la misión «civilizatoria», el general Luis Torres le propuso al obispo Herculano que le enviara un grupo de monjas para establecerse en Bácum y hacerse cargo de una escuela. La misión tenía el apoyo del visitador apostólico y del propio Porfirio Díaz: observar, «civilizar». En noviembre de 1896 cuatro hermanas josefinas se entrevistaron con el gobernador Corral en Hermosillo. Con la ayuda del padre Juan N. Beltrán, iniciaron un programa para vestir las imágenes de las iglesias y predicaron a favor «de los beneficios del trabajo y de la paz». Gil reportó que en Bácum, donde trabajaban las hermanas josefinas, aparecía constantemente en sus conversaciones con las mujeres yaquis que estas no estaban felices. En vez de responder rápidamente a las sugerencias de cambiar sus costumbres personales y religiosas, se veían temerosas y decían que si lo que las hermanas decían acerca de las antiguas prácticas era verdad, entonces a los yaquis les esperaba un terrible castigo. El padre Beltrán también sintió que no era bienvenido: los *temastianes* de Bácum le dijeron que estaban bastante bien sin un sacerdote y que cuando era necesario llevaban a sus hijos a ser bautizados a alguna otra parte. Los ancianos le recordaron que no había mexicanos en el pueblo cuando ellos eran jóvenes, y fracasó cuando trató de modificar las ceremonias de la Pascua que consideraba paganas. Estaba muy inquieto por las prácticas «grotescas religiosas de los indios». Un *temastián* le dijo que les había ido bien sin curas, que para qué necesitaban uno ahora, y añadió que no creían que quienes rezaban al modo yaqui estuvieran en el infierno.

Además, en las comunidades los sacerdotes católicos y los militares registran un sordo rumor, madres yaquis que decían a sus hijos: «Los *yoris* son los enemigos de nuestra raza, nos odian y desean nuestra extinción. A tu padre lo mataron los *yoris*, a mi madre la mataron los *yoris*. ¡Mata a los *yoris*!». En las ceremonias de la tribu los ancianos siguen cantando «el tradicional himno de guerra» y agregan, dirigiéndose a sus hijos: «Cuando nosotros teníamos sangre en las venas, no había un solo *yori* en el Yaqui. Ahora, cuando somos impotentes y cuando ustedes debían ampararnos, nos abandonan». Más allá de que las autoridades mexicanas buscaran explicaciones de la inquietud en términos de que los yaquis mamaban de sus madres el odio a los mexicanos, o que los *temastianes* ejercían un poder mágico y cercano a la brujería sobre las comunidades, el trasfondo es que en el Valle y fuera de él los yaquis pensaban que la paz no había traído un repliegue del ejército fuera de la zona y sí en cambio la creciente presencia de colonos e invasores y la fragmentación de las tierras comunales. Ellos no habían entendido así las negociaciones de paz de la Estación Ortiz.

Sin embargo, las tensiones no parecen afectar las relaciones entre el gobierno y los caudillos rendidos. El 2 de marzo de 1897 Tetabiate, Loreto Villa y Espinosa felicitaron al general Torres por el día de su cumpleaños, el último le envió un panal de abejas; lo llevaron dos indios yaquis en vestido ceremonial y bien armados. María de los Ángeles Orduño registra que Tetabiate vivió en Hermosillo, en la casa de Luis E. Torres, en el segundo semestre de 1897. Torres comentó a la prensa: «Está enteramente libre. Come conmigo en mi mesa, ha aprendido a servirse de los cubiertos y dormir en el catre, pues al principio dormía en la alfombra de la lujosa recámara que le había destinado, se está civilizando».

El doctor Fortunato Hernández conoció a Tetabiate en esa casa: estaba tendido en el zacate, tocando un instrumento llamado «órgano de boca». «Será preocupación, pero ese indio me parece muy peligroso y yo en lugar de usted desconfiaría de él», le dice al general.

El 29 de mayo Agustín Bustamante contrató cincuenta indios anteriormente alzados para trabajar en sus propiedades; le ofrece entonces al capitán Loreto Villa el empleo de mayordomo. Este le dijo que en cuanto acabara su misión con Tetabiate «aceptaría gustoso». Sus compromisos con el ejército crecen.

El Contemporáneo de San Luis Potosí, en ese mismo mes, abunda en la visión de una paz ejemplar: «Como ya tienen títulos de propiedad los yaquis prosperan y han derribado sus jacales de carrizo para poder levantar fábricas de materiales modernos». Pero a pesar de que se dice y se reitera que llegaron a empadronarse por millares, durante 1897 solo dos mil indios salieron de las montañas y los bosques para volver a sus comunidades, de los seis mil que esperaban. La Comisión Científica ha fracasado en repoblar el Yaqui con tierras loteadas en ocho grandes cuadriláteros.

El propio Luis Emeterio Torres se suma al «canto del progreso» en una conversación con Fortunato Hernández: «Cuando veía yo, al caer la tarde, una casita rústica, con su cortina de plantas trepadoras, sacos de trigo o maíz en su silo, rumiando los bueyes en el establo, trepando las gallinas a sus dormitorios, bailando las cabras junto al paciente y trabajador pollino (...) no podía menos que exclamar satisfecho: *Vaya, esta familia para siempre ha quedado conquistada*».

Pero los que avanzan en la toma de tierras no son los de las casitas con todo y los pollinos: son los latifundistas. McBride registra el testimonio de un ranchero estadounidense, J. R. Southworth, hablando de las maravillas del Valle del Yaqui, «casi un millón de acres de tierras altamente productivas» donde pueden cultivarse caña de azúcar, algodón, café, tabaco, naranjas, limas, limones y casi todas las frutas tropicales, maíz, trigo, frijol, tomates, chícharos... Habla del canal de irrigación de seiscientos kilómetros que daría agua a doscientas cincuenta mil hectáreas y que la compañía está preparándose para poblarlo con inmigrantes de Europa. En la vecindad de Pótam, los Cranz están comenzando a plantar algodón. Manuel Balbás añade un elemento cuando menciona en sus crónicas que quienes hacen su agosto son los grandes comerciantes de la zona, quienes viven del ejército de ocupación y sus compras.

Ahora bien, la prioridad de los barones sonorenses no es solo desarrollar su proyecto, traer «el progreso», para eso necesitan impedir que la guerra se repita, y parecen haber encontrado su receta en «comprar» a los yaquis. Porfirio Díaz le telegrafía a Luis E. Torres: «No pare usted en gastos», y entre mayo y diciembre el gobierno federal le entrega a los rendidos 16 250 pesos en mantas y semillas y otro tanto el gobierno de Sonora. Estas medidas hacen que Manuel Balbás comente que el general Luis E. Torres «le tenía un especial afecto a los yaquis [que incluso] motivaba celos entre las tropas federales».

Pero evidentemente no es el único camino; habrá una cara pública, pero también opciones que se cocinan en la oscuridad. El 5 de julio de 1897 Luis Torres escribe a Porfirio Díaz: «si se diese a conocer la sola idea de la deportación de todos los yaquis causaría una nueva insurrección». O sea que una solución represiva a la tensión en el Valle del Yaqui estaba siendo estudiada.

Si por ahora Luis E. Torres optaba por la distensión, Lorenzo Torres, comprometido económicamente en la apropiación de las tierras yaquis, no opinaba de la misma manera y tenía una voz discordante. Le escribía a Luis: «Te obedezco y te sigo, ojalá y los indios yaquis comprendan su propio bien y correspondan a tus bondades, pero temo un desastre en el que quizá lo menos que suceda es que nos unamos tú y yo». Un factor se agregaba a la tensión: en Hermosillo corrían fantásticos rumores, probablemente sin fundamento, de la gran riqueza minera que había en la zona del Yaqui sin explotar.

Pero Luis Emeterio persistía, Fortunato Hernández cuenta que la política de Torres de «pacificar» lo llevó a entrar en contradicción con varias familias de terratenientes del Valle, fallando en contra de ellos en demandas de propiedad de terrenos y obligándolos a quitar alambradas que rodeaban sus supuestas tierras, aunque ofreciéndoles una indemnización. Cita los casos de Julián Cuevas y Abelardo Martínez, de Tórim, los hermanos Yépez, de Pótam, y vecinos de Cócorit y Ráhum.

El 4 de octubre Lorenzo Torres le informa a Luis E. Torres que Tetabiate invadió tierras cultivadas por colonos. El origen de la ruptura según el *New York Times* es que Lorenzo Torres con sus vaqueros se metió en territorio yaqui para armar un corral en una zona de pastizales; Luis Torres envió tropas para detener el conflicto. Una noticia confusa en el *San Francisco Call* decía que Tetabiate había emboscado a una columna de más de cien soldados cerca de Batamatal, a diez kilómetros de Guaymas, y con sus veintisiete hombres acabó con ella. El 15 de octubre Luis Torres escribía a Díaz, diciendo que era preferible que los yaquis se sublevaran a tener que soportar los ataques esporádicos; y el 24 Tetabiate sería el que le escribiría al presidente, diciendo en apretado resumen que se ha conservado la paz pero no se han devuelto las tierras, y ahora tratan de darles tierras inservibles fuera del Valle. Aun así la confrontación no pasa a mayores.

Ajenos a esta situación, o cómplices de ella, durante los meses de octubre y noviembre de 1897 los segundos de Tetabiate, Loreto Villa e Hilario Amarillas, acompañados del cura Beltrán visitan la ciudad de México y se entrevistan con Porfirio Díaz; el viaje le cuesta al gobierno 579 pesos. Beltrán aprovecha para obtener material para las iglesias (por lo visto, desde la última guerra los yaquis se habían llevado las estatuas de madera de los santos y las mantenían escondidas sin intención de regresarlas) y para rendirle un informe al presidente. Hernández comenta la visita: «Se les mostró cuanto era conveniente viesen para comprender el poder del supremo gobierno». Algunos autores señalan que Villa y Amarillas tenían la misión de la tribu de pedir la devolución de las tierras y la salida del ejército, pero Porfirio los envolvió y los mandó de regreso sin ni siquiera promesas.

Ramón Corral reasumió el gobierno en octubre de 1897 y el 2 de noviembre recibió una carta de Tetabiate donde exigía que devolvieran las tierras comunales. Corral se mantuvo firme ante el reclamo, le contestó que había tierras para todos, para colonos, yaquis y mayos, y que además los yaquis dejaron abandonadas las vegas del río en la última guerra. Afirmó que «las tierras son del gobierno y las distribuye a su juicio, y para eso les están construyendo un acueducto en Bacojori para que puedan irrigar»; no dejó pasar la oportunidad de recordar la entrega que había hecho el gobierno de comida y semillas. De inmediato le envió una copia de la carta de Tetabiate y su respuesta a Porfirio Díaz. Díaz se limitó a regañarlo porque había usado el término *nación* al hablar de los yaquis, Corral se apresuró a disculparse porque donde decía «nación» quería haber dicho «tribu» y añadió su impresión definitiva argumentando que la última guerra había dejado a los yaquis sin garra, y aunque Tetabiate quería recuperar las tierras del río, esto le parecía «necio y estúpido».

A pesar de la promesa de retirar al ejército, en enero de 1898, a ocho meses de la Paz de Ortiz, la región está controlada por el ejército. Las fuerzas han disminuido porque han sido relevados de Sonora varios batallones, quedan el 11°, el 15° y el 5° regimiento, pero están mejor armados porque se les ha dotado de rifles Mauser mejorados. Hay un cuartel general en Tórim y destacamentos en Pótam, Cócorit, Bácum, Chumampaco, Guamúchil, El Médano, La Pitahaya, Guásimas, Cruz de Piedra, Pueblo Nuevo, Las Arenas, Agua Caliente y Estación Ortiz, y en Vícam tenía su cuartel Juan Maldonado, Tetabiate.

El 19 de marzo de 1898 Celso Vega escribe al gobernador Ramón Corral desde Tórim: «Estuvimos a punto de entrar en nuevas complicaciones (...) Por fortuna Maldonado y Villa y algunos gobernadores y capitanes de estos pueblos, los de más importancia y prestigio, rechazaron las proposiciones de los descontentos y se pusieron de nuestra parte».

Por lo visto todo se había originado cuando cincuenta yaquis descontentos y armados se reunieron a dos kilómetros de Tórim y detuvieron a los trabajadores de las comisiones científicas y a gente de Villa, que los mandó llamar para pedirles explicaciones «y le contestaron que no le obedecían. Fue después el cura Beltrán a conferenciar con ellos (...) pero tampoco le hicieron caso. Entre tanto don Lorenzo mandó a llamar a Maldonado», quien con maña trajo a los descontentos al pueblo y les quitaron veintinueve armas de fuego. Se daban los nombres de los cabecillas del movimiento: Pulatero (o Palatero), José María Valdez (a) Miguel Sargento, Juan Mosco, Leonardo Valencia (a) Geraldo y Espiridión Matus (a) Espíritu.

No era este el único grupo, los indios de Cócorit también habían abandonado su ranchería, pero fueron desmovilizados por mensajes de Villa y Tetabiate. Lorenzo Torres decía que Tetabiate calificaba el asunto como un «mitotito» y cree necesaria una medida de rigor para que sirva de escarmiento. Cinco detenidos se van a remitir a la cárcel de Guaymas porque «pretendían hacer un alzamiento general»; están en capilla Palatero y Miguel Sargento, y la ejecución se verificará dos días más tarde. Finalmente fueron fusilados, o eso se dijo por los propios yaquis que seguían a Tetabiate.

El 20 de marzo Lorenzo Torres escribía a Ramón Corral desde Tórim: «Ha sido sofocado antier un movimiento de los indios. El Tetabiate con la guardia nacional...»

20

La segunda insurrección
(junio-diciembre de 1899)

Hacia la mitad del año 1899, según estimaciones de Troncoso, había en Sonora unos quince mil yaquis de los cuales 7 606 vivían en la zona del río y el resto desplazados, trabajando como sirvientes en las ciudades, en haciendas en los márgenes de la zona ocupada o más lejos aún, en las minas. Para entonces una tercera parte de la población de los ocho pueblos era de colonos mexicanos y estadounidenses, en número de 3 639. Tórim se había convertido en un pueblo mexicano de importancia y lugar de asentamiento de la familia de Lorenzo Torres (con su hacienda Guamúchil cerca de Pótam); en Cócorit había dos mexicanos por cada indígena y en Tórim tres veces más, entre ellos los quinientos soldados estacionados permanentemente.

El 24 de junio de 1899, día de san Juan, según Balbás, se produjo en Bácum una gran reunión de yaquis; en ella se notó cómo la tensión iba en aumento y crecía la demanda de que los mexicanos abandonaran el río. Al inicio de julio Loreto Villa reportó al general Torres cómo se desarrollaba la inquietud en el Valle porque los indios decían que no se había cumplido la salida del ejército y los blancos. El cura Beltrán detectó que «los indios se manifestaban hostiles, que no querían trabajar y que formaban grupos, hablando con gran sigilo». Una historia muy confusa, que será ventilada sobre todo en la prensa estadounidense, aumenta las suspicacias: se descubre e incauta un envío de ciento sesenta fusiles y miles de municiones de una fábrica de Connecticut encubierto como una compra de una armería de Hermosillo y aparentemente destinada a empresas mineras.

Loreto Villa había hecho muchos esfuerzos para suavizar las relaciones entre el gobierno y los yaquis después de su visita a la ciudad de México, y su lealtad fue recompensada por Torres dándole el mando de los auxiliares, una especie de caballería irregular que servía de guía a la tropa. Loreto manifestó haber intentado explicar a los ancianos la necesidad de someterse al gobierno de Sonora y de intentar llevar una vida pacífica; dijo que había una respuesta recurrente a la afirmación de que todo había cambiado. Un viejo le contestó: «Nada ha cambiado. Nos hacemos la señal de la cruz con la misma mano que lo hacíamos antes». La tensión era mayor en Bácum donde había un fuerte grupo encabezado, según las denuncias, por Crescencio Jopo y Jerónimo Pluma Blanca.

Torres no solo recibió estos informes sino que fue visitado personalmente por Beltrán y convencido de que algo se estaba fraguando. Ordenó a Tetabiate que junto con Loreto Villa y Espinosa fueran a Bácum y les quitaran las armas de fuego a los inconformes. El 17 de julio los dirigentes yaquis cumplieron la orden, recogieron veintidós fusiles y detuvieron a tres de los cabecillas. Existe una carta de Tetabiate al general Luis E. Torres en la que dice de una manera muy confusa que los jefes, el gobernador Ignacio Mori, los capitanes Crescencio Jopo y Pluma Blanca, y el juez de campo Jesús López han entregado las armas, en número de veintidós, «además de los tres se han agarrado otros dos más de manera que de tres se pasan a *sinco* por consiguiente se trata de la misma operación para adelante».

Pero algo sucede porque en los días siguientes se produce una sublevación generalizada en Bácum que chocó contra el ejército dejando muertos a catorce auxiliares (seis según otras versiones), parte de la escolta de Tetabiate y soldados. Loreto Villa tiene que huir al tratar de enfrentarse a los rebeldes, y el 21 de julio hay otro levantamiento armado en Vícam, donde los rebeldes tratan de detener a Loreto Villa, al sobrino homónimo del general Lorenzo Torres y al traductor Hilario Amarillas.

Los insurrectos mandan una carta a Luis Torres: «Quieren saber los ocho pueblos qué dice ud de lo que sucedió como a las nueve de la mañana en el pueblo de Bácum. Declaramos a ud que fueron por las buenas a quitar las armas que había quitado [a recuperar] Loreto Villa, 66 armas y al habernos hecho fuego Carlos Romero nosotros nos defendimos. Nosotros no íbamos a pelear con los federales pero salieron con Julián Espinosa y nos obligaron a pelear. Díganos ahora: lo que queremos es que salgan los blancos y las tropas. Si salen por las buenas, entonces hay paz, si no entonces declaramos la guerra. Porque la paz que firmamos en Ortiz fue con la condición de que se fueran tropas y blancos y eso todavía no lo cumplen, al contrario en lugar de cumplirlo fueron a quitar las armas. De suerte que ahora son ustedes del todo el negocio y nosotros no tendremos la culpa de todas las desgracias que haya. Los ocho pueblos del Yaqui».

El general Torres contestó: «Ustedes no son los ocho pueblos de los yaquis y se pueden considerar tan solo como una gavilla de malhechores que no quieren la paz o el trabajo honrado y no reconocen los beneficios que han recibido del gobierno, se han juntado para cometer fechorías y asesinatos».

Mientras el gobierno de Sonora piensa que Tetabiate lo sigue apoyando y está huido, otras fuentes, por ejemplo Santos García Wikit, dice que «el alma de la insurrección era Tetabiate: enérgico, tesonero, indomable». Los hechos posteriores demostrarán que ninguna de estas dos versiones es precisa; el hecho es que tanto Tetabiate como el cura Beltrán están detenidos en Vícam junto con las hermanas josefinas. Beltrán lo asegurará meses más tarde: «Tetabiate, el jefe tan querido fue hecho preso y sometido a un consejo de guerra en Vícam». Cerca de quinientos guerreros que reconocían a Opodepe como jefe de guerra deliberan toda la noche si ajusticiarlos por traición. Cuando Beltrán es llevado al consejo Tetabiate le dice: «Yo no te he mandado a llamar, han sido ellos». La decisión final es mantenerlos presos.

Fortunato Hernández hace un resumen: «En veinticuatro horas, miles de hombres, mujeres y niños, toda la tribu estaban en armas contra el gobierno. Desde Cócorit hasta El Médano (...) todos los yaquis civilizados sin excepción apoyan incondicionalmente a sus congéneres». López y Soto y el *New York Times* dirán que se trataba de tres mil guerreros. La cifra es imposible porque en esos momentos no habría en las ocho comunidades más de mil doscientos, a no ser que se hubieran sumado los indios de las haciendas cercanas; lo que es indiscutible es que el movimiento es generalizado y unánime. Al iniciar la campaña, el coronel Pena (o Peña) dejó claro: «Dar pedazos de tierra a los indios (...) no era lo que los indios querían, ya que han abandonado sus tierras a seguir la rebelión y sus títulos han servido como alimento para las armas, está claro que su único deseo está en sacar a todos los mexicanos; la forma en que han recibido la tierra no les interesa. Su razonamiento en lo particular es de la siguiente manera: *Dios le dio el río a los yaquis, no un pedazo a cada quien*».

¿El levantamiento se preparó en los meses anteriores o era producto de un choque accidental? Aunque Manuel Balbás dice que «los indios habían aprovechado la paz para reunir provisiones de boca y guerra» y «tenían grandes depósitos de semilla enterrados en los bosques», y Dabdoub añade que «habían hecho acopio de cinco mil o seis mil vacas y otros tantos chivos y borregos, armas y silos con cereales», no lo parece. Lo que sí sería un hecho es que las comunidades se habían ido rearmando y que en el momento del levantamiento abandonaron los pueblos llevándose toda la comida posible.

En la tarde del 21 de julio se organiza una columna militar en Tórim bajo el mando de Lorenzo Torres. En Bácum está cercado el destacamento del capitán José Flores, un oficial de 45 años que pecaba de valiente y solía animar a sus tropas cantando y bailando a mitad de los combates. En la noche Lorenzo marcha hacia Bácum por el camino de Chumampaco, pero no estando seguro de las fuerzas que se han alzado y su armamento, o víctima de un exceso de prudencia a causa de lo crecido que se encuentra el río que tiene que cruzar, decide detenerse en las afueras de Bácum durante casi 48 horas. Desde Tórim, el general Luis E. Torres le envía una columna de apoyo dirigida por el coronel Ángel García Peña con 63 hombres entre soldados, vecinos y milicias estatales, y municiones (cartuchos de Mauser y Remington).

Al amanecer del 23 Lorenzo Torres ataca Bácum. Durante seis horas y media se combate frente a los bosques donde hay una iglesia en ruinas, dirán los partes oficiales, pero se trata de un enfrentamiento menor porque en Bácum solo queda una pequeña parte de los responsables del alzamiento. Los indios pierden a 43, entre ellos sufren las bajas de Crescencio Jopo, Jerónimo Pluma Blanca, Antonio Fierros y el capitán Dionisio, que eran los dirigentes de la rebelión allí. Al romper el cerco queda libre el grupo de José Flores, que tiene seis hombres heridos. Los yaquis se repliegan a los bosques cercanos.

El 24 de julio el gobernador Corral telegrafía a Porfirio Díaz: «Extremadamente urgente. Imploro su ayuda contra los rebeldes yaquis. Favor de enviar por Express Wells Fargo 500 rifles Remington y 199 mil dotaciones de municiones».

En respuesta comienzan a enviarse refuerzos. El ejército cuenta en esos momentos en Sonora con pocas tropas porque hay relevos que no se han terminado de cumplir y en principio solo puede utilizar el 12° batallón, en Tórim y La Misa, y el 11° en Pótam. El batallón 17 parte de Mazatlán. Un soldado dirá: «Sentimos gran pena y desconsuelo al saber que teníamos que cambiar un paraíso por un infierno». Cerca de mil personas, porque se incluyen burócratas, tropas auxiliares, soldaderas y familias, al modo habitual en que el ejército porfiriano se moviliza, muchos reclutas del centro del país, arracimados en cubierta, en los corrales, en las bodegas, suben al vapor *El Demócrata*, donde solo pueden ir cómodas cincuenta personas; en esa «cloaca inmunda tuvimos que navegar tres días». Al desembarcar en Sonora se inicia una marcha con temperaturas de 44 grados. «El camino quedó regado de muertos por insolación porque muchos reclutas del interior del país no [estaban] acostumbrados al clima.» Aunque «regado de muertos» es una exageración, al menos seis soldados murieron. La concentración se produce en Tórim.

Mientras tanto, el 29 de julio la columna de Lorenzo Torres, reforzada por las tropas del coronel García Hernández y acompañadas por los traidores yaquis Espinosa y Loreto Villa, avanzan teniendo choques sin consecuencias con los indios hasta que el 1 de agosto a las 5.10 de la mañana, «marchando bajo una severa tormenta y lluvia», encuentran en un lugar llamado Palo Parado un campamento yaqui abandonado y envían exploradores que son emboscados desde la maleza; queda herido en el muslo izquierdo Lorenzo Torres además de otros tres oficiales. Los soldados, que quién sabe cómo estiman en trescientos guerreros a los que nunca han visto, se repliegan.

Las bajas, de creer el parte militar, son de tres soldados y sesenta yaquis muertos, y diecisiete soldados heridos. Todos los yaquis capturados fueron fusilados al día siguiente. El *San Francisco Call* cuenta bajo el título de «México ha desatado una guerra de exterminio» cómo se creó un cordón de tropas de Tórim a Pótam para evitar que los alzados huyeran a las montañas y se le ordenó al coronel García Peña que avanzara.

Al inicio de agosto un reporte del *New York Times* bajo el encabezado «Los yaquis en el sendero de la guerra» narra el asesinato de rancheros mexicanos y estadounidenses, entre ellos un comerciante muy conocido de Hermosillo llamado Remley y un fotógrafo apellidado Miller. «Los pueblos en el Valle están en un estado de terror.» La nota erróneamente da por muerto al jefe de la zona militar, el general Luis Emeterio Torres, confundiéndolo con el herido Lorenzo.

El *New York Times* en una nota posterior añade: «Todos los indios en los pueblos a lo largo del río se levantan en armas y se suman a los ya alzados yendo hacia las montañas y los bosques», y cuenta cómo se quemaron tres barquichuelas en las cercanías de El Médano y se ha cortado la línea telegráfica al sur de Álamos.

A pesar de que despachos fechados en Austin aseguran lo contrario, los mayos no se han sumado al levantamiento por el desgaste sufrido tras la represión del movimiento teresista y por la detención de Miguel Cruz, uno de sus dirigentes, que cuando llevaba armas y caballos fue detenido en Huatabampo junto con otros cabecillas y fusilado de inmediato.

El 8 de agosto se forma en Tórim una columna de mil hombres con el propio Luis E. Torres a la cabeza. Las tropas marchan rumbo a Vícam, donde se decía había un millar de indios fortificados; los soldados, aunque tienen dos ametralladoras, cuentan con pocos caballos y no poseen artillería. Eso será suficiente para que el cauteloso general frene su acometida y se limite a establecer un cerco a la espera de los cañones.

Dos días después, el 10 de agosto, Luis Emeterio derrota a una partida de quinientos indios sublevados en Locobampo, cerca de los bosques de Vícam. Ya están actuando los refuerzos llegados de Mazatlán. Manuel Balbás, que acompaña a la tropa como cirujano, dice que el combate fue de una gran fiereza; los indios se repliegan al canal de Vícam tras seis horas de lucha, las bajas federales son grandes, veintisiete heridos, entre ellos el teniente coronel del 4° batallón, once muertos y muchos insolados. «Los cañones hicieron muchísima falta, para destruir fortificaciones (...) pasajeras y relativamente débiles.» Sobre el terreno quedan 37 yaquis muertos. La dispersión de los yaquis («huyeron en completo desorden refugiándose en dispersión por los campos») le permite a Torres tomar Vícam y declarar concluida la primera fase de la campaña. Los cadáveres y los heridos son retirados con el apoyo del vapor *Don Lorenzo*.

Balbás cuenta que el 11 se combate en un lugar llamado El Zehuite: apoyándose en el canal que hay en Vícam, ahí se hacen fuertes los yaquis. Diez horas de combate. Cuando toman el lugar los federales descubren que los yaquis se han evaporado; veintiún heridos.

Es entonces cuando se anuncia el tendido del telégrafo en territorio yaqui y que pronto estará conectado a la red telegráfica, empezando por Cócorit. El jefe de telégrafos dice que esto permitiría dirigir la campaña desde la ciudad de México.

Al día siguiente Luis Torres inicia la persecución rumbo al viejo fuerte de El Añil con informes de que hay concentraciones de rebeldes en los bosques de Cuesta Alta, a mitad de camino entre Pótam y Los Médanos. Se produce un choque el día 13, los yaquis hacen muy débil resistencia. Siete indios muertos (36, dirá Torres, porque están fusilando a los detenidos), caen dos soldados (diez según otras fuentes), uno insolado; resulta herido el coronel del 11° batallón de infantería Alfonso Martínez, que muere más tarde. A raíz de este combate el diario *Two Republics* en la ciudad de México afirma sin ningún fundamento que ha muerto Tetabiate.

Tras varias exploraciones Luis E. Torres regresa a Tórim el día 16 por provisiones. «Temperatura ardiente» en el Valle del Yaqui, «desde las nueve de la mañana el calor está insoportable.» Indios capturados dicen que cerca de Vícam se encuentra Tetabiate con el padre Beltrán y las monjas josefinas: es la primera noticia que los militares tienen sobre el desaparecido e ignoran si está alzado o preso. También reciben informes de que hay cuatrocientos indios acampados dieciséis kilómetros al oeste de la «Estación Don Lencho», el Paradero Lorenzo Torres, un punto al norte entre Tórim y Vícam. Sin embargo hay un choque mucho más al oeste cuando dos lanchas que conducían reemplazos, escoltadas por tropas del 17° batallón, fueron atacadas por los yaquis y echadas a pique; entre las bajas hay algunos oficiales. El ejército ha logrado dispersar a los rebeldes y según Balbás, «desbarató el núcleo principal de la resistencia india. Se les tomó grandes cantidades de trigo y de maíz que tenían almacenadas en los pozos dentro del bosque». ¿Qué sigue? ¿Dónde están los alzados? ¿Se han fragmentado en varias partidas, en cuántas? ¿Hacia dónde se dirigen?

El levantamiento ha sido confinado a los bosques y la sierra del Bacatete; la oligarquía sonorense respira hondo. De su contento se hace eco el porfiriato. Francisco Bulnes escribirá: «En 1899 Pacheco, ministro de Fomento (...) ofreció a los yaquis un lote de las mejores tierras de la región, ofreció escuelas, bueyes, casa, irrigación (...) Locura y falta de patriotismo habría sido consentir que no se tocaran las tierras de los yaquis que solo parcialmente cultivaban. El pueblo mexicano tiene derecho a disponer de esas tierras para su alimentación. Y el general Díaz como representante de sus derechos y necesidades estaba obligado a entregar esas tierras a individuos o corporaciones agrícolas». García y Alva: «Una vez más, como siempre, ha demostrado el yaqui que pide la paz no por otra cosa que por impotencia y que esa bandera blanca con que se ha presentado y que le ha valido ayuda y perdones, felón y artero la desgarra en cuanto siente que las tranquilidades y beneficios de la paz han ahuyentado de su maldito ser la fatiga y la miseria». Hasta el *New York Tribune* se suma al coro: «Los yaquis deben reducirse a la obediencia por medio del acero y el plomo».

La Constitución, el diario oficial del estado de Sonora, declara que «la guerra es inevitable». Respondiendo a alguno que propone enviar mil familias de yaquis del río a Sinaloa, sostiene que «no hay mil familias en el río», y que la deportación genera enormes resistencias entre los cautivos, «arrojándose al mar desde un buque o clavándose un cuchillo en el corazón».

Solo Gustav Eiser en el *San Francisco Call* defiende el punto de vista de los rebeldes: «El exterminio de los indios yaqui simplemente significa la destrucción del trabajo manual en Sonora (...) son morales e industriosos. El origen del conflicto está en la voluntad del gobierno de fragmentar las tierras colectivas».

En medio de todo esto, abundante desinformación: el 11 de agosto el *Call* anuncia que la rebelión yaqui la dirige Teresita Urrea, y el *New York Times* de la misma fecha, que los dirigentes «son oficiales del ejército mexicano que vinieron de la ciudad de México hace dos meses». Se dice que el general Luis Torres será removido de su mando y que lo sustituirá el general Ángel Martínez, que se encuentra retirado.

La extraña situación del cura Fernando María Beltrán, del que se desconoce si está secuestrado o acompaña voluntariamente a los indios, produce un debate en los periódicos; Porfirio Díaz, que lo conoce bien, sale a defenderlo de acusaciones de traición: desde que era alumno del colegio de Tlacotalpan no es «capaz de una traición sino que estaba siendo víctima de la abnegación con que se había entregado a cumplir los deberes de su ministerio».

Bajo la presión de los militares, lo que había sido un fenómeno hormiga comienza a crecer y muchos yaquis emigran cruzando la frontera con Estados Unidos hacia Arizona. La travesía tomaba al menos un mes y se fue formando en las afueras de Nogales, del lado estadounidense, un poblado yaqui de un centenar de habitantes que se llamó Nogalitos. Los yaquis comenzaron a trabajar en ranchos y minas y en el ferrocarril. Pronto surgieron otros pequeños poblados: Mezquital al sur, y barrio de Santa Anita y Tierra Floja al norte de Tucson; Guadalupe en el valle del río Salado al sur de Phoenix. Los nuevos emigrantes mantienen contacto con la sierra y forman parte de la pequeña red que consigue armas y municiones.

Hacia el 18 de agosto, en la comandancia militar de Pótam se tienen vagas noticias de que el cuerpo principal de los guerreros yaquis se encuentra al sur de Bácum y no al norte hacia la sierra como esperaban, el resto de los alzados se halla disperso en los bosques hasta El Médano en bandas de cuarenta a cincuenta. El general Torres está en Chumampaco, seis kilómetros arriba de Tórim, pero duda antes de avanzar y entrar en combate. El 19 de agosto de 1899 la columna regresa a Tórim y se inmoviliza durante una semana. Han logrado concentrar en Sonora en esos momentos tres mil quinientos hombres en la zona del Yaqui, los batallones 4°, 11° y 12°, el 17° que llegó de Mazatlán y Baja California, un regimiento de infantería, el 5° de caballería y cuarenta guardias nacionales repartidos en varios pueblos.

¿Por qué Torres no avanza más rápido si sabe que a unos cuantos kilómetros están concentrados los yaquis? Las bandas retoman zonas del río de las que habían sido desplazadas. Un mexicano que se fugó de los yaquis reporta grupos de hasta cuatrocientos indios con sus familias en las montañas. Se dice que una banda con arcos y flechas recorre el río matando mulas y caballos. Sin embargo Edward V. Hoes, un ranchero gringo, comentará a la prensa: «Las exageradas afirmaciones de que los yaquis saquean son en la mayor parte falsas». A fines de agosto el capataz y un grupo de veinticinco vaqueros del rancho propiedad de Lorenzo Torres intentan recuperar en la zona del Tetacombiate doscientas reses que los indios se habían llevado y se produce un choque con trescientos indios en el que muere el mayordomo de Torres.

La explicación de la lentitud de la ofensiva militar es que se está produciendo un relevo en el gobierno de Sonora: Luis E. Torres es nombrado gobernador nuevamente, sucediendo a Ramón Corral. El 31 de agosto de 1899 se celebra en el Palacio de Gobierno una gran fiesta, con banquete y baile, por el fin de su mandato; los rumores decían que pronto ocuparía un cargo importante en la jerarquía porfiriana en la ciudad de México. Al día siguiente Corral se va de vacaciones a París con su esposa, donde le diagnosticarán un cáncer en la garganta y recibirá un mensaje de Porfirio Díaz para que se haga cargo del gobierno del Distrito Federal durante los siguientes tres años (1900-1903). Los barones sonorenses tendrán su voz en el gobierno federal: ahora sí podrán hablarle al oído a Porfirio Díaz. José C. Valadés anota: «La fortuna personal de Corral mientras tanto había ido en aumento (…) llegó a ser uno de los hombres más ricos de Sonora y fue así uno de los principales, si no el principal accionista del Banco de Sonora».

Vito Alessio Robles recogerá años más tarde un rumor que circulaba en Sonora, según el cual Porfirio le había ofrecido el gobierno del DF a Torres, quien había declinado y propuesto a Corral.

El recién nombrado general Torres pide una licencia a la legislatura para seguir al mando de las tropas federales en la guerra y lo suple el vicegobernador Celedonio Ortiz, para ser casi de inmediato sustituido por Rafael Izábal como gobernador interino.

El 1 de septiembre el general Torres anuncia en Pótam que no proseguirá la campaña hasta que lleguen dos mil refuerzos y el tiempo frío aminore, porque ha variado de los tremendos calores de hace días. A menos de veinte kilómetros de ellos hay partidas yaquis actuando, son quemados los postes telegráficos entre Pótam y El Médano y se llevan los cables de cobre; el telégrafo, que iba a permitir dirigir la guerra desde la ciudad de México, está inutilizado. El ejército dice que no tiene sentido repararlo porque no se puede proteger después.

La prensa se hace eco de que los yaquis están usando flechas envenenadas. José María Valencia cuenta que «cuando hacían flechas metían la punta en el veneno que les extraían a los animales venenosos (monstruos de Gila o escorpión, víbora de cascabel y coralillos) y mataban a los soldados con ese veneno. Bastaba un rozoncito y con eso tenían para morirse, primero lo probaban con un nopal, se dice que ese nopal se marchitaba y se secaba».

Hacia el 9 de septiembre de 1899 una nueva fuerza en tres columnas al mando del general Lorenzo Torres, que se ha reincorporado tras su herida, se despliega. Hay choques aislados en que les disparan desde las sombras y se retiran: los yaquis los están hostigando con guerra de francotiradores. El ejército sufre varios heridos, entre ellos el teniente coronel Juan Navarro. En el diario *El País* se comenta que «los yaquis tienen una magnífica puntería, su pulso es firme y todos sus tiros son certeros». Lo que ni el diario ni los federales pueden saber es la tremenda escasez de armas y municiones que tienen las guerrillas de los alzados.

Las armas y las municiones de los yaquis se han vuelto una obsesión para el ejército. Una circular del gobierno de Sonora ordena controlar la venta de armas en las ciudades, no podrán venderse sin autorización y se harán inventarios en los almacenes. Se alerta a las aduanas de Guaymas y Nogales para que ejerzan un control más severo; se procederá penalmente contra los que «proporcionen víveres, medios de transporte, armas, municiones o dinero» a los alzados. Balbás piensa que «hacendados y mineros protegen al indio yaqui por varias razones, la primera es el temor de venganza si se alzan, egoísmo y conveniencia, porque el indio que regresa del alzamiento acepta contratarse por poco dinero, casi gratuitamente».

Durante los días 11, 12 y 13 de septiembre el general Luis E. Torres y sus hombres tienen choques menores en las cercanías de Vícam y el 14 en Laguna Prieta. Finalmente el 18 de septiembre, otra vez a las afueras de Vícam, en un lugar llamado Laguna de Bahueca el batallón 20 dirigido por el coronel García Hernández choca con seiscientos dos hombres contra los sublevados. Balbás hablará de esta batalla como «uno de los combates más reñidos de toda la campaña». Las crónicas oficiales hablan de que los guerreros yaquis eran más de tres mil, lo más probable es que no llegaran al millar.

La vanguardia de la columna, a cargo del renegado Loreto Villa, quien ostenta el grado de mayor de las fuerzas irregulares, es recibida a tiros por yaquis emboscados en las márgenes de un bosque, las tropas resisten pecho a tierra; una carga de los rebeldes las desbarata haciéndolos huir. Queda sobre el terreno el capitán Julián Espinosa, el segundo de Loreto y extraductor de Tetabiate. Los indios prosiguen su ataque, aunque ahora al descubierto. El coronel García Hernández intenta mantener la moral de su tropa, pero cae fulminado a causa de la insolación. Son apenas las ocho de la mañana. Tras siete horas de combate los indios se retiraron, «no se desbandaron, ni huyeron precipitadamente» y los federales pierden sesenta hombres entre muertos y heridos y muchos insolados. Los yaquis dejan cien bajas. Manuel Balbás hace la reflexión clave: «Los indios no han de haber estado todos muy bien armados y municionados, pues en tal caso hubiera sido imposible derrotarlos». La columna militar, muy dañada, se retirará hasta Chumampaco donde se encuentran con las tropas de Luis E. Torres.

El cadáver de Espinosa fue sacado de su tumba más tarde por los yaquis, que desmenuzaron sus restos en torno a una hoguera y luego los quemaron en medio de una gran fiesta. Esto provocará que el *New York Times* recoja el rumor de que Tetabiate fue capturado por sus hombres, y torturado y mutilado por haber pactado con el gobierno.

El teniente Majerán o Morejón, que ha sido enviado a la ciudad de México para reportar oficialmente el progreso de la campaña, a su paso por Torreón cuenta que se ha desatado una guerra de guerrillas con pequeños grupos y hay continuos enfrentamientos en los que los yaquis tienen pocas bajas y muchas el ejército; la guerra «en lugar de haber aminorado ha crecido y es cada vez más fiera». Torres ha pedido que le envíen un refuerzo de rurales. Muchos mineros han abandonado las montañas y se han concentrado en Ortiz.

Y de nuevo la desinformación: supuestos reportes desde Estación Ortiz dicen que grandes grupos de yaquis, se habla de dos mil quinientos, han sido vistos al norte en las cercanías de Sahuaripa (en el este del estado, hacia Chihuahua). La noticia es sin duda falsa.

En octubre de nuevo el silencio: un correo del ejército muerto, la persecución de una ranchería donde van mujeres y niños sin resultado, y no más que eso. ¿Dónde están los sublevados?

El ejército cuenta ya con seis mil hombres, la mayoría concentrados en Tórim. El 6 de noviembre se pone en marcha una nueva expedición, sale al mando de Luis E. Torres y dividida en tres columnas; van descubriendo loberas en los bosques, hoyos de un metro o poco más de profundidad donde se metían dos indios cubiertos con ramas a la espera de tener a tiro seguro a los exploradores. A veces se encuentran líneas de estas loberas que solo pueden ser conquistadas a la bayoneta.

Una de las columnas choca contra indios yaquis en un lugar llamado Fortín de la Angostura, Torres dice que se trataba de ochocientos de ellos. La llegada de la segunda columna al mando de Lorenzo Torres salva a la primera del desastre. Cazado por un indio que estaba sobre un árbol y que se escapará después del tiro, muere el teniente coronel Francisco de P. Guillén, el cuarto oficial superior caído desde que se ha iniciado la campaña: los francotiradores yaquis han aprendido a individualizar a los mandos. Los indios se repliegan apenas sin bajas.

Las columnas avanzan pero casi sin tener resultados. El 14 de noviembre la caballería captura a un indio, veintiuna mujeres y veinticinco niños. Hacia el 19, según cuenta Balbás, entre El Añil y Vícam, en un bosque muy espeso se produce «uno de los combates más serios e importantes de la campaña». Luis E. Torres, con una de las columnas y 1418 hombres, avanza hacia la laguna de Chachacobampo, situada en el centro del bosque, cuando topa con una ranchería; los guerreros tratan de detenerlo para que huyan las mujeres y los niños. Se combate durante toda la mañana, y los yaquis dejan cuarenta y tantos cadáveres y muchas familias son detenidas (39 mujeres y 38 niños). «No se persigue por el peligro de que se extravíen nuestros soldados que no son conocedores del terreno.»

Según Balbás, a partir de ahí los yaquis abandonan el río y suben a las montañas del Bacatete, las comunidades han despoblado la zona.

El 21 de noviembre una delegación de mujeres yaquis llegó a Ortiz con un mensaje de los jefes para Porfirio Díaz donde solicitaban la paz y prometían entregar las armas, poniendo la condición de que las tierras que les pertenecían les fueran devueltas. El mensaje va dirigido al presidente Díaz porque el general Torres mata a los parlamentarios y a todo prisionero yaqui que cae en sus manos, como había ocurrido recientemente cuando mandó a fusilar a siete que se le presentaron bajo bandera de tregua.

Un minero, Julius Randall, que trabaja en Sonora, declara a los periódicos estadounidenses que la censura de prensa impide que se conozca la verdad; habla de quince mil a treinta mil indios en armas (exagerando de mala manera). «Los yaquis son ahorrativos y pacíficos, pero como los bóeres, combatirán hasta la muerte cuando van a la guerra. Están mejor preparados para la guerra que los mexicanos (...) Mientras tanto los negocios en Sonora están postrados (...) porque los yaquis son los mejores trabajadores del estado.»

El 12 de diciembre se produce un ataque en las labores de El Choyal y La Jaimea (hacia el valle de Guaymas), al retirarse los atacantes se incorporan todos los peones de las haciendas, y perseguidos van también hacia el Bacatete. Durante los últimos días de diciembre una columna al mando de García Hernández va hacia la sierra y captura ventiuna mujeres y niños. Las tropas de Torres se han replegado a Pótam a la espera del regimiento 20 y otros refuerzos.

Un cabo de Tetabiate, en su memoria recogida por su nieta, contaba que su participación era hacerse cargo de una tropilla de cien combatientes y sus familias; tenía como tarea asaltar ranchos para conseguir comida. Su hija recuerda el hambre y las penurias y cómo perdió dos hijos, muertos casi al nacer.

Años más tarde John Kenneth Turner registraría: «La sierra del Bacatete bordea lo que era antes su país. Por allí corren manantiales perennes de agua fresca, y en aquellos acantilados casi perpendiculares construyeron sus hogares, plantaron maíz, establecieron a sus familias y cantan, a veces, a los fértiles valles que una vez fueron suyos. Varios miles de soldados siguen persiguiéndolos y aunque los soldados no pueden llegar a esas alturas de la sierra, acechan a los indios en las cañadas y disparan contra ellos cuando bajan a comprar carne, telas u otros artículos que necesitan para su subsistencia».

21

Mazokoba

Hacia el 1 de enero de 1900 se produce el inicio de una concentración de varias de las partidas y rancherías para una reunión general en el Mazokoba. La sierra del Mazokoba, dentro del Bacatete, tiene una altura que emerge a unos doscientos metros de un vallecillo. Esa altura está rodeada por varias montañas y termina en una meseta que da a un abismo cortado a pico.

Se trataba de un grupo grande, de más de mil quinientas personas, la mayoría mujeres, ancianos y niños acompañados de unos trescientos o cuatrocientos guerreros, una parte de los cuales había estado desde el inicio del levantamiento en Vícam, casi todos iban a pie y estaban mal armados; los acompañaban el cura Beltrán y las monjas josefinas. Beltrán confirmará más tarde que el jefe del grupo era Pablo Ruiz, Opodepe.

El 8 de enero de 1900 el coronel García Hernández informó a Lorenzo Torres sobre la posibilidad de que los indios que viene siguiendo y con los que ha estado chocando se encuentren en el Mazokoba «y alturas inmediatas». Siguiendo esta pista se reúnen las columnas de los coroneles García Hernández, García Peña y Gándara bajo el mando de Lorenzo Torres y poco después capturan en Agua Verde a una familia yaqui que supuestamente les dará información sobre varias partidas.

Las pistas que reunirán más tarde son contradictorias, aunque coinciden en que un grupo se está haciendo fuerte o simplemente refugiándose en el Mazokoba, en el corazón de la sierra del Bacatete; que Tetabiate estuvo en Mazokoba, pero ya no porque iba rumbo a Bácum llevando armas y municiones, y que ya no era capitán general, tan solo capitán, porque ahora el capitán general era Ignacio Mabitai. ¿En qué momento Tetabiate fue dejado en libertad? ¿Cuándo recuperó la confianza de los yaquis, aunque no el mando de la guerra?

El avance de la columna militar es lento, van sufriendo encuentros y emboscadas de grupos de yaquis que se repliegan. Lorenzo Torres, al mando de una fuerza de poco más de mil hombres, incluidos los guías indígenas de Loreto Villa, va encontrando muchas huellas que le hacen confirmar la existencia de la concentración en Mazokoba.

Al amanecer del 18 de enero Loreto Villa le dice a García Hernández que son muchos y están fortificados. Poco después las tres columnas (mil veinticuatro soldados) se acercan a la concentración, una se establece en la Mesa de la Semana Santa, como a seiscientos metros y con una barranca entre ellos y el cerro ocupado por los yaquis; Torres los tiene cercados desde el noroeste, el noreste y el sur en un cañón montañoso encajonado por otros cerros. Balbás dirá: «La posición que ocupaban era formidable». Hacia las diez empieza el combate. Las tropas federales llevaban Mauser y las nacionales Remington reformado; los indios tenían algunos Winchester buenos y fusiles y escopetas viejas. Su parque era casi todo recargado por ellos mismos.

La acción de los militares va desalojando a los yaquis de barricadas de piedras, un grupo intenta huir pero va a dar con la columna de los batallones 4 y 11. Se combate durante todo el día. Para los yaquis la resistencia es clave, hay que proteger a los niños y a los viejos, a las mujeres. Sobre las cinco de la tarde se ha estrechado el cerco. Al toque de clarín se inicia el asalto: tres veces atacó el ejército y tres veces lo rechazaron. El parque se estaba agotando por ambas partes y cuando ya oscurecía los yaquis no resistieron la última carga a bayoneta del ejército.

Quedan muertos 397 yaquis, la mayoría guerreros, pero versiones indígenas que circularán a lo largo de los años hablarán de cifras mucho mayores de muertos. Lo que es significativo es que el ejército captura solo 35 armas de fuego «de todas clases». (¡!) Hay también mil prisioneros entre mujeres, ancianos y niños.

Corren rumores, de los cuales se hará eco García Hernández, de que Tetabiate estaba presente en el combate, pero que pudo escapar con varios guerreros mientras se mantenía la resistencia; probablemente esto era falso, pero al menos un centenar de guerreros han logrado huir. Lorenzo Torres ordena la búsqueda de Opodepe, y el cura Beltrán identifica el cadáver del jefe al que los militares llamarán «el alma de la rebelión».

Para el ejército las bajas son muy importantes, quizá las más altas de toda la campaña; el parte militar original hablaba de un saldo de veintiocho a treinta muertos y 62 a 142 heridos, entre ellos siete oficiales.

El doctor Manuel Balbás no puede menos que conmoverse ante los presos que «se agrupaban estrechamente formando una masa humana andrajosa y pestilente, hambrienta pero estoica, abnegada y altiva que no exhalaba una sola queja, ni imploraba un solo favor». Hay centenares de heridos, «ancianos demacrados, cuyos miembros desnudos parecían de esqueletos forrados con piel humana», una madre que cargaba el cadáver de su hijo de brazos, «todos los horrores, todas las crueldades de la guerra». «Su silencio imponente oprimía el alma.» Y le sorprende más aún que no haya llantos, solo odio. Se producen muchos suicidios de mujeres, incluso con sus hijos en los brazos, que se lanzaron al abismo, la detención de un joven entre un grupo de mujeres que fue «fusilado inmediatamente», un niño de cinco años al borde del precipicio con un brazo destrozado. Muchas mujeres heridas ocultan su situación para no «recibir auxilio del enemigo». Reconoce que escaparon «la mayor parte de los combatientes y que en camino de regreso la columna federal tenía miedo de un contraataque, porque también a ellos se les había acabado la munición».

El acantilado bajo el Mazokoba blanqueará al paso de los años «por la osamenta que lo cubre, un verdadero hacinamiento de cráneos, tibias, rótulas y costillas» de los indios que se arrojaron antes de caer prisioneros.

Por el camino se abandonan mujeres heridas. Balbás cuenta que un soldado insolado que llevaba un niño recién nacido estrelló su cabeza contra una roca; «¿Fue un acto de salvaje ferocidad o de caridad salvaje?». En el repliegue los acompañan las tres monjas, a las que los oficiales del ejército tratan muy mal porque las acusan de haber acompañado voluntariamente a la comunidad yaqui. Vito Alessio Robles se hará eco pocos años después del rumor de que las monjas estaban embarazadas.

Ese mismo día 19 la columna del ejército con los presos marcha de Mazokoba al Tetacombiate y de ahí al cuartel de Las Guásimas, donde hay una posta sanitaria que atiende a los soldados heridos y muchas mujeres yaquis se niegan a que las curen.

De los mil prisioneros que inician la marcha solo llegarán 834, porque, según las fuentes oficiales, algunos se les «extraviaron», otros «murieron en el camino». Nadie dirá claramente lo que realmente pasó: que en el camino de regreso fueron ejecutados 159 ancianos, niños o mujeres yaquis.

22

El cojo Tolén, Pedro Sacory y sus amigos

Restos de la cárcel militar de Tórim

Mientras los yaquis capturados en la columna de la muerte son llevados a Guaymas, hay una serie de detenciones en el mineral y hacienda de La Colorada, cerca de Hermosillo, una más de las centenares de razias que se producen, solo que de esta queda el registro de los escuetos testimonios obtenidos sin duda bajo tortura y que alguna claridad o luz dan sobre los personajes casi anónimos que los protagonizan.

Jesús Flores, yaqui de Tórim que trabajaba en una hacienda cerca de Hermosillo, al que agarran con un fusil Remington, denuncia como comprador de armas para los rebeldes a Ignacio Taica o Tasca, que vive en El Molino, y sobre todo a «un maestro de los indios» llamado Tolén que en El Ranchito, cerca de Hermosillo, contrabandea, compra armas y agita; está mutilado de la pierna derecha y anda con muletas. Añade a Pedro Sacory, un viejo de Las Prietas que anda agitando para que los yaquis vayan a la guerra.

Dolores Güicoy, de Cócorit, trabaja en haciendas y dice que en Molino de la Chaya, propiedad del hacendado Camou, les proporcionan armas a los indios y que se enteró porque un día, andando borracho con el yaqui Antonio Nazaimea, lo vio. El que entrega el parque es el yaqui Beasaguaca, que es un «sirviente muy antiguo» de esa hacienda. Denuncia a Antonio Chino Casimiro, yaqui que negocia el parque en la hacienda de Los Morales y se lo da a un pascola que ahora anda en la sierra. Dice que es común que en la hacienda Las Prietas entren y salgan indios alzados.

Dolores Carlos. Ha pasado por varias haciendas como peón; denuncia al cojo Tolén como recogedor de armas y parque.

Jesús Matus. Denuncia a un blanco en el Pueblo de Seris llamado Bonifacio, que les vende parque a los alzados. Denuncia de nuevo al «maestro» Tolén.

Guadalupe Bajeca. Acepta haber actuado en la insurrección. Dice que en el último combate en los Bancos estaban los cabecillas Ramón Chino, José Quichoy y Antonio Caldajay, y que allí murió su hermano Juan Caldajay; que luego se fue para El Pueblito con una partida que mandaba Ramón Chino, entraron en la casa de Ramón Maytorena (el hacendado) que les repartió parque y maíz, y que volvió a la sierra y luego regresó a trabajar en una hacienda con otros seis compañeros, que al bajar a la hacienda dejaron allí las armas. Denuncia a un blanco en la zona de Ures llamado Gándara que entrega parque a José el Chivero, yaqui que sube y baja de la sierra. Habla del movimiento yaqui como de «la revolución». Dice que los cabecillas ahora son Juan Siquili, que está en la línea de México con Estados Unidos, y en la sierra Chico Güilo y Chico Güicha. Cosa imposible porque los dos primeros habían muerto años antes. Como tantas otras cosas en esta historia, sus fantasmas los sobrevivirían.

Y así siguen los nombres y sus historias. Al repetirse las declaraciones sobre las actividades del maestro Tolén, se pidieron informes al hacendado de El Ranchito y dice que ahí suele vivir con su familia, alebrestando a los trabajadores, pero que no trabaja allí; lo intentan detener pero se hace humo. Giran órdenes de aprehensión contra los denunciados, en particular contra Pedro Sacory e involucran a los dueños de las haciendas en el control y las detenciones.

Tolén ha desaparecido, también de esta historia: el autor, a pesar de intentarlo, no ha encontrado más huellas de él en los viejos documentos. Se ha esfumado con la gracia de un fantasma cojo que anda llamando a una revolución. Desde estas páginas se le desea la mejor de las suertes.

23

Las primeras deportaciones

Ruinas de la Estación Lencho

Poco antes del combate de Mazokoba, mediando diciembre de 1899 llegaron a Guadalajara ciento treinta yaquis presos, entre ellos muchas mujeres y niños; los metieron en el cuartel de la gendarmería y se dijo que serían llevados a la capital. ¿De qué estaban acusados, quién los había juzgado? ¿Para qué iban a ser llevados a la capital? No había respuestas para estas preguntas, pero tampoco nadie las hacía.

Mientras la represión crecía, lo que fue una serie de actos casuales se vuelve una política de Estado. El mismo 19 de enero de 1900, tras el combate de Mazokoba el gobernador y general Luis Torres telegrafía a Porfirio Díaz que está listo para deportar a los cautivos en el cañonero *Oaxaca*. ¿Deportarlos adónde?

La ruta se va estableciendo. De las diversas zonas de Sonora, a Guaymas, donde poco a poco va surgiendo un sector de confinamiento que sería llamado con el tiempo el barrio «la Yucatán», de allí en vapor a Manzanillo, luego a Jalisco. El 16 de febrero llegan a Manzanillo seiscientos prisioneros yaquis en el cañonero *Oaxaca* (donde habitualmente no viajan más de cincuenta personas; ¿en qué condiciones los transportan?) para de ahí ser enviados a Guadalajara. Las autoridades declaran: «No serán mantenidos prisioneros sino tan solo vigilados hasta que se eduquen en los hábitos de los mexicanos, para luego regresar a su tribu y proporcionarles a sus gentes los conocimientos adquiridos». ¿No serán mantenidos prisioneros? ¿Cómo los van a educar?

En marzo de 1900 Luis del Carmen Curiel, gobernador de Jalisco, comunica a Porfirio Díaz que hay 132 yaquis listos a partir y que habían llegado a Colima 176 más «de los cuales solo catorce eran hombres adultos, los demás niños, mujeres, viejos».

A mediados de abril un nuevo grupo de trescientos yaquis, entre ellos cien mujeres y niños, llegan a Guadalajara vía Manzanillo. Las autoridades declaran: «Serán divididos en grupos menores y repartidos en ciudades del interior. Los niños serán colocados en escuelas industriales y las mujeres y hombres empleados.» Se dice que es el tercer grupo de prisioneros en paso; sin embargo, ningún niño yaqui llegará jamás a una escuela industrial.

El coronel García Peña diría en un futuro informe: «Se han recogido familias, las que han sido enviadas para el interior de la República, medida sapientísima del gobierno pues (…) uno de nuestros principales enemigos es la mujer yaqui».

Luego, durante dos meses, el millar de yaquis deportados se desvanece en el territorio nacional. Lo único que sabemos es que en el plan está involucrado no solo el gobierno de Sonora, sino el propio presidente de la República.

Hasta que en junio de 1900 se da noticia en la *Revista de Mérida*, en Yucatán, de un contrato firmado en el Distrito Federal por el ministro de Fomento y un latifundista de nombre Manuel Arrigunaga, mediante el cual setecientos cincuenta yaquis, «casi en su totalidad mujeres y niños» prisioneros de la guerra, serían entregados en las haciendas Tankuché en Campeche, y San Mateo y San Simón en Yucatán, para trabajar en ellas, doscientos cincuenta en cada una.

¿Cobraba la Secretaría de Fomento por tal operación, estaba el gobierno mexicano vendiendo a sus súbditos? ¿Los hacendados se hacían responsables de la vigilancia de las mujeres presas, porque eso eran, prisioneras de guerra? Solo hay una respuesta a tantas preguntas: el porfirismo había reconstruido el tráfico de esclavos en México.

La operación se disfrazaba hablando de las bondades del trabajo en las haciendas henequeneras, de que en ellas habría escuela, de cómo «las mujeres van muy gustosas al trabajo, muy obedientes y sumisas», y de que se les pagaría en plata.

Hay otros registros que hablan de doscientos «contratados» más; poco después Manuel Sierra Méndez agradecía a Porfirio Díaz en nombre de su amigo Augusto L. Peón por su «bondadosa deferencia al concederle algunas familias yaquis» de cada «lote que llegaba a Yucatán».

Una de las operaciones criminales más terribles de la historia de México estaba en marcha y no era ajeno a ella el gobernador Luis E. Torres, que había estado en Yucatán comisionado por el ejército en un proceso electoral y pasó allá varios meses. Ahí se creó con los hacendados la conexión que ahora se ponía en marcha con el beneplácito de la presidencia de la nación y en la que estaba implicado Olegario Molina, que con Avelino Montes tenía la mayor red de propiedades henequeneras.

24

Dwyer, el fantasma renegado de la rebelión
(1900-1901)

Mucho se hablaba en aquellos años de que en el alzamiento yaqui estaban involucrados ciudadanos estadounidenses; era de alguna manera la eterna visión racista de que resultaba imposible que por sí mismos los yaquis llevaran resistiendo decenas de años en una guerra popular prolongada y se invitaba a formular una teoría conspiratoria. El 27 de enero de 1900 una noticia surgida de El Paso, Texas, tuvo eco en la prensa de aquel país: se contaba que seis mineros estadounidenses habían sido muertos por órdenes del general Lorenzo Torres en el combate de Mazokoba, sucedido poco más de una semana antes; los mineros «convivían con indios que las tropas estaban persiguiendo». Tres días más tarde, el 1 de febrero, el gobierno mexicano desmintió la noticia basado en un telegrama del propio Torres, pero la información parecía tener algún sustento porque en marzo de 1900 declaraciones de otro minero estadounidense afirmaban que aunque Torres se llevaba bien con los extranjeros, había ejecutado a dos que se encontraban combatiendo con los yaquis. La noticia no pudo confirmarse y la información no avanzó más allá de las posteriores declaraciones de otro ciudadano estadounidense, quien decía que un minero llamado Bostwick estuvo cautivo de los indios por varios meses hasta que le permitieron irse.

Desde un año antes la prensa estadounidense (el *New York Times*, el *Times* de Washington) citaba la presencia entre los yaquis de un ingeniero de minas llamado John Dwyer al que calificaban como «el alma» o «la mente maestra» detrás de la rebelión, y fechaban su intervención a partir de febrero de 1899 (un mes antes del alzamiento); lo llamaban el Yaqui Kid y el Renegado, atribuyéndole la intención de usar a los yaquis para anexar Sonora a Estados Unidos, la vía para la obtención de dólares estadounidenses para la rebelión.

Estos reportes periodísticos fueron recogidos con profunda inquietud por los consulados mexicanos de la frontera y transmitidos a la Secretaría de Relaciones Exteriores en México.

La prensa estadounidense se debatía entre considerar a Dwyer un mito que encubría el verdadero nombre de los dirigentes de la rebelión; un reputado ingeniero de minas conocido en Nueva York, Australia y Londres; un falsario y un pillo, un hombre con segundas intenciones que pretendía manejar a los yaquis en su provecho y volverse el rey de Sonora, o un operador político de los anexionistas estadounidenses.

Entre las muchas versiones que circulaban, a veces contradictorias, se decía que John Dwyer tenía a fines de siglo más de cuarenta años pero «estaba bien conservado», que había sido ingeniero de la Moctezuma Copper Co. en Nacozari, Sonora, pero que a partir del contacto con trabajadores yaquis comenzó a interesarse en la rebelión y llegó a la conclusión de que «eran diferentes a otros indios americanos», industriosos y civilizados. Vio las injusticias que cometían contra ellos y salió de Nacozari con cinco de ellos, que se dispersaron por el territorio y luego se reunieron en Tórim, donde la nueva rebelión había ya prendido.

Los jefes Tenabanto, Gutmasoleo y Cupo lo apoyaron y fue nombrado miembro del consejo de guerra, donde prometió ayuda estadounidense; se le dio autoridad para vender bonos y organizar juntas del otro lado de la frontera. El consejo decía que tenía doscientos mil dólares para comprar armas en Bisbee, El Paso y San Francisco, y recientemente se había descubierto una fábrica de pólvora en Pueblo de Seris, en las cercanías de Hermosillo.

Una parte de esta información era evidentemente falsa, los nombres de los supuestos dirigentes yaquis no correspondían con jefes de guerra activos en la insurrección, el mito del consejo y los doscientos mil dólares era descabellado y desde luego si quería participar en la revuelta no hubiera escogido Tórim, sede de los cuarteles del ejército.

Sin embargo, Dwyer existía y sin duda estaba vinculado con la otra forma de resistencia en la zona de los ríos. Alfonso Torúa dice que era uno de los firmantes del manifiesto de los teresistas en agosto de 1896, cuando el ataque a Nogales, y el 18 de enero de 1900 un artículo *del New York Times* afirmaba: «Los indios buscan la independencia». Según esto, un documento redactado en Bavispe y firmado por Manuel Sauv(c)eda, Teresa Duryea (Urrea), Jesús Escalante, Harry Herbot, John Dwyer, Tenabante y Julián Villa, miembros de la junta, hablaba de la independencia de Sonora, «porque no es justo que una raza superior [yaquis y mayos] sea sometida a una inferior», acusaba al ejército mexicano de estar compuesto por ladrones y convictos e invitaba a los estadounidenses a sumarse a la rebelión, a los que se permitiría estar en Sonora por diez años. El artículo fue reproducido y comentado por algunos diarios de la capital como *Two Republics* y *El Tiempo*. Pero desde la cercanía, el cónsul mexicano de El Paso, Francisco Mallén, que era primo del general Torres, decía que todo se trataba de una tontería.

Dwyer fue detenido en el primer trimestre de 1900 en Bisbee, Arizona, tras haber tenido una junta en Ciudad Juárez con Teresita Urrea. El cónsul Kendrick apoyó las reclamaciones de las autoridades mexicanas y lo detuvo para enjuiciarlo, pero sorprendentemente Dwyer escapó y 36 horas después se fue a El Paso desde donde en tren viajó a la ciudad de México.

El 5 de mayo fue detenido por cuatro días en la ciudad de México pero de nuevo, para asombro del narrador, fue liberado por falta de pruebas. ¿Qué estaba pasando? El gobierno porfiriano no se caracterizaba por la suavidad de sus relaciones con la disidencia política y si tenían en sus manos a un estadounidense que apoyaba la revuelta yaqui, ningún juez podría haberlo salvado de la garra de Díaz.

Durante el siguiente año Dwyer se desvaneció para reaparecer en octubre y noviembre de 1901, vinculado con un intento de motín en Guaymas y la aparición de un nuevo manifiesto de la junta en que se propone un solo gobierno para todo el subcontinente norteamericano, firmado por Romualdo Tenabanto, Evaristo Gutmasoleo, Adriasola Cupo, Benito Gutiérrez, Alejandro Plumoblanco y John Dwyer. Detenido en Guaymas, el jefe militar quería fusilarlo, pero el general Torres lo puso en libertad. (¡!) Algo muy extraño estaba sucediendo.

25

Retorno y muerte de un héroe de la guerra popular
(1900-julio de 1901)

Al inicio de 1900 el general Torres estimaba que solo quedaban trescientos yaquis vivos en las montañas, aunque otras fuentes hacían llegar la cifra hasta novecientos. Pero Stephens, un distribuidor de máquinas Singer que recorría todo el estado de Sonora comerciando, declaraba al *Mexican Herald*: «No creo que el general Torres sepa cuántos yaquis están en armas, nadie lo sabe».

El 3 de febrero de 1900 el ministro de la Guerra mexicano, recientemente nombrado por Díaz, general Bernardo Reyes, un viejo conocido de los yaquis, anunciaba una nueva propuesta de paz que se ofrecía a los nativos para poner fin a «su sublevación independentista»: la garantía de mantener la propiedad de sus tierras y el derecho a la ciudadanía mexicana. Reyes comentaba a los periódicos que había dado contraorden de la manera como se llevaba la guerra al no tomar prisioneros y no dar cuartel, por una manera «más civilizada», reconociendo de hecho las barbaridades cometidas por Torres en la represión del movimiento. Dando una respuesta más policiaca que militar, anunciaba que se habían puesto en alerta varios destacamentos de rurales en otras partes de la República para su posible intervención en el Valle del Yaqui.

Más allá de sus intenciones verbales, la realidad es que Reyes había ordenado a Ángel García Peña que dirigiera una nueva comisión de ingenieros y oficiales para hacer una exploración y riguroso mapa de la zona antes de «iniciar una campaña formal». A su trabajo de ingeniería, García Peña añadió una observación coincidente con las otras que habían hecho los militares mexicanos más inteligentes y que sería básica para entender la conducta de los yaquis en los años por venir: «el único anhelo de los yaquis —afirmaba el coronel— era lanzar de aquí a los *yoris*; los terrenos en otras condiciones no les interesaban».

Ese mismo día, una noticia originada en Guaymas y de la que se hacía eco el *San Francisco Call* proclamaba que había fallecido el general mexicano Lorenzo Torres, comandante de las fuerzas que sofocaban la rebelión, sumándose a los 358 soldados caídos en esta etapa de la revuelta. El combate se habría producido el 27 de enero en el «desierto de Sonora, a cincuenta millas al este de Guaymas», cuando el ejército fue emboscado en un altozano por una partida de yaquis a pie mandados por Tetabiate; el enfrentamiento duró tres horas y terminó cuerpo a cuerpo. La historia, que circuló ampliamente, sería registrada en nuestros días en muchas efemérides, pero más allá de que la prensa ya había matado a Torres varias veces sin ninguna veracidad, lo interesante era que se daba razón del retorno de Tetabiate a la guerra.

En febrero y marzo la supuesta rebelión ya acabada sigue dando muestras de existencia, hubo una docena de choques no mayores y tiroteos en toda la región. Los partes militares daban razón de uno o dos yaquis muertos, dos o tres mujeres detenidas, un fusil capturado aquí y allá. La información originada por los mandos militares es confusa en el mejor de los casos y obliga a leer entre líneas: por ejemplo, los dos partes que el 18 de marzo llegan a la comandancia, uno del coronel García Hernández que reporta que en los bosques cerca de Cócorit, tras diez días de persecución y varios tiroteos en los que hubo dos indios muertos y siete capturados con doce mujeres y muchachos, tan solo se recuperó un rifle Remington. ¿Perseguían grupos de familias desarmadas? Ese mismo día llega un parte del coronel García Peña desde La Angostura diciendo que capturó a un indio que confesó que se hallaba en las cercanías «una ranchería sin intención hostil» dirigida por Dolores Islas; cuando el ejército se les acercó los tirotearon. Así debían de temer los yaquis al ejército y su política de disparar primero y averiguar después.

A fines de marzo García Hernández choca con una partida más seria, armados casi todos ellos con Winchester, unos doscientos que cortan el telégrafo y queman postes. Los soldados capturan ciento cincuenta bultos de carne fresca. Aunque la noticia se presenta como un triunfo del ejército, sufren seis muertos y doce heridos, entre ellos Loreto Villa. Los indios son «dispersados» dejando diecisiete muertos.

El 1 de abril de 1900, en su informe al Congreso, Porfirio Díaz minimizaba los efectos de la guerra yaqui y se limitaba a decir que en la campaña «se había derrotado a los yaquis y se les habían hecho mil prisioneros». Casi dos meses más tarde se ponía a discusión el informe del coronel Ángel García Peña a la Secretaría de Guerra; fechado el 26 de mayo y haciendo una reflexión sobre los últimos catorce años (a partir del levantamiento de Cajeme), resume: «La solución no reside esencialmente en la guerra».

El informe contiene una minuciosa descripción de la zona: un valle de 85 kilómetros de longitud que ocupa cien kilómetros cuadrados. A nueve kilómetros de Tórim se inicia la sierra del Bacatete, que mide ciento cinco kilómetros de norte a sur. Describe los cañones y las rutas de acceso a la sierra, da cuenta precisa de los cincuenta aguajes, define los bosques, raros para el que tenga como referencia el paisaje del altiplano (bosque de mezquite grueso, árbol de quina, copalquín, zorote y cactus), las frutas de los bosques: «bledo, chichiquelite, choales, mezquites y tunas».

García Peña describe la situación de los ocho pueblos. Cócorit: se desmontó la gran plaza central, viven 2 070 personas, pero solo 740 yaquis. Vícam: fue abandonada tras la ofensiva. En Pótam hay 764 mexicanos «civilizados», 219 indígenas y un molino harinero, es el cuartel del 11° batallón. En Tórim está el cuartel Marcos Carrillo, el hospital militar y el cuartel general; hay 16 637 habitantes sin contar a los soldados y solo 416 yaquis. En la hacienda Guamúchil de Lorenzo Torres viven 147 «vecinos» y 150 yaquis. A siete kilómetros, en El Médano, viven 177 «vecinos» y 849 yaquis.

El informe da cuenta de que después de la Paz de Ortiz se censaron 6 106 yaquis, de los cuales 2 353 eran hombres (el censo solo hablaba de yaquis en los ocho pueblos dentro del Valle). «Hoy no debe haber más de novecientos a mil cuarenta posibles combatientes», pero «son mejores exploradores que nosotros». Curiosamente y sin decirlo de modo explícito, cuando calcula en ciento cincuenta cartuchos lo que se internó de Estados Unidos en Sonora y lo que se vendió en las ciudades sonorenses, pone el dedo en la llaga: los yaquis apenas si cuentan con armas y mucho menos municiones.

García Peña es partidario de una deportación parcial: «sacar del río a las mujeres y a los niños así como a los hombres más tenaces», y matiza que no puede sacarse la mano de obra de haciendas, ferrocarriles y minas pues son esenciales «para el negocio» y junto a ello un aumento de la colonización.

En lo militar propone la ocupación del río (¿aún mayor de lo que es en estos momentos?), el cerco del Bacatete con nuevas «fuerzas que permitan mantener columnas a retaguardia de los yaquis», la creación de un aparato de espionaje que se ocupe de cortar sus comunicaciones, y en concreto el establecimiento permanente de veinticinco puntos fortificados con dos mil trescientos soldados conectados por teléfono, telégrafo y heliógrafo.

Porfirio Díaz, por conducto de Bernardo Reyes, va más allá y responde al informe proponiendo que actúen en la zona cuatro mil ochocientos soldados incluidos las guardias estatales, que se creen cuatro centros de señales y haya patrullas de caballería permanentes. Se incrementará la deportación encubierta bajo el eufemismo de entregar a los y las detenidas «a los gobiernos de los estados para que los ocuparan, pagándoles sus trabajos por sus justos precios», y una nueva medida más radical: ordenar la aprehensión de indios de las haciendas vinculados al alzamiento.

Probablemente estas decisiones obedecen a un análisis estratégico del porfiriato porque en ese mismo mes el secretario de Guerra y Marina, Bernardo Reyes, escribió al general Luis E. Torres que era menester «acabar con el estado de cosas del Yaqui (...) cuanto antes (...) en razón de que, al abrirse formalmente la campaña en Yucatán», no le quedará «al gobierno ninguna otra atención militar».

Prácticamente en abril y mayo hay choques diarios que se registran en los reportes, donde no se informa de bajas del ejército y en cambio se habla de la captura de una familia, cinco niños, varias mujeres, tres mujeres, cinco niños, dos familias.

El 19 de mayo el traidor Loreto Villa (que ha sido ascendido de capitán a mayor) entrega en Buenavista a seis hombres, veintiséis mujeres y veintiún niños prisioneros, entre ellos se encuentra la esposa de Tetabiate (la hija de ambos, Anita Maldonado, ha nacido en esos meses en la sierra). Ese mismo día los soldados entregan a un hombre, seis mujeres y ocho niños; luego una patrulla lleva otros dos hombres y una mujer y llegan prisioneros de La Angostura cinco mujeres y nueve niños. En junio, siguen los reportes, choques y capturas, sobre todo de viejos, mujeres y niños.

Los militares y en particular Balbás atribuyen estas detenciones a que mujeres, niños y viejos hacen labores de apoyo a la guerrilla. Habría que pensar que en esos momentos la guerra popular involucra a toda la comunidad, han perdido sus pueblos y no tienen retaguardia, y resulta más riesgoso dejar a los débiles en las montañas que traerlos acompañando a los guerreros. Aun así, el que las capturas de no combatientes se produzcan sistemáticamente, indica que la consigna a las patrullas militares no solo es el choque con las partidas en armas, sino la detención de *todos* los yaquis que se crucen en su camino.

El 30 de junio de 1900 se produce una confrontación en el cerro del Buatachive. El ejército persigue una ranchería donde van familias completas; los soldados ascienden la loma en una columna muy angosta cuando les sale al frente un indio solitario al que identifican, porque lo han visto en anteriores combates, como «el de la camisa roja», el cual se quita la cartuchera y cubierto por un peñasco comienza a hacer fuego. No desperdicia cartucho. Recibe los disparos de todo el batallón 12, pero los frena para dar tiempo a que huya la ranchería; media hora los detiene. Se llamaba Dolores Islas, cuando los soldados logran acercarse tiene en su cadáver siete impactos. Capturan a setenta mujeres, ancianos y niños, el resto de la ranchería huye. Se encuentran en el cuerpo de Islas cartas de comerciantes de Guaymas ofreciéndole mercancías y el lugar donde recogerlas.

¿Qué sucede con los detenidos? Poco después, gracias a un telegrama, sabremos que desde Guadalajara, donde estaban recluidos en varios edificios públicos, son enviados a la ciudad de México bajo custodia del batallón 27.

En julio de 1900 Ignacio Mabitai en carta a Lorenzo Torres propone rendirse con trescientos yaquis, pidiendo de nuevo que se vaya el ejército y respondiéndole en concreto a Loreto Villa que no acepta que los envíen a Hermosillo, Guaymas y Ures. No tendrá respuesta.

En aquellos años la Primera Zona Militar, cuyo centro estaba en Tórim, en territorio yaqui, era la que consumía los mayores recursos del Ministerio de la Guerra y la que más operaciones bélicas registraba en todo el país. El gobierno porfirista tiene ocho destacamentos militares en el norte de la región yaqui, doce en el centro, seis en el sur y seis en el sureste; otras nueve secciones volantes recorren la sierra, el valle y los ríos, en total cuatro mil ochocientos federales. En septiembre de 1900 Luis Emeterio Torres le escribe a Bernardo Reyes hablando de las dificultades para mantener las columnas móviles, que hará descender a cinco, y de ciento ochenta a ciento cincuenta hombres cada una. Hacia marzo de 1901 el número de combatientes llega a reducirse a cien por columna.

El ambiente entre la tropa no es bueno, la moral es baja, tropas de leva, llevadas al servicio militar por «faltas leves, vagancias o en determinados casos los padres llevaban a los hijos que les daban muchos problemas, los mezclaban con ladrones y asesinos convictos». Vito Alessio Robles cuenta que descubrió sorprendido que entre las tropas a su mando había muchos panaderos y que el motivo es que, a causa de que trabajaban en las noches, muchos de ellos eran capturados al salir de su labor y forzados a enrolarse. Balbás registra que «cuando un militar recibía órdenes de dejar la región, era felicitado y festejado como si hubiera recibido la mejor recompensa». En una carta al ministro de la Guerra el general Torres hacía una valoración de los jefes del 4º, 11º, 12º, 17º y 20º batallones y resumía diciendo que solo tenía plena confianza en tres oficiales: el coronel García Peña, el coronel García Hernández y el coronel Gándara. Si los mandos eran malos, peor era la disposición de la tropa. Turner recogerá años después el testimonio de un yaqui capturado: «Los oficiales tenían más trabajo cuidando de sus hombres, de sus soldados, para impedir que huyeran y desertaran, que con nosotros».

Vito Alessio Robles contará que un mal no menor era la corrupción de los oficiales que se robaban una tercera parte del dinero destinado a la manutención de los soldados, además de utilizarlos en labores particulares que les producían ganancias, como el corte de leña o la producción de pacas extras de forraje; y concluirá sus reflexiones diciendo que el «valor bélico» de muchos de estos batallones «era nulo.»

Por esos días, en diciembre de 1900, llegó al teatro de guerra a cargo de un batallón un personaje que sería central en la futura historia del país, el coronel Victoriano Huerta. Curiosamente no hay noticias de sus acciones en la minuciosa reconstrucción de los partes militares que realiza Troncoso. Movilizado cuando estaba en el departamento topográfico, era un oscuro coronel, protegido de Bernardo Reyes; se quedará en el Yaqui tan solo tres meses sin tener una participación destacada, luego será enviado a la ciudad de México y de ahí a Guerrero a reprimir un levantamiento.

Torres también se quejaba del elevado número de enfermos y de la falta de caballos para la guardia nacional. «Las enfermedades de la tropa han continuado haciéndose sentir, imposibilitando a muchos individuos», entre ellos a Loreto Villa que está «bastante enfermo.»

El hospital del ejército en Tórim, dirigido por el teniente coronel Tereso F. Luna, tiene además puestos avanzados en Las Guásimas, en Bácum, en Pótam y en el pueblo de Cócorit. «Los combates nunca cesaban, la cantidad de heridos que se atendían constantemente eran muchos (…) El hospital ayudaba a solventar las grandes penalidades de las tropas, que era muy común se lesionaran por las condiciones del terreno, sufrieran hambre por falta de provisiones y del tormento de la sed por falta de agua, de las inclemencias del clima que durante las marchas, en ocasiones llegaba hasta los 45 o 48 grados centígrados, y que caían muy frecuentemente insolados, que trataban de reanimar a base de inhalaciones de amoniaco.»

A lo largo de noviembre y diciembre de nuevo decenas de pequeños choques, las bajas del ejército son mayores que las de los yaquis, parece que se nota la inexperiencia de los coroneles jefes de las nuevas columnas, solo obtiene éxitos la partida de Loreto Villa que captura en ese mes y el siguiente a un centenar de mujeres, viejos y niños. El 6 de diciembre es herido de gravedad en la cadera el coronel Peinado, marchaba al mando de una columna con Loreto Villa en la subida de La Gloria, le atravesaron de un tiro el cuadril izquierdo y el estómago, la lesión es de gravedad. El ejército tiene otros cuatro soldados heridos. Torres lanza una ofensiva sobre ese grupo de unos cien yaquis; los enfrenta de nuevo el día de Navidad. Suma en la persecución a las fuerzas del coronel García Hernández, las cuales siguen chocando con mínimas bajas por parte de los yaquis que se les evaden una y otra vez. Torres dirá que «eran de los más aguerridos» y probablemente se trataba de la partida de Tetabiate.

Luego, durante tres meses, la nada. Un pequeño encuentro el 14 de febrero de 1901 en las inmediaciones del cerro de las Petacas, y el 1 de marzo de 1901 *El Centinela* de Hermosillo da cuenta de que los yaquis quemaron un carro en las inmediaciones de Pótam y han destruido tramos de la línea telegráfica entre Buenavista y La Misa.

En abril *El Progreso de México* da noticia de que en una reciente conversación entre el barón Moncheur y el general Lorenzo Torres en Tórim, este le ofreció terrenos gratis para una colonia belga y «privilegios de toda especie». Moncheur glosa: «terrenos de aluvión y de una fertilidad extrema» que producirían trigo, garbanzo y algodón; registra las virtudes del ferrocarril de Sonora que llega a Guaymas y la posibilidad de exportar a Estados Unidos. Habla de la experiencia hacía algunos años de una compañía estadounidense que recibió ciento veinte mil hectáreas en las cercanías de Cócorit y que gastó seiscientos mil pesos en un canal de irrigación creando trescientos lotes, pero la guerra la puso al borde de la quiebra. Por último se muestra fascinado por la hermosa hacienda de tres mil hectáreas de Lorenzo Torres.

Los barones sonorenses están muy ocupados en las relaciones públicas, tratando de captar colonos para repoblar el Yaqui. El 5 de mayo José Olivares del *San Francisco Call* entrevista en Hermosillo al general Luis E. Torres «en su bella casa en las afueras de Hermosillo». El retrato que hace de los yaquis está plagado de los lugares comunes que la oligarquía ha usado en estos últimos años y retrata a su vez al personaje: «Por quince años he estado en la tarea de civilizar a los yaquis (...) Tienen una gran antipatía por la civilización en cualquier forma». No fructifican «los esfuerzos hechos por el gobierno mexicano para que los yaquis cultiven sus ricas tierras (...) No luchan por las tierras. No les importa la tierra por lo que puedan producir. Combaten el avance de la civilización (...) Cambian la semilla de maíz o de trigo que les he dado por mezcal (...) No hay más de trescientos yaquis en armas desperdigados en bandas. Se suman a la civilización a ratos, ganan algo, compran municiones, suben a las montañas (...) El yaqui es naturalmente de una disposición incendiaria». En la entrevista anuncia una nueva concesión a una empresa estadounidense para la construcción de canales de riego.

El mismo periodista cuenta su viaje por el territorio: sale de Guaymas en diligencia, a lo largo de la ruta ve yaquis colgados de los árboles como una advertencia a los alzados. «El río Yaqui es una bella corriente cristalina de considerable volumen que serpentea por un valle de sorprendente fertilidad.» Termina en Tórim, donde se encuentra el cuartel general de Lorenzo Torres.

Y repentinamente ya no son pequeñas bandas que atacan desde la sierra, sino un alzamiento que se produce en las haciendas. El 28 de mayo de 1901 los indios yaquis de El Carmen y La Esmeralda se rebelan matando al mayordomo, al rayador y apoderándose de armas; se dirigen a las haciendas La Labor, Tierras Nuevas y Codórachi tomando armas y comida para finalmente concentrarse en La Esmeralda donde hay agua en abundancia. El movimiento incluye a seiscientos indios, hombres, mujeres y niños. El gobernador Rafael Izábal (lo es desde agosto del año anterior como interino) moviliza policía y fuerzas estatales de Hermosillo y convoca a voluntarios en la capital; la ciudad está en alerta. Los yaquis marchan rumbo a El Carrizo y tratan de ascender a la sierra por Topahui y San Mateo. Se mueven milicias desde Ures; Izábal, que va al mando, choca con los yaquis en El Tanque, donde los alzados dejan diez muertos y se repliegan. El 30 de mayo, ante la desaparición de los yaquis, Izábal regresa a Hermosillo.

A pesar de las declaraciones, la represión y el permanente movimiento de tropas, la situación se encuentra temporalmente estancada y será un golpe de suerte para los militares que les dará un cierto alivio. Tetabiate se ha estado moviendo en la sierra y en los primeros días de julio, cuando transporta a un grupo de mujeres y niños hacia un escondite cercano al Mazokoba, es descubierto por una patrulla al mando del renegado Loreto Villa. El 10, en un cañón de la sierra del Mazokoba, el ejército encuentra a ocho indígenas que conducen a un herido, es Tetabiate. Sus compañeros lo colocan detrás de una peña y corren a parapetarse para hacer resistencia; el herido, que tiene la rodilla izquierda destrozada por un disparo de Mauser, dispara dos cargas de Winchester antes de que un sargento le dé un tiro en el pecho y otro en la mandíbula. Loreto captura también a cinco mujeres y diez niños; por esta acción recibirá la cruz de segunda clase al mérito militar.

Una segunda versión poco fiable, surgida de las «Crónicas de la Santa Misión del Río Yaqui», dirá que la tropa la mandaba el coronel Peinado (imposible porque en esos momentos se reponía de su herida) y que «Tetabiate se dirige a José Loreto Villa, a quien le da una reprimenda [sermón] en lengua yaqui logrando inmediatamente que la fuerza de la palabra tenga efecto en él. Loreto, titubeante, no sabe qué hacer. Al ver esa escena, y comprobando la fuerza de la palabra del yaqui malherido, el coronel Francisco Peinado saca su pistola, la pone en la mano de Loreto Villa y le ordena matar al caudillo. Loreto lo hace por obediencia militar, pero después se arrodilló ante su cuerpo».

Ante la tropa formada en una de las entradas a la sierra del Bacatete, a escasos metros del promontorio donde se elevan los vestigios del antiguo cuartel, con la inmensidad y la soledad del paisaje como marco, en la falda de la loma y bajo un montón de piedras, será enterrado Juan Maldonado Waswechia, que fue conocido en vida como Tetabiate.

A varios años de distancia un coronel de apellido Navarro, que asistió al entierro de Tetabiate, volvió al Bacatete, sacó y robó el cráneo del caudillo; en el campamento mandó redactar un acta en la que detalló la extracción. Después, en repetidas ocasiones, algunas mujeres yaquis intentaron robar la calavera de Tetabiate haciéndose pasar como vendedoras: les fue imposible. Años después, al preguntarle a Navarro, ya convertido en general de brigada, sobre el paradero de los restos, informó que los había obsequiado junto con el acta a un médico que residía en la ciudad de Querétaro.

Torres piensa que se encuentra ante el final de la insurrección y desde el 19 de junio envía toda su fuerza, once columnas del ejército, sobre la sierra, pero no hay muchos encuentros y termina decretando finalizada la campaña. Han montado en esos momentos, según el coronel Hernández, 34 puestos permanentes en la región, con guarniciones de cincuenta a veinticinco soldados.

Pero la resistencia se mantiene; milagrosamente se mantiene.

«Y así anduvimos de un lugar para otro, escondiéndonos en las faldas de los cerros para no ser vistos por los enemigos; durábamos dos días sin comer ni tomar agua, y sin hablar para que no nos descubrieran. En muchos casos, cuando las señoras llevaban niños chiquitos, los ahogaban en el pecho para que con el llanto no nos descubrieran y nos mataran a todos.»

La resistencia y el levantamiento inexistente
(1901-abril de 1902)

1901. Tetabiate ha muerto, el último fantasma parece haber sido conjurado. Sonora cuenta con más de doscientos veinte mil habitantes, quince por ciento de ellos yaquis y mayos. Los periódicos en Hermosillo y Guaymas hablan de las virtudes de la Emulsión de Scott para combatir «los venenos que vician la sangre», se dan banquetes con cincuenta cubiertos en la Cámara de Comercio, está de moda la Mercería Francesa y sus importaciones, es grande el éxito de la «Cerveza de Sonora, la verdaderamente mejor de América» y puede leerse la oferta de Toribio Rodríguez de bolear zapatos a domicilio. Hermosillo es una ciudad carísima, las cosas valen ciento cincuenta a doscientos por ciento más que en otras partes de la República por los costos de transporte.

El Banco de Sonora, del que es accionista muy importante Ramón Corral, habla de los magníficos resultados obtenidos. Pero Corral, en esos momentos en el gobierno del Distrito Federal, no solo es gran accionista bancario, desde hace cuatro años tiene un contrato para que su molino, El Hermosillense, ofrezca servicios eléctricos a la capital, es también dueño de la Cervecería de Sonora, que tenía ganancias anuales de medio millón de pesos y 78 empleados, del ferrocarril de Minas Prietas y la explotadora de maderas de Guaymas.

La paz es propicia para los negocios, sobre todo para los turbios: el general Lorenzo Torres se apropia de quince mil hectáreas en Huírivis y se las vende a E. Salisbury, quien se las revende a su vez a inversionistas californianos. También en Ráhum se había apropiado de una gran parcela convirtiéndola en su hacienda de Guamúchil; sumadas sus propiedades alcanzaban las cuatrocientas mil hectáreas.

La fragmentación de la propiedad comunal continúa expulsando a los yaquis de la cuenca del río. En Bácum ya solo hay 78 familias yaquis y 254 de colonos «blancos»; en Cócorit, 454 blancos y 322 indios; en Tórim, 284 yaquis y 510 blancos, y en Vícam solo quedan 313 yaquis. Carlos Conant poseía cincuenta mil hectáreas, 14 520 en el valle de Agua Caliente, F. McDonald 4 741, Luis Wolf mil que luego añadió a otras cuatro mil en el Bacatete, J. Bojórquez quinientas y J. G. Gaitán 1 802.

¿Hay alguna duda moral, alguna culpa? Para nada, esto es el progreso y ellos como sus capitanes se lo han ganado.

El 31 de agosto de 1901 Bernardo Reyes, secretario de Guerra, enviaba un comunicado a los jefes militares del norte declarando concluida la campaña de Sonora contra los indios yaquis. No le inquietan las pequeñas acciones que se alejan de la sierra del Bacatete hasta San Marcial, a cuarenta y cinco kilómetros al norte de las montañas y Ures.

Ha terminado la campaña.

El gobierno sonorense, cuya política de desmembrar absolutamente a los yaquis está en ascenso, emite una circular estableciendo la futura realización de un censo en los distritos y municipios donde aún quedan, para controlarlos, darles papel de trabajo, «salvoconductos a los mayores de quince años», fijarlos a la estructura hacendaria o a la servidumbre urbana. Sería el único censo existente. «No se permitirán rancherías de indios yaquis sino en los lugares designados por la autoridad.» Y donde se permitieran estas «rancherías deberían ser: pequeña, libre de obstáculos y de una extensión tal que pueda ser rodeada fácilmente por la tropa». Indio que no justifique su procedencia, será «remitido como sospechoso a la autoridad». Un año después nuevos instructivos permiten la detención de aquellos que no tenían papeles, de cualquiera que les pareciera sospechoso. Una buena parte de los detenidos son llevados a trabajar como forzados a Hermosillo.

Pero la rebelión yaqui parece ser interminable, ¿de dónde sale esta terrible energía? Hay nuevas partidas actuando. ¿Es cierta la aseveración del general unionista William Tecumseh Sherman de que los yaquis son los espartanos de América?

Según el periódico *El Centinela*, en septiembre de 1901 aparecen pequeñas guerrillas de sublevados en el valle de Guaymas. El mayor Miguel Rivera reporta al general García Hernández, jefe interino de la Primera Zona Militar: «Parece que estos indios vienen de los minerales, traen ropa nueva, está bien equipados y tienen bastante pinole y provisiones». Habla de dos partidas, una de unos cuarenta y otra de cincuenta hombres; las guerrillas traen con ellos «bastante familia». Se inicia la cacería que prosigue a lo largo de octubre, lo más que logran es dispersarlos y capturar «maletas» con comida o ropa. El coronel Peinado está de nuevo en acción. Los indios suelen atacar haciendas en el valle de Guaymas; al chocar con fuerzas del ejército se dispersan en pequeños grupos. Atacan sembradíos y roban ganado. Las acciones, muy pocas, prosiguen en noviembre. En diciembre García Hernández entrega el mando de la zona militar a Lorenzo Torres.

Según algunas fuentes informativas, los organizadores yaquis son el *temastián* Tascaichola, se dice que el general de los sublevados se llama Mayocanti («el que rodea la orilla») o Juan María Sibalaume, o Bacasiari, y suenan los nombres como capitanes de Lázaro Bule en el Bacatete, José Cuamea en Torocobampo y José Wicha en Bachomobampo. La mayoría son nombres que se desvanecen en las informaciones militares o periodísticas, se disuelven en la persecución, la muerte o el destierro, pero persistirán a lo largo de los siguientes años las resistencias al borde de lo imposible de Sibalaume y el apellido Bule.

Un informante yaqui diría años más tarde: «Los señores profesores de las escuelas que dicen que nosotros nomás vagábamos, que no teníamos casa, que nomás hemos vivido en cuevas de los cerros, así, dizque al haberse apoderado de este territorio, dicen que no queremos salir de ahí, de lo que ahora es conocido como el río Yaqui».

Al iniciarse 1902 se levanta una nueva partida de veinticinco yaquis y en el camino de Tórim a Pótam atacan una conducta que llevaba indios presos y rescatan a una mujer y dos hombres, toman mercancías y queman las que no se pueden llevar. Se les unen otros pequeños grupos, el ejército los encuentra en Samahuaca el 11 de febrero y en el parte militar anuncia que «los dispersan». *El Tiempo* de la ciudad de México daba una versión distante a la de los militares: se trataba de «un asesinato, cometido por los sirvientes de una hacienda, exasperados por los duros tratamientos de que eran objeto; temerosos del castigo, huyeron a los montes, con el fin de sustraerse a la acción de la justicia; pero la noticia llegó a Hermosillo abultada e hizo creer al general Torres que se trataba de una nueva sublevación, y en consecuencia empezó a dictar órdenes terribles.

»Todo yaqui que se encuentre en el campo, aun cuando vaya desarmado, es irremediablemente fusilado; hay órdenes de no dar cuartel a ningún individuo de esa raza, sea del sexo que fuere, pero más especialmente si se trata del sexo masculino. Estas medidas aplicadas con todo rigor en estos días han acabado por exasperar a los yaquis o por atemorizarlos, y, por una u otra causa, han huido muchos a los bosques, y están resueltos a vender caras sus vidas.

»En el combate en que el destacamento federal tuvo que batirse en retirada, los indios procuraron hacerse de armas, pues no es cierto que las posean en abundancia, y, en efecto, consiguieron hacerse de algunos fusiles Mauser que sabrán aprovechar, por desgracia.» El doctor Manuel Balbás lo confirma: «A los varones adultos se les fusilaba». Y Emanuel Meraz añadirá al paso del tiempo: «No existen procesos contra los yaquis capturados durante las redadas de principio de siglo. Yaqui capturado era deportado o asesinado, y de eso hay constancia en las notas de prensa de la época y los testimonios yaquis que perduran».

Vito Alessio Robles cuenta: «Uno de los tormentos usados consistía en sujetar a un indefenso yaqui por dos nudos corredizos, uno que abrazaba los dos tobillos y otro las dos muñecas, y tirar de ellos en direcciones opuestas "a cabeza de silla". Un bárbaro teniente coronel, indigno de portar las insignias de oficial de un ejército civilizado, violando todos los principios de humanidad, ordenó a unos prisioneros cavar unas profundas fosas, de manera que en cada una de ellas cupiera un hombre, sobresaliendo solo la cabeza, y en ellas mandó enterrar a los yaquis atados de pies y manos, para que las aves de presa les sacaran en vida los ojos.»

A partir del 11 de abril el gobernador Izábal anuncia que toma el mando personalmente de las batidas en el centro y norte del estado. Loreto Villa, el ultimador de Tetabiate, recibe su ascenso a mayor del ejército. El coronel Emilio Kosterlitzky es puesto a cargo de los rurales sonorenses, una policía militarizada. Nacido en Moscú hacía poco más de cincuenta años, de madre alemana y padre cosaco, fue guardamarina en la marina rusa y desertó en Venezuela, atraído quizá por los calores del trópico; llegó a México y participó en las guerras contra los apaches tanto del lado mexicano como del estadounidense. Era muy conocido porque hablaba al menos inglés, francés, español, alemán, ruso, italiano, polaco, danés y sueco.

A fines de mayo corren los rumores sobre una nueva sublevación masiva de los yaquis, incluso se dice que ahora los acaudilla Luis Bule. El *New York Times* se hace eco de la noticia y reporta: «los yaquis han vuelto al sendero de la guerra»; se dice que hubo choques y saqueos en la hacienda del Carmen y la Maytorena cerca de Guaymas. Sin embargo *El Tiempo*, diario de la ciudad de México, señala: «Dícese que no ha habido en realidad tal sublevación, sino que lo que se alegó como principio de ella fue un hecho aislado», y *El Centinela* de Hermosillo comenta la misma historia: «¿El ya gastado tema de si la campaña del Yaqui concluyó o no concluyó?», y define que son enfrentamientos muy menores. «Los yaquis rebeldes no tienen ya un palmo de terreno donde pudieran sacar el sustento, tampoco reciben auxilios exteriores. El ejército terminó su misión. Ya no hay enemigo a quien combatir.»

Lo que hay detrás de esta oleada de rumores y declaraciones no es un incremento notable en la actividad de las guerrillas, es que la decisión de la deportación masiva ha sido tomada, y junto con ella la conversión de las haciendas y los pueblos del Valle en campos de concentración. El 19 de abril de 1902 el general Torres le propone a Porfirio Díaz un plan de deportación generalizada de los yaquis hacia «una zona» del país y el 29 de mayo las tropas federales en Sonora son declaradas en campaña por disposición del ministro de la Guerra y el presidente de la República. Se argumenta que los indios «se han sublevado sin motivo alguno». Manuel Balbás lo confirma: «Convencido el gobierno de que mientras existieran yaquis en Sonora no habría una paz sólida y definitiva se resolvió a la expatriación en masas de esa tribu».

En este ambiente de linchamiento y represión indiscriminada, el 31 de mayo el coronel Elenes con una columna de 79 hombres son emboscados por una partida yaqui en un lugar llamado el bosque de Zamorato, entre Mazatán y Aguajito, y se llega al combate cuerpo a cuerpo; muere un capitán del ejército de apellido Gómez y dos tenientes, los restos de la columna tienen que replegarse bajo fuego. Tres días más tarde llegan a Hermosillo treinta soldados heridos y traen noticias de la pequeña debacle. Las versiones son enormemente exageradas para cubrir el fracaso: se habla de quinientos guerreros indios que tuvieron cincuenta bajas y de que treinta soldados murieron. Y lo más grave para el ejército, los yaquis capturaron treinta Mauser.

Torres ordena la retirada y espera refuerzos de dos escuadrones con doscientos hombres de caballería que manda Lorenzo Torres. Izábal ordena la compra de fusiles en Nogales y comienza a reclutarse la milicia en Hermosillo; se abandonan tres estaciones del ferrocarril de Sonora.

Se dice que en todos lados los yaquis se han alzado, Rafael Izábal habla de una «sublevación de carácter general». Se calienta el ambiente con rumores de «crueldades de los yaquis con los cuerpos de los caídos de Aguajito» que se quedaron sobre el terreno. El mayor Balbás refiere el asesinato de un miembro del cuerpo médico militar, el mayor Jacobo Cerda, que al caer prisionero herido fue sometido a «torturas salvajes» tales como despellejar sus pies, y rematado.

En los siguientes días llegan en tren a Hermosillo treinta yaquis detenidos en otra zona y que no eran combatientes, serán fusilados en los siguientes días. Se reportan desapariciones de peones yaquis en las haciendas, en particular en la zona de Carbó: Noria Verde, Rancho Martínez.

Los rumores dicen que los yaquis que emboscaron a Elenes se mueven hacia la sierra.

La matanza de Mazatán
(1902)

Un testimonio yaqui que habla de su tribu en tercera persona cuenta: «Los *yoremes* se iban a la sierra Bacatete. Ahí hay agua y se escondían para pelear. No sembraban y al anochecer se bajaban a cortar elotes y calabazas, lo que hubiera. Comían raíces, mataban reses. Cada día bajaban de diez a quince *yoremes* para buscar comida. Se iban familias enteras a la sierra. Cuando los hombres salían a pelear, los soldados de Porfirio Díaz caían a las familias matando a los niños y bebés. Los cargaban de los pies y los sorrajaban contra las rocas. A las mujeres se las llevaban. Si se quedaban en sus casas las mataban. Los *yoremes* salían de ellas y las cerraban como si fueran a volver al rato, a veces no volvían. Al ganado y a las gallinas los soltaban. Las siembras las abandonaban».

El 24 de mayo, una semana antes de la emboscada a la patrulla del coronel Elenes, el dueño de una hacienda cercana a Hermosillo informaba que una partida de treinta yaquis los habían atacado obligándolos a entregar una escopeta y un rifle calibre 32; era la reacción a la persecución indiscriminada y al abuso que se estaba produciendo. Luego siguieron otros pequeños alzamientos en otras haciendas del centro de Sonora entre San Miguel de Horcasitas y Ures. En una de ellas los alzados habían matado a un mayordomo y al rayador y recogido comida y ganado, se sumaron en el camino trabajadores de varias haciendas; no sería un grupo mayor a los cuatrocientos que incluía a muchísimas mujeres y niños.

El gobernador Izábal magnificó el asunto calificándolo como una «sublevación de carácter general». Y aunque el general Torres declaró que «no hay acciones militares más que en la mente calenturienta de los corresponsales, no más que la persecución por los rurales de una banda que había matado a un encargado de un rancho», puso en su persecución a unos novecientos soldados de los batallones 4, 11, 12 y 19, al mando del general Agustín García Hernández. Es entonces que se produce en la otra vertiente de la sierra la emboscada al coronel Elenes: dos columnas del ejército operan a muchos kilómetros de distancia una de otra.

Los rebeldes de las haciendas, que difícilmente se podrían calificar como una partida de guerra, acampan en la sierra de Mazatán, en camino al Bacatete. En el cañón de Ubalama, en las cercanías de un aguaje, ponen centinelas en el acceso a la cañada. Allí los descubren las tropas de García Hernández el domingo 8 de junio de 1902.

El ejército organizó una maniobra de distracción cuando peones de una hacienda, utilizando ramas que arrastraban a caballo, levantaron una polvareda y atacaron en tres columnas abriendo fuego al atardecer. Unos cuantos combatientes intentaron defenderse para proteger la retirada de las mujeres y los niños pero fue inútil, durante dos horas los soldados dispararon contra la multitud amontonada en un cajón que hacían las montañas, luego remataron a los heridos a culatazos y tiros; se vengaban de la derrota del 31 de mayo.

Los yaquis pierden 78 muertos, según la información oficial; en el parte de Luis Torres, habla de cincuenta «indios gandules muertos» y de trece mujeres y ocho niños también muertos y cerca de 234 prisioneros, pero solo se recogen «doce armas de fuego incluyendo un Mauser», solo eso. O sea que con once armas de fuego y un solo fusil los yaquis habían enfrentado durante dos horas a novecientos soldados. «Las pérdidas por nuestra parte son insignificantes.»

La realidad era que lo sucedido en el cañón de Ubalama fue una matanza de no combatientes desarmados, una masacre. Había tras el combate ciento veinticuatro muertos, entre ellos veintiséis mujeres y veinte niños, y 234 capturados. Para hacer la clasificación el ejército usó el criterio de que si alguien tenía más de diez años era un guerrero. Entre los hombres capturados la mayoría eran ancianos.

Un despacho militar originado en Hermosillo dice que el general Torres llegó a la zona después con una fuerte escolta (estaba en Minas Prietas); García Hernández luego del combate lo felicitó «por el triunfo de este hecho de armas».

El 9 de junio los prisioneros fueron llevados a un corral en Rancho Viejo, cerca de Mazatán y en el camino hacia Hermosillo. Se contaba en la zona que los hombres fueron fusilados en las cercanías de Rancho Viejo sin ningún tipo de juicio. En la siguiente semana se persiguió a los supervivientes hacia el Bacatete.

En la ciudad de México el diario *El Pueblo* comentaba: «Se dice y lo propalan los periódicos de Arizona, que en el cañón de Santa Rosa no hubo combate, sino una carnicería horrorosa; se trataba de internar en el monte una partida numerosa de mujeres y niños yaquis, escoltada por ocho hombres únicamente; tuvieron las tropas federales aviso de ello y el general Torres destacó seiscientos hombres que rodearon la posición y al amanecer atacaron furiosamente a los yaquis, que no se defendieron, pues no había quienes supieran manejar armas, ni tenían estas; los ocho hombres y cerca de doscientas mujeres y niños quedaron muertos en el campo, y los sobrevivientes fueron conducidos a Hermosillo, cuya sociedad en masa elevó una muda pero significativa protesta contra la conducta del general Torres, esmerándose en curar, atender y alimentar ampliamente a los infelices e inofensivos prisioneros, entre los que había bastantes heridos».

El 12 de junio el *San Francisco Call* registra la matanza en lo que llama «la batalla de Santa Rosa» (que era el punto donde estaba destacado el ejército mexicano), habla de una «carnicería» y denuncia que se «masacraron niños y mujeres». El artículo rebate las justificaciones del general Hernández de que era imposible separar a las mujeres y los niños de los combatientes a la hora de disparar.

Poco después llegarán a Hermosillo doscientos prisioneros, mujeres y niños sobre todo, que fueron alojados en una casa particular; las damas hermosillenses, al ver la terrible situación de las detenidas, colectaron ropa y alimentos. Estaban custodiadas por un piquete del 4° batallón. Un oficial dijo: «Si esta mujer hace lo de siempre hay que darle cincuenta palos». La mujer traía un niño en los brazos. Al ser cuestionado el militar informó que había tratado de matar al niño estrellándolo contra las rocas cuando dormían en Santa Margarita; como se lo impidieron se negó a alimentarlo. La prensa recoge la información y culmina con la lapidaria frase: «esta larga lucha de la civilización contra la barbarie».

Lo peor del horror, como decía Andréiev, es que no hay horror: cuando se vuelve común, cotidiano, habitual, se banaliza, se diluye.

La población de Hermosillo está dividida, los hay que apoyan la matanza como una venganza ante lo que pasó en Aguajito, y los que desaprueban los métodos. El diario local, *El Centinela*, salió al paso de los rumores: «Murieron algunas mujeres y niños, pero todas estas víctimas cayeron en medio de encarnizada batalla y no sacrificadas a sangre fría».

Un mes más tarde, entre el 12 y el 17 de julio, una expedición de antropólogos patrocinada por la Expedición Hyde para el Museo Estadounidense de Antropología, dirigida por Aleš Hrdlička, el antropólogo checo formado en Bohemia y más tarde en Nueva York, se encuentra en la zona. Hrdlička, el autor de la teoría del poblamiento mesoamericano desde Alaska, se encuentra en su cuarta expedición para estudiar las tribus del oeste de Norteamérica, viaja con una carta-permiso expedida directamente por Porfirio Díaz que le permite todo tipo de estudios antropológicos en territorio nacional, pero no hacer trabajos arqueológicos.

Hrdlička recorre la zona y recoge restos de un yaqui linchado sin juicio en las cercanías de Tórim, más tarde en Mazatán la expedición recoge y estudia restos de los asesinados: se trata de doce cráneos entre los que se encontraban los de una pequeña niña y un bebé. Pudieron constatar que los soldados mataron a culatazos en la cabeza a los indios para ahorrar municiones. Algunos cráneos tenían el tiro de gracia y otros mostraban algo que podría identificarse como un golpe de culata; marcas en los cadáveres indicaban que los soldados habían cortado orejas como trofeos.

La expedición no comentó públicamente estos hallazgos en su momento y los cuerpos fueron a dar al American Museum of Natural History. Hrdlička regresó a Nueva York en diciembre. En sus comentarios a la prensa señaló que los «yaquis le produjeron una profunda admiración» y habló de su «maravilloso desarrollo físico»; constató que para su sorpresa hablaban español y vestían como los campesinos mexicanos. El *New York Times* dedicó una página entera al conflicto yaqui, repleta de lugares comunes y paralelismos entre las guerras indias del siglo anterior en Estados Unidos y esta, y aprovechó para registrar el testimonio del botánico McDougal que recolectaba cactus en la región y al que las autoridades advirtieron que de nada le servía ser estadounidense porque «primero matan y luego preguntan».

El 15 de diciembre una parte de los detenidos que habían estado en el hospital de Hermosillo fueron devueltos a los patrones de las haciendas en condición de esclavos. Se trataba de 54 personas: veintitrés mujeres, diez hombres, cuatro niñas y diecisiete niños.

Los otros 234 sobrevivientes presos de la matanza de Mazatán se desvanecieron. Hoy diríamos que los «desaparecieron».

El renegado, el explorador gringo
y el gobernador asesino

En julio de 1902 un editorial de *El Centinela* de Hermosillo decía: «De nada han valido tanta blandura, tanta protección, tanto sacrificio para hacerlos entrar a la familia nacional de la que han desertado (...) Es pues un deber inexorable someter por la fuerza...»

¿Pero a quién había que someter? El gobierno de Sonora reportaba que la persecución de los pequeños grupos de alzados yaquis en la sierra durante los últimos días de junio se dificultaba porque muchos de los aguajes estaban secos, y en julio se licenciaron las compañías de la guardia nacional en Hermosillo por haber terminado la campaña. Estaban actuando en esos momentos en el Yaqui tan solo tres batallones, el 4°, el 12° y el 20°, con una fuerza nominal de cuatro mil soldados cada uno, pero en el hospital de Tórim hay cuatrocientos cincuenta soldados mexicanos heridos y enfermos, y un centenar fueron enviados al hospital de Guaymas. Aun así, la guerra del Yaqui ocupaba a una parte muy importante del ejército porfiriano. Según Mario Ramírez Rancaño, entre 9.6 y doce por ciento del ejército federal entre 1901 y 1908 estaba establecido en Sonora.

Corría el rumor de que la partida dirigida por Luis Bule había pedido la rendición, y aunque el 23 de junio se descubrió en Cananea un vagón de tren que venía de San Francisco con ocho mil rifles y 45 mil cartuchos escondidos bajo el carbón que se dijo iban dirigidos a los yaquis, era obvio que no era ese su destino. ¿Con qué fondos iban a pagar ocho mil rifles? ¿Dónde estaban los ocho mil guerreros que armar con ellos?

Lo que está claro es que las detenciones y las deportaciones continúan; la política del desarraigo de los yaquis se mantiene con la misma intensidad. En los archivos históricos regionales se conserva un documento que lleva por título «Indios detenidos en las estaciones del ferrocarril de Sonora». No fueron detenidos en combate, ni siquiera en las zonas de combate. Tras cada nombre enlistado, en este caso ciento uno, aparece un indicativo: dieciocho de ellos serán enviados a Yucatán, ¿juzgados por quién? A unos pocos se les dará pasaporte para que puedan seguir trabajando en las haciendas, del resto solo sabemos que se escribe al lado de su apellido «Se queda». En unos pocos casos hay confesiones de que han combatido (dos o tres), en otros dos se registra quién los denuncia. ¿Cómo se han obtenido esas confesiones, cómo esas denuncias?

Raquel Padilla rescata que el 20 de junio de 1902, en las listas de nacimientos y defunciones de la Dirección General del Registro Civil, con el número 1096 se anota la muerte de la mujer yaqui Lorenza Yoquigua, de cincuenta años de edad. La señora Yoquigua murió, según quedó registrado, por causa de la «nostalgia» que padecía. En los listados de mortandad del estado de Yucatán existen casos similares.

Amado Nervo cuenta: «Un rico terrateniente amigo mío, recibió más de cien indios de ambos sexos. Separó entre ellos cuatro niñas huérfanas y se las envió a su esposa, quien hubo de domesticar a fuerza de suavidad sus fierezas. Al principio, las yaquitas se pasaban las horas acurrucadas en los rincones. Una quería tirarse a la calle desde el balcón. Negábanse a aprender el castellano, y sostenían interminables y misteriosos diálogos en su intraducible idioma, o callaban horas enteras, inmóviles como las hoscas piedras de su tierra».

Mientras subterráneamente se mantiene la criminal persecución de los yaquis y su deportación, el 24 de julio de 1902 el *San Francisco Call* registra el asesinato de treinta de ellos, fusilados.

Rafael Izábal, como gobernador provisional (y a partir de 1903 como gobernador electo), será el gran protagonista de esta política junto con los generales Luis y Lorenzo Torres. Conoce el territorio, ha sido previamente diputado local siete veces. Le gustaba decir que la opinión pública era un asno al que no hay que hacerle caso si no se quiere que a uno se lo lleve la fregada. Almada lo caracterizará de la siguiente manera: «Gustaba de participar en aventuras arriesgadas o farolescas para no parecer menos que el planeta Torres a quien servía de satélite». Cosío Villegas narrará que en 1902 se acusó que en una ocasión el gobernador salió al encuentro de los yaquis y no los encontró; para no hacer un viaje inútil mató a mujeres y niños y se preparó un recibimiento triunfal en Hermosillo.

El Centinela contará la legendaria manera en que el gobernador logró pacificar en 1903 a los Valenzuela, padre e hijo, del que decían era uno de los cabecillas del Yaqui, terminando por nombrar a Felipe juez de yaquis en Hermosillo. Más allá de la retórica de «confío en ti, tú eres un hombre bueno», supuestamente el hecho se da en los momentos de mayor represión a la tribu. La historia huele a rancio y fabricación por todos lados.

Hacia fines de 1902 la lucha se reactivó en el Valle; de hacer caso a los informes se trataba de un nuevo grupo, diferente a los que estaban en la guerrilla del Bacatete. Tenían su base en Ontejuota (un lugar que solo aparece en la media docena de artículos que la prensa estadounidense le dedicará al asunto) y allí actuaban el Renegado Dwyer (que reaparecía mágicamente en esta historia) y Gutmasoleo.

El 28 de noviembre Luis E. Torres, a petición de Lorenzo Torres, mandó hacia Bácum a su jefe de exploradores, California Dan Ryan, un vaquero de Arizona que le había recomendado el general estadounidense Egan y que cobraba un sueldo de ciento veinte dólares al mes como guía. Acompañado por George W. Wilson y una patrulla al mando del capitán Yslas tomaron el rumbo, pero nunca llegaron: fueron capturados por un grupo de yaquis que los tiraron de sus caballos y los macanearon hasta dejarlos inconscientes. Según el testimonio de Wilson fueron llevados ante un consejo de guerra en Ontejuota, donde se encontraban el Renegado, Gutmasoleo, Maldonado, Cupo y Fierro Tenabanto. Con el voto dividido de los participantes, California Dan fue condenado a muerte y a Wilson le perdonaron la vida para que contara lo sucedido y con el compromiso de abandonar México.

Wilson narraría que al condenado se le dio una «espléndida comida» y luego le cortaron los pies por encima de los tobillos y lo colgaron de un árbol, desde donde podía ser visto por las avanzadas de los soldados federales acampados en Cócorit.

El 16 de diciembre de 1902 el 20º batallón atacó a los yaquis cerca de un punto en las montañas llamado Agua Caliente, y en un encuentro con las tropas de Lorenzo Torres una docena de días después, cerca de Chumampaco, en las cercanías de Vícam muere Adriasola Cupo, el compañero de John Dwyer, el Renegado. El 26 de diciembre se dijo que John Dwyer había sido ahorcado en Bácum. Poco después se afirmó que los yaquis informaban que la noticia de que Dwyer había muerto era falsa y que ellos habían corrido el rumor, y como si esto fuera poco, luego se dieron nuevas de que tan solo se había roto la espalda. Los partes militares sin embargo no daban mayor importancia a estos enfrentamientos y el coronel Peinado reportaba que no habría más de doscientos alzados en las montañas.

Como siempre que actuaba este núcleo fantasma de antiguos teresistas, el manejo informativo en la prensa estadounidense, con la que sin duda tenían contactos o acceso, se desbocaba. Se hablaba de combates en la Mesa donde un grupo de yaquis a caballo, «la caballería yaqui», con cuatrocientos hombres y dirigida por Fierro Tenabanto (otro de los firmantes del manifiesto) había enfrentado a ochocientos soldados. Según las crónicas el combate duró diez horas. La noticia era absurda, solo en los mejores momentos del alzamiento de Cajeme los yaquis habían podido tener un cuerpo de caballería de cuatrocientos hombres y de ello hacía más de veinticinco años. El 14 de enero el *San Francisco Call* hablaba de ataques yaquis a patrullas que cubrían la ruta de Tórim a Pótam, causando muchos heridos.

En una versión que los propios periódicos calificaban como digna de las novelas fronterizas de vaqueros de «Gustave Aimard o un capítulo de *El jinete sin cabeza* de Mayne Reid» se contaba cómo Dwyer, acompañado de una adolescente de trece años llamada Dietta James, había organizado un centro de alistamientos para participar en la guerra del Yaqui en las afueras de Naco, Arizona, donde para encontrar reclutas levantó varias tiendas de campaña que ofrecían cama y comida por cincuenta centavos de dólar, muy por debajo de lo que se cobraba normalmente. Poco después se encontraba en Guaymas con algunos de ellos y allí la policía porfirista asaltó una casa donde hallaron banderas que tenían la inscripción «Muerte a Porfirio Díaz». Aparentemente Dwyer se movía con absoluta tranquilidad entre el Gran Hotel de Hermosillo y el Gran Central de Guaymas, donde fue capturada Dietta. Allí Kosterlitzky, que supuestamente estaba a cargo de la persecución con sus rurales, interceptó una carta del Renegado que lo situaba en Magdalena rumbo a Arizona.

El 9 de febrero de 1903 el *San Francisco Call* titula «Yaquis hostiles de México están activos» y califica la situación de Sonora como «alarmante». A partir de esta afirmación se vuelca en una información repleta de exageraciones: que el sentido de la lucha yaqui es buscar la independencia de México con el apoyo de Estados Unidos, que Dwyer tiene treinta mil dólares de bonos vendidos en la frontera y pronto tendrá ciento cincuenta mil más, con los cuales puede armar a trescientos cincuenta voluntarios estadounidenses; que los yaquis cuentan con seis mil guerreros, de ellos tres mil quinientos a caballo. Los seis mil yaquis en informaciones del *Kentucky New Era* tres días más tarde se vuelven seis mil voluntarios estadounidenses y seis mil yaquis armados cada uno con un fusil y una pistola, los treinta mil dólares se convierten en cincuenta mil y finalmente se dice que los yaquis han adoptado la bandera de Estados Unidos con una inscripción en su lengua, lo que crea problemas a los hacendados y mineros estadounidenses de la región.

Más allá de las obvias exageraciones, el grupo del Renegado, en el que había estadounidenses, atacó el 24 de enero de 1903 el pueblo minero de San Marcial, cerca de Guaymas, causando bajas entre los defensores, algunos de ellos también estadounidenses y poco después chocó con un batallón del ejército mexicano al que la prensa identificaba como el 12°. Las confusas informaciones de la prensa extranjera hablaban de que dos diferentes partidas habían actuado, que los soldados mexicanos fueron emboscados cuando perseguían a los atacantes de San Marcial y que las bajas del ejército llegaban a doscientos hombres.

El 6 de marzo de 1903 la prensa de Saint Louis reseña la llegada a Phoenix del jefe yaqui Juan Soto, un hombre de unos 55 años, moreno, apropiadamente vestido, «parece un ranchero», no habla inglés, usa un intérprete; coincide con la presencia de Teresita Urrea, con la que viene a reunirse. Ha viajado de incógnito desde Magdalena para impedir que el ejército mexicano lo capture. Se queja de la notoriedad de los seguidores de John Dwyer, recientemente capturado y *ejecutado*, «era un ladrón de vacas que huyó de Estados Unidos para no ser linchado (…) llevó a los yaquis a grandes crueldades».

El 1 de agosto de 1903 *The Evening News* en San José, California, informa que ha sido liberada Dietta James, quien ahora tiene quince años, de la que se dice que acompañaba a Dwyer en México para ver a Teresita Urrea (cosa imposible porque la santa estaba en Estados Unidos) y fue detenida en Guaymas. Se cuenta que Dwyer, el Renegado, fue colgado, pero si lo colgaron alguien lo descolgó muy rápido porque reapareció detenido en la ciudad de México, donde pasó seis meses en la cárcel de Belem acusado de perjurio. ¿No lo acusaron de estar impulsando el levantamiento yaqui, del asesinato de California Dan, de estar reclutando voluntarios en Estados Unidos y del ataque a San Marcial? Un periódico estadounidense ofrece la siguiente, extraña declaración de Dwyer: «Ellos barajaron sus cartas y yo barajé las mías. Al final yo tenía la mejor mano». ¿Cuáles eran las cartas de Porfirio Díaz, cuáles las del Renegado?

En la otra esquina de la realidad, el 30 de agosto de 1903 el cirujano Batista Alvarado, del hospital de Guaymas, le escribe al general Torres contando que el mes anterior cinco mujeres yaquis que habían combatido al ejército estaban en el hospital de las afueras del puerto, todas con heridas de bala: no se quejaban, no se podía saber lo que estaban sufriendo. Una de ellas, que había perdido una mano a causa de una bala recibida dos años antes, dijo que en cuanto la curaran regresaría al campamento yaqui para seguir la guerra contra los mexicanos hasta que la mataran, y otra murió de envenenamiento de la sangre a causa de un sablazo que le habían dado en la cabeza. El doctor se preguntaba: «solo los yaquis saben cuántas mujeres toman parte de la guerra». En esos mismos días, los comerciantes de Nogales dicen que cada semana una mujer yaqui viene cruzando el desierto con dieciséis o dieciocho dólares en plata y con eso compra un rifle barato y cartuchos; luego desaparece.

El mismo 30 de agosto, en *El Progreso de México* se da noticia de la tentativa de traer cinco mil chinos y quinientos obreros japoneses a trabajar en el Valle del Yaqui para cultivar arroz y naranjas. A lo largo de estos años se ha hablado de poblar el Valle con chinos, japoneses, bóeres y en 1904 se promoverá el arribo de familias de Durango a las que se ofrecería exención de contribuciones, de servicio militar y de derechos de exportación, y les ofrecerán doscientas familias yaquis, «un poderoso contingente para nuestros trabajos de campo». (¿En condición de qué? Semiesclavos, detenidos.) Por más que se diga que los yaquis «salen de su condición de sirvientes para entrar en la de agricultores libres», ¿de cuándo acá los «agricultores libres» son *ofrecidos* para laborar para otros agricultores? Los promotores del proyecto hablan del canal que «acabamos de construir», ofrecen diez mil hectáreas de riego y la posibilidad de construir un nuevo canal, y rematan diciendo que «hemos contratado con la federación el establecimiento de una escuela de agricultura».

Un año más tarde el tema seguiría en el candelero y se reconocería el fracaso del supuesto asentamiento: «En innumerables ocasiones se ha hablado de traer colonia extranjera, pero nunca se ha llevado a la práctica», diría *El Centinela*. El Valle sigue siendo ingobernable para los barones sonorenses, a pesar de la brutal represión a que está sometido.

29

La traición, los niños, el segundo dios

Al iniciarse 1904, los enfrentamientos con los rebeldes eran esporádicos; en los primeros días de febrero una partida de quince hombres atacó una diligencia entre Ortiz y Las Cruces produciendo seis muertos. Y muy al noreste, cerca de un pueblo llamado Batomote, al este de Magdalena, en abril tropas al mando del capitán Barrón chocaron con otro grupo y capturaron a Manuel Guavesi, al que se atribuía ser uno de los capitanes que habían diezmado al 20° batallón meses antes. Fue de inmediato fusilado.

Federico García y Alva atribuye al cerco que el gobernador Izábal había montado, presionando por medio de la represión, las deportaciones y las delaciones a la base de apoyo que los alzados tenían en los ranchos, el que varias partidas, cuyos jefes formaban parte de una nueva generación de combatientes: Ignacio Mori, Luis Bule, Luis Espinosa y Luis Matus, se reunieran en un punto conocido como La Carbonera en abril. Esta reunión generó un encuentro con el gobierno que se celebraría poco después en el pueblo de San Miguel de Horcasitas.

Durante tres noches el gobernador Izábal y el general Torres, acompañados por los diputados Alberto G. Noriega, Juan Bojórquez, Gustavo Torres, Juan P. M. Camou y Alejandro Lacy, escucharon las demandas de los yaquis, que eran las mismas que se reiteraban una y otra vez: «En sus pretensiones querían que salieran todas las fuerzas [militares] de Sonora, que les dieran el río Yaqui con sus terrenos, en virtud de que lleva el nombre de la raza y por lo tanto presumen que es de ellos; que no se nombrara ninguna autoridad por el gobierno, sino que ellos nombrarían sus autoridades y gobernadores; que serían los únicos en acordar si podían pasar los blancos por los caminos que van para Sinaloa». Lo que para Izábal y Torres resultaba inaceptable y que sus lacayos intelectuales como García y Alva calificaban como «fuera de la razón», era el eterno sentido de la resistencia yaqui: libertad, colectividad, autonomía.

Gobernador y general se negaron a aceptar los argumentos, contrapropusieron entrega de armas y municiones, obediencia total al gobierno, y recibieron como respuesta final: «Nos veremos en los cerros con tus fuerzas».

No hubo tregua. Algunas fuentes habrían de señalar que las conversaciones de paz habían sido solo el pretexto para concentrar a los rebeldes yaquis y ultimarlos. Dos días después de la entrevista Izábal, que se había reunido en la hacienda del Gavilán con las tropas del comandante Barrón y el teniente coronel Rivera, localizó por medio de exploradores un campamento cerca del cerro de la Escondida. García y Alva cuenta: «A las dos de la mañana regresó el guía (...) comunicando que había notado cantos de palomas y aullidos de coyotes en el mencionado cerro y que creía estuvieran ahí los rebeldes, porque es como acostumbran correr la palabra en la noche».

El choque se dio en un llano en las cercanías del aguaje donde estaban las mujeres y los niños; García y Alva registra el desconcierto de las tropas que en un primer momento confundieron a los indios con soldados porque muchos de ellos vestían pantalón de mezclilla y camisa roja. La lucha se prolongó con bajas en ambos lados hasta que llegaron las tropas de infantería con el gobernador Izábal al frente.

Cerca de dos horas había durado aquel combate. García y Alva no puede evitar la lírica barata que acompaña a sus textos cuando habla de «sus broncíneas carnes y los jirones de sus fatídicos cuerpos, que rasgados ahí como harapos de humanidad maldita, recordaron fúnebremente una vez más a los supervivientes, cómo por sobre las ruinas del yaqui asesino tiene que levantarse la mano de la civilización lesionada».

Izábal se dirigió a Hermosillo y se entrevistó con el general Torres, que lanzó una columna tras los derrotados en El Gavilán, alcanzándolos en un lugar llamado La Centrada; los yaquis se replegaron hacia las profundidades del Bacatete.

Los halagos no tardaron en producirse, García y Alva se puso nuevamente a la cabeza cuando dice de Izábal que «pudiendo amurallarse en los edificios de una ciudad y envolverse con los tibios calores del hogar», fue a «pasar las privaciones de las caminatas del soldado y a correr los peligros del combate».

La represión indiscriminada, las detenciones masivas, las deportaciones proseguían. Para articular una política global se necesitaba el pleno acuerdo de la federación. El nombramiento en enero de 1903 de Ramón Corral como secretario de Gobernación (ya había sido gobernador de la ciudad de México), sus frecuentes viajes a Sonora (la prensa del Distrito Federal lo acusaba de ausentista, porque viajaba a Hermosillo a atender sus negocios) y su candidatura a la vicepresidencia del país en junio de 1904, obtenida durante una convención amañada en la que venció al gobernador de Yucatán, Olegario Molina, daban al grupo de los barones de Sonora el apoyo absoluto que necesitaban para el plan de exterminio. Corral acompañaría a Porfirio en su reelección, un pie en el centro de un país férreamente centralizado, el otro en Sonora donde en 32 años 64 familiares de Corral ocuparon doscientos ocho cargos públicos.

En este contexto la ofensiva contra los yaquis se agudizó, si es que tal cosa era posible. En 1904 se trató de cortar el pequeño contrabando hormiga de armas y municiones que se producía desde los núcleos de exiliados en Arizona e Izábal creó una comisión especial para investigarlo; en abril informaba al ministro Ramón Corral: «En Nogales, Arizona, hay indios ocupados en comprar parque». Se utilizaron entonces los recursos de la diplomacia y en octubre el cónsul mexicano en Nogales, Arizona, Alberto Piña, reportaba que tras haber visto yaquis comprando armas en tiendas locales se había puesto en contacto con el alguacil de la localidad para desbaratar la red.

El gobernador Izábal, ese personaje regordete, bufonesco, empeñado en ir más allá que su padrino político, el general Torres, tomó en sus propias manos la represión. El 14 de abril Izábal contaba a Ramón Corral que había detenido a 475 yaquis (vigilando la línea de ferrocarril que subía a Nogales), tenía «pendientes» a 295 y había matado a diecinueve. Había negociado con el alguacil de Nogales, Arizona, que a los yaquis que capturara comprando parque los entregara de noche en Nogales, Sonora, «sin formalidades legales». Se contaba que los formaba en un lugar de detención y hacía tres filas, una de ellas destinada a la deportación, otra al fusilamiento y una tercera a seguir trabajando en las haciendas hasta que volviera a producirse otra razia.

En un viaje a Ures decidió que existía una conspiración y comenzó a detener a trabajadores yaquis en las haciendas, fusilando a «los cabecillas», denunciaba *El Colmillo Público* en mayo de 1904. Fue la respuesta a una nota del *Examiner* de Los Ángeles del mes anterior, advirtiendo sobre la existencia de un grupo yaqui armado que se movía en la sierra de La Carbonera, amenazando con ir a la guerra si no se detenían las detenciones y deportaciones de indios que no habían sido hostiles. Por todos lados, aprehensiones y ejecuciones de no combatientes. *El Colmillo Público* sentenciaba: «Hay paz en el Yaqui, sí, sí, la paz de los sepulcros». Esteban Baca Calderón contaba: «Arribé a Sonora a la mitad del año de 1904. Es bien sabido que un prisionero, en vez de delatar a sus hermanos, le arrojó un escupitajo a la cara al gobernador, diciéndole: *Ahora sí, mátame*». Por su particular celo en esas operaciones Izábal fue llamado «el segundo dios», porque tenía sobre las comunidades indias poder de vida y muerte, dando órdenes de capturar, averiguar con tortura, fusilar, colgar o deportar; curiosamente las detenciones no se practicaban entre los peones de sus propias haciendas. El 5 de mayo el capitán Maotosa lo retó públicamente junto a Luis Torres, Miguel Babia «y todos los jefes»: «Los insulto. Bueno señor don Pancho ahí les dejo esta cartita bien guardada en su hacienda».

El periodista estadounidense John Kenneth Turner preguntó en la ciudad de México varios años más tarde: «¿Por qué se hace sufrir a una porción de mujeres, de niños y de viejos, solo porque algunos de sus parientes en cuarto grado están luchando allá lejos, en las montañas? La respuesta fue: «No hay razón. Se trata solamente de una excusa, y la excusa es que los que trabajan contribuyen a sostener a los que luchan; pero si esto es verdad, lo es en mínima parte, pues la gran mayoría de los yaquis no se comunican con los combatientes. Puede haber algunos culpables, pero no se hace absolutamente ningún intento para descubrirlos, de manera que por lo que un puñado de yaquis patriotas estén acaso haciendo, se hace sufrir y morir a decenas de miles. Es como si se incendiase a toda una ciudad porque uno de sus habitantes hubiera robado un caballo».

Mientras tanto nuevas propuestas para la privatización e irrigación del Yaqui se producen. Carlos Conant vuelve a las andadas y el 16 de diciembre de 1903 celebra con la Secretaría de Fomento un nuevo contrato en términos similares al de 1890; organiza con Hermann Wolf, de Guaymas, la Compañía de Irrigación del Yaqui, S. A. La nueva empresa tendrá tan poca suerte como la anterior, una inundación en 1904 la descapitaliza y la quiebra.

El nuevo empresario había de ser William E. Richardson (de una familia llegada a Sonora en 1887 como buscadores de oro), con H. A. Sibbet como socio. La compañía nace en 1904 y en julio de 1905 establece una filial en México; con la matriz en Los Ángeles, tiene oficinas en el Distrito Federal, en Esperanza (Sonora), en Nueva York, y poseen además 176 mil hectáreas en el Yaqui.

La Richardson toma el relevo de Conant en la construcción de los canales de riego, comprando la compañía quebrada a los empleados que la habían embargado por medio millón de pesos por salarios impagados; cuando lo hace, existían 39 kilómetros que conectaban con el Porfirio Díaz. Ya existían para entonces cinco canales: el Conant, el Victoria de Luis Torres, y los construidos por la Comisión Científica de Sonora dirigida por el coronel Ángel García Peña: Marcos Carrillo, Vícam y Porfirio Díaz. El proyecto forma parte de una estructura que incluye un ferrocarril a través del Valle del Yaqui y un sistema de regadío de trescientas mil hectáreas. Se crea una compañía financiadora, la Yaqui Delta Land, con un millón doscientos mil dólares de capital y solo un tercio en manos de los socios originales; entran a cubrir el resto de las acciones H. P. Whitney y John Hays Hammond. De 1906 a 1908 la superficie cultivada en el Valle pasará de mil quinientas hectáreas a más de ocho mil. Héctor Aguilar Camín lo festejará: «Fue el gran triunfo de la razón colonizadora sobre los viejos hábitos». Para que esto fuera posible el gobernador Izábal ordenaba fusilamientos, detenciones, deportaciones.

El 9 de noviembre de 1904 Ramón Corral, siendo ya vicepresidente de México, visitó Sonora acompañado de su esposa. El viaje se celebró por todo lo alto: «Grandes festejos se dispensaron a tan importante personaje y uno de los números de más etiqueta y postín fue el grandioso banquete que se le dio en el Hotel Arcadia a las ocho de la noche». En la mesa de honor estaban las tres cabezas de los barones de Sonora: Ramón Corral, el gobernador Rafael Izábal y el general jefe de la Primera Zona Militar, Luis E. Torres.

Un mes más tarde una partida dirigida por el propio gobernador Izábal capturó a cincuenta «bandidos yaquis» en las montañas. Los dirigentes fueron fusilados en el camino, el resto traídos a Hermosillo para ser juzgados y deportados.

Debemos al médico Agustín A. Roa el siguiente informe: «pasé al cuartel del destacamento del 20° batallón en este puerto [Guaymas], y hecho el reconocimiento respectivo (…) opina: que las causas de las defunciones de los niños yaquis son diarreas provenientes de la detención y por fiebres infecciosas intestinales; que para el desarrollo de estas enfermedades han influido en gran parte la aglomeración en que se encuentran las familias y la falta de atención médica (…) El promedio de cuota para el cuidado de cada persona presa era de $.75 por persona, que resultó insuficiente para proporcionar a los niños una dieta sana, además de atención médica. La deficiencia de nutrientes, la exposición prolongada a heces fecales, el agua contaminada y el hacinamiento, muy probablemente incidieron en la mala salud de estos niños». El prefecto de Guaymas continúa: «Lo que debiera hacerse con estos niños es una de las *faces* más graves del problema que los *mejicanos* tratan de resolver. Por ahora, dicen hay cerca de trescientos de ellos en Hermosillo y la mayor parte demasiado jóvenes para cuidarse a sí mismos, y absolutamente sin asistencia, excepto aquella que el gobierno pueda darles. No pueden ser enviados a Yucatán donde las condiciones naturales son malas, ni pueden ser devueltos a la región del Yaqui, porque allí no se ha dejado ninguno que los atienda». Sin embargo muchos de ellos serán deportados, otros serán entregados como sirvientes en haciendas y casas de las ciudades del estado, y otros más morirán a causa de las enfermedades.

El 21 de enero de 1905 el periódico *El Centinela* de Hermosillo editorializaba: «El país necesita brazos para el trabajo», hay que «regenerar a los yaquis sin abusar del principio de destrucción al que se ha visto *obligado* el gobierno» por «su salvaje naturaleza». «El gobernador sigue un plan perfectamente meditado y cada una de sus medidas, ora el rigor, ora la astucia o la dulzura tienden al mismo fin.»

Manuel Balbás había escrito: «El progreso exige lo que sea».

30

Isla Tiburón
(1904-1905)

El 21 de diciembre de 1904 salió de Hermosillo el gobernador Rafael Izábal con ciento cuarenta soldados federales, veinte estatales y algunos notables sonorenses rumbo a la isla Tiburón, situada en el mar de Cortés y cerca de los confines del territorio yaqui; el pretexto era que los seris estaban dando cobijo a prófugos yaquis y que habían asesinado a un pápago (poco pretexto para una operación de ese tamaño). De Guaymas cruzaron en barco y comenzaron a buscar las huellas de los yaquis en dos columnas, una de ellas formada por indios pápagos a caballo.

Federico García y Alva, que forma parte de la expedición, cuenta: «Desde el principio de nuestra marcha todo contribuyó a hacerla más sombría: su miserable vegetación, formada por unos cuantos árboles raquíticos y algunas plantas fibrosas con las que hacen sus desdichadas chozas y sus arcos y sus envenenadas flechas, los verdaderos ejércitos de elevados cactus que pueblan sus montañas y que más de una vez se acercan a figuras humanas. (...) Horas enteras, que parecían eternas, seguimos sedientos y jadeantes sin oír más ruido que el acompañado de la marcha del convoy».

El primer día de búsqueda resulta inútil, ni huella de los yaquis pero tampoco de los indios seris que pueblan la isla. El cronista aprovecha para lanzarse en un elogio servil del gobernador Rafael Izábal, que «abandonaba las dulzuras de la familia y la tibia atmósfera del hogar, dejaba las comodidades de su casa y las garantías de la ciudad e iba sereno a penalidades y privaciones; valiente a perseguir al ladrón, al asesino y al salvaje hasta los últimos baluartes que oponía en las gargantas y en las cañadas de la sierra».

A la mañana siguiente capturan a dos indias seris que a juicio de García y Alva estaban «horriblemente pintarrajeadas del rostro, sucias hasta la exageración, las enmarañadas cabelleras acusando no haber pasado por ellas jamás un peine, la mirada hipócrita e inquieta y las ropas asquerosas, parecían más venir de la cloaca que de la montaña».

La patrulla que las capturó reporta que han tenido un choque a tiros con una ranchería de seris donde había varios yaquis; el resultado del encuentro fue que quedaron sobre el terreno once seris y cuatro yaquis y fueron capturadas las mujeres.

Izábal les pidió que entregaran a los yaquis. Entendiéndose a señas una de ellas, probablemente mujer de un caudillo yaqui, dio a entender que los traerían amarrados de las manos. Pasaron 48 horas y la expedición reanudó la marcha dividida en dos grupos, uno de ellos, el del capitán Flores, chocó con otra facción, les quemó un bote e hizo varios prisioneros.

García y Alva aprovechó el tiempo muerto para reunir, en la narración que iba hilando, todas las quejas y denuestos posibles sobre los seris: «La tribu seri es hasta lo abominable inmoral y perezosa. No tiene más género de gobierno que asumir el mando de ella el más feroz y brutal. Para formar parejas (es absolutamente imposible llamarles matrimonios), no hace otra cosa el seri que coger de la mano a la hembra que le gusta y llevarla a las indecentes chozas que habitan, formadas de ramas y de carapachos de caguama (...) Sus platillos favoritos son el burro, la mula, el caballo y la caguama, y mientras más podridos (...) mejor (...) para resguardarse del frío y del viento usan pieles de pelícano que igualmente abundan en aquellas sombrías aguas, pero las usan sin curtirlas de manera que cuando menos hasta que se secan muy bien, despiden una peste insoportable (...) el seri es perezoso y seguramente que no hay ser humano que se le pueda igualar en ese horrible vicio. No desempeña más faena que la absolutamente indispensable para comer y esta se reduce a pescar caguama (...) En cuestión de creencias religiosas están tan burdos como en lo demás. No tienen ni siquiera el risible fetiche del negro; unos palos groseramente labrados y pintarrajeados y pretendiendo sin lograrlo darles alguna figura bien determinada, como caballo, espada, hombre, mujer, etcétera, son sus divinidades».

Mientras tanto la columna que dirige el propio Izábal, circunnavegando la isla en el *Bernardo Reyes*, va al punto de uno de los encuentros y «a lejana distancia y enarbolando un trapo que hacía veces de bandera blanca, aparecieron dos emisarias de los seris».

En esta versión oficial las mujeres les mostraron «un palo del que pendían unos sombreros de petate. Ordenó el Sr. Gobernador al Sr. Comandante Barrón que descubriera lo que aquellos sombreros ocultaban y ¡horror!... era un manojo de manos humanas aún chorreando sangre». Ocho pares de manos, cuatro de hombres, tres de mujeres y uno de un niño; un médico que acompañaba al grupo tomó la foto.

García y Alva todavía tendrá en su artículo el inconsciente cinismo de decir que «los planes del gobernador y la causa de la civilización avanzaron mucho con aquel inesperado hecho sangriento».

La expedición regresó a Guaymas el primer día del año 1905. La foto que había tomado el doctor Boidó y que mostraba a Izábal sonriendo ante el macabro trofeo fue publicada en la ciudad de México por *El Imparcial*.

El relativo escándalo que se produjo obligó a la versión oficial de García y Alva, que se deshace en explicaciones respecto a la confusión de las órdenes de Izábal al pedir que los seris entregaran a los yaquis.

¿Eran ciertas o la foto indiscreta solo mostraba algo que era habitual en la barbarie del poder en Sonora?

31

Hacia el sur. La ruta de la muerte
(1904-1905)

John Kenneth Turner,
autor de *México bárbaro*

El 16 de mayo de 1904 «Lucifer», dentro de los escasos márgenes de la libertad de prensa porfirista, escribía en *El Colmillo Público*: «Los indios se calmarán/ pues ya los han incitado/ a vivir en Yucatán». Era una broma sangrienta, una crítica teñida de ese humor negro tan peligrosamente mexicano. Pero más brutal era la católica opinión del periódico *El Hogar Católico* de Hermosillo, que ante la deportación de trescientos yaquis detenidos en la ciudad y llevados al cañonero *Tampico* al inicio de 1905, pontificaba: «Era ya tiempo de que se los llevaran a todos, pues solo de ese modo cesarían las depredaciones de esos forajidos».

En un documento fechado en 1904 aparece una lista de yaquis prisioneros, detenidos en diversas partes de Sonora, con sus destinos. A Juan Balomea lo colgaron porque «se obstinó en negar y fue denunciado por varios como colector de contribuciones e instigador a la guerra muy activo y de los que asaltan en los caminos». Careados, denunciados y reconocidos, torturados, bajo amenaza de fusilamiento y sin mayores pruebas, decenas son enviados a Yucatán. Entre ellos Agustín Matus, que confesó «que peleaba con arco»; Refugio Álvarez, que según sus captores era «de los muy malos»; Miguel Bacasegua, que aunque no confesó fue denunciado «como capitán»; Juan Buitimea fue delatado por fabricar pólvora y deportado a Yucatán, Pedro Vapil, quien «dice que va muy seguido a la sierra y que tiene Mauser»... a Yucatán. Y así más de un centenar. En algunos casos el argumento para deportar a alguien es simplemente: «¡No confesó nada!».

La península de Yucatán se encuentra a casi tres mil doscientos kilómetros del Valle del Yaqui, y eso presuponiendo una inexistente carretera que avance en línea recta o una aún más inexistente línea férrea; con los ferrocarriles y caminos y transportes marítimos del México de principio de siglo, se puede estar hablando de cinco mil kilómetros, un par de meses de viaje a pie, en vapor, en tren, malcomiendo, hacinados, sin agua.

Hay varios puntos de concentración para los yaquis capturados a lo largo y ancho de Sonora: en las afueras de Tórim, a mitad de la nada, se elevan brevemente los restos de un edificio rectangular de una docena de metros de largo; es el Paradero Lorenzo Torres del tren, conocido popularmente como «Estación Don Lencho», con un inmenso sótano bajo la plataforma, donde se arracimaba a los yaquis capturados. En el silencio de la tarde es un terrible y fúnebre monumento. Peores serán las cárceles de Guaymas o de Hermosillo.

A partir de 1904 la política del gobierno federal y los barones de Sonora cobra un inmenso impulso; detrás de ella no solo hay la intención de erradicar a la tribu y desalojarla de sus territorios y sus bases de apoyo, también un gran negocio. En él intervienen funcionarios públicos como el ministro de Fomento Olegario Molina, que recibirá dos mil deportados para sus plantaciones en Yucatán entre 1903 y 1907, además del ejército, los amigos del presidente, los altos funcionarios del gobierno sonorense que venden a los detenidos como esclavos.

El coronel Cruz le dirá al periodista John Kenneth Turner: «Hay que tener presente que el gobierno no me da suficiente dinero para alimentarlos debidamente y del diez al veinte por ciento mueren en el viaje. Estos yaquis (...) se venden en Yucatán a sesenta y cinco pesos por cabeza; hombres, mujeres y niños. ¿Quién recibe el dinero? Bueno, diez pesos son para mí en pago de mis servicios; el resto va a la *Secretaría de Guerra*». Turner comenta: «Sin embargo, esto no es más que una gota de agua en el mar, pues lo cierto es que las tierras, casas, vacas, burros, en fin, todo lo que dejan los yaquis abandonado cuando son aprehendidos por los soldados, pasa a ser propiedad privada de algunas autoridades del estado de Sonora. De manera que de acuerdo con lo que dice este hombre, que ya ha logrado para sí una fortuna de por lo menos $157 mil en este negocio, se deporta a los yaquis por el dinero que produce la maniobra».

A lo largo de estos años se ha ido construyendo una ruta, la ruta de la muerte, que se inicia en Guaymas, desde donde parten barcos de guerra o vapores comerciales rumbo al puerto de San Blas, Nayarit, o Manzanillo en Colima, en una travesía que toma de cuatro a cinco días. En el proceso se han separado familias, hijos de padres, ancianos; las epidemias se desatan, el hambre también.

John Kenneth Turner registrará el testimonio de un viejo yaqui de Ures: «Murieron en el camino como ganado hambriento. Cuando uno caía enfermo nunca sanaba. Una mujer que estaba muy enferma cuando salimos, pidió que la dejasen, pero no quisieron. Fue la primera en caer; sucedió en el tren, entre Hermosillo y Guaymas».

Más de una vez se registran noticias de yaquis que se arrojan al mar para morir antes que ser deportados. John Kenneth Turner cuenta en *México bárbaro* (aunque con un error en la fecha) que el coronel Antonio Rincón tomó prisioneros a doscientos yaquis, hombres, mujeres y niños, y los embarcó en el cañonero *El Demócrata*, echándolos después al agua entre la desembocadura del río Yaqui y el puerto de Guaymas, pereciendo todos ellos. ¿Los lanzó al mar o se arrojaron para impedir la esclavitud? En el mismo libro se ofrece la versión del coronel Francisco B. Cruz, «que tenía a su cargo a los desterrados y que dice haber estado a bordo del cañonero y haber presenciado el incidente». Según él la noticia no era cierta: «Los yaquis se ahogaron pero no fueron culpables las autoridades. Teniendo en cuenta que el gobierno en esa época no mataba a los yaquis que podía aprehender y vender (…) Fue suicidio (…) nada más que suicidio (…) Esos indios quisieron frustrar la ganancia que nos correspondía como comisión y por eso arrojaron a sus hijos al mar y saltaron tras de ellos. Yo estaba a bordo y lo vi todo. Oí un grito agudo y vi a algunos de los tripulantes corriendo hacia el lado de estribor. Algunos yaquis estaban en el agua. Entonces se oyó un grito del lado de babor y vi a los yaquis saltando sobre la borda por ese lado. Soltamos botes, pero fue inútil; todos se ahogaron antes que pudiéramos llegar hasta ellos». En marzo de 1908 el periodista estadounidense Stephen Bonsal narra cómo dieciséis indios yaquis que eran deportados se arrojaron al mar para suicidarse en las afueras de Mazatlán.

De San Blas los yaquis son conducidos a Tepic y de ahí a Jalisco. Tres mujeres le cuentan a Turner: «La parte más dura del camino fue entre San Blas y San Marcos. (…) ¡Era terrible! Caían en tierra una tras otra. Dos de ellas ya no pudieron levantarse y las enterramos nosotros mismos, allí, junto al camino.

»—Había burros en San Blas —interrumpió una mujer—, y mulas y caballos. ¿Cómo no nos dejaron montarlos? Pero nuestros hombres se portaron muy bien. Cuando se cansaban las piernecitas de los niños, nuestros hombres los cargaban en hombros. Y cuando las tres mujeres con embarazo muy adelantado no pudieron caminar más, nuestros hombres hicieron parihuelas de ramas, turnándose para cargarlas. Sí, nuestros hombres se portaron bien; pero ya no están aquí. Ya no los veremos más.

»—Los soldados tuvieron que arrancarme de mi marido —dijo otra—, y cuando yo lloraba se reían. A la noche siguiente, vino un soldado y quiso abusar de mí; pero me quité los zapatos y le pegué con ellos.»

El destino es la estación de San Marcos en Jalisco, a sesenta kilómetros al oeste de Guadalajara, adonde se llega a través de la sierra bajo custodia del ejército en marchas de trescientos kilómetros a pie, las que pueden durar de dos a tres semanas.

Preguntará Turner a un joven yaqui:

«—¿Dónde está la madre de la niña?

»—Murió en San Marcos (…) la mató la caminata de tres semanas por los montes. He podido quedarme con la pequeña... hasta ahora».

Al lado de la estación aún perviven las huellas de un campo de concentración y en sus alrededores varias tumbas colectivas; han pasado más de cien años y las ruinas de la vieja estación de tren de alguna manera guardan el recuerdo. Los lugareños no quieren hablar de los osarios, en cierto modo retornan a la memoria los escritos de Jorge Semprún cuando entrevistaba a los vecinos del campo de concentración de Buchenwald que no habían visto nada, no habían oído nada; no habían olido el humo negro de los cuerpos quemados que salía de las chimeneas.

Una anciana yaqui le cuenta a Turner: «Sus padres han desaparecido, lo mismo que nuestros niños. Nos quitan a nuestros hijos y nos entregan hijos de extraños; y cuando empezamos a querer a los nuevos, también se los llevan. ¿Ve usted a esa mujer acurrucada allí con la cara entre las manos? Le quitaron a sus cuatro pequeños en Guadalajara y no le han dejado nada. ¿A mí? Sí, me quitaron a mi marido. En más de treinta años no nos habíamos apartado una sola noche, pero eso nada importa; ya no está. Pero acaso tengo suerte; todavía tengo a mi hija. ¿Cree usted que nos juntaremos con nuestros maridos de nuevo en Yucatán?»

Los trenes donde los yaquis detenidos viajan como ganado parten de San Marcos y recorriendo las líneas del Ferrocarril Central Mexicano llegan a la ciudad de México. Son trenes que arriban en la noche, trenes fantasmagóricos que salen hacia Veracruz la noche siguiente, o dos o cinco días después, mientras los detenidos permanecen dentro de los vagones cerrados. Salvo los encargados de la operación, nadie en la ciudad de México lo sabe, o casi nadie. Hay testimonios: «Los soldados molestaban a las mujeres con frecuencia. Especialmente la semana que estuvimos pasando hambre en la ciudad de México; pero siempre las mujeres los rechazaron». Turner de nuevo afirma: «Aun los mexicanos mejor informados de la metrópoli, no podían decirme nada».

De la ciudad de México por el Ferrocarril Interoceánico hasta Veracruz. De nuevo trenes nocturnos, que nadie los vea, que nadie los mencione; los yaquis no solo están siendo exterminados, también son innombrables. Solo un accidente propicia que se haga público su paso: en marzo de 1908 varios están contagiados de viruela negra.

Siguiendo las noticias de la deportación masiva de los yaquis, John Kenneth Turner se pregunta: «¿qué suerte les esperaba al final del camino? La respuesta era siempre vaga, indefinida, nada satisfactoria. Después que los desterrados yaquis embarcaban en el puerto de Veracruz caía el telón tras de ellos».

El periodista estadounidense, acompañado del militante anarquista Lázaro Gutiérrez de Lara, logra incorporarse a un barco de carga de la Compañía Nacional que parte hacia Progreso. Junto a ellos «había ciento cuatro amontonados en la sucia bodega de popa del vapor carguero *Sinaloa*, en el cual embarcamos. Creíamos que sería difícil encontrar la oportunidad de visitar este antro infecto; pero afortunadamente nos equivocamos. Los guardias cedieron fácilmente a unas palabras amistosas, y apenas había iniciado su marcha el barco, mi compañero y yo estábamos sentados sobre unas cajas en la bodega, junto a un grupo de desterrados reunido alrededor de nosotros; algunos de ellos, ansiosos de tabaco, chupaban furiosamente los cigarrillos que les obsequiamos, y otros mordían silenciosamente plátanos, manzanas y naranjas que también les habíamos regalado».

En las conversaciones antes de llegar a Yucatán, Turner recoge los testimonios citados anteriormente. «Al tomar el tren para Mérida vi cómo metían a nuestros compañeros de viaje en los coches de segunda clase. Bajaron en la pequeña estación de San Ignacio, tomaron rumbo a una hacienda perteneciente al gobernador Olegario Molina, y ya no los vimos más.» No cejará ahí su investigación periodística.

Stephen Bonsal registra: «Hay mil quinientos indios más prisioneros en el estado de Sonora esperando a ser deportados». ¿Cuántos más lo serán? ¿Cuántos murieron en el viaje de la muerte a lo largo de estos años? La frase de una mujer yaqui puede dar una pista: «La noche que nos capturaron éramos siete; ahora somos dos».

El terror
(1905)

En enero de 1905 cuatro estadounidenses y un conductor de carro mexicano murieron en las cercanías de Cobachi; iban rumbo a una zona de prospección minera llamada La Colorada en las montañas al oeste de Hermosillo. Los cadáveres fueron despojados de la ropa, el dinero y los relojes, y los yaquis acusados de la emboscada. Tres días más tarde, en un nuevo ataque murieron otros dos estadounidenses y tres mexicanos en las cercanías de Hermosillo. En respuesta, el 22 de febrero las fuerzas de Torres, según el parte militar, se enfrentaron al este de La Colorada con cuatrocientos yaquis a los que les hicieron cuarenta bajas y capturaron 107 prisioneros en un combate que duró dos días. Los federales tuvieron bajas considerables.

Herbert Miller, que tenía registrada una mina cerca de La Colorada y sobrevivió a la emboscada, declaró que habían sido renegados del ejército mexicano los autores, y cuando regresó a su hotel en Hermosillo recibió a un mensajero del gobernador invitándolo a verlo en su despacho; este lo acusó entonces de haber engañado a sus socios muertos y estar haciendo propaganda infamante, y luego le pidió redactar una nota exonerando a los soldados mexicanos. Cuando regresó a Estados Unidos dio una entrevista a *The Citizen* en la que insistía en su versión y denunció que el gobernador Izábal le ofreció protección a cambio de sostener la versión de que habían sido yaquis, porque el gobernador no quería que acabara la guerra a causa de que recibe de la federación veintidós centavos diarios por cada soldado en campaña. Miller abandonó Sonora y México para siempre. *El Centinela* salió en defensa del gobierno editorializando y diciendo que los asaltos eran menores y siempre que se solicitara el gobierno proporcionaba escolta, pero esta no era la primera denuncia y las quejas, que incluían cada vez más señalamientos de que contra los yaquis se practicaba una política de exterminio, repercutían en los periódicos estadounidenses y llegaban hasta la Secretaría de Relaciones Exteriores e incluso hasta Porfirio Díaz.

Izábal sometió a una encuesta a una serie de banqueros, mineros y comerciantes estadounidenses avecindados en Sonora, donde les preguntaba entre otras cosas si su empresa había sufrido algún abuso por parte del gobierno o el ejército mexicano y si sabían que se fusilaba a yaquis sin juicio; los encuestados negaron ambas cosas y se desataron en halagos a la administración sonorense.

La polémica prosiguió y el 10 marzo de 1906 el presidente del ferrocarril de Cananea, Río Yaqui y Pacífico dijo en una entrevista que tras un encuentro con Izábal este le mostró multitud de cartas llegadas vía Relaciones Exteriores en las que se quejaban ciudadanos estadounidenses de falta de protección; él mismo repasó entonces sus relaciones con el gobierno de Sonora y afirmaba que tal cosa no era cierta y que sus trabajadores habían sido protegidos con frecuencia por patrullas militares sin tener mayores problemas, excepto el asalto a un carro de provisiones en que murió un soldado. Sin embargo la polémica era continua y el gobierno de Sonora lo atribuía a que la prensa estadounidense exageraba en sus noticias. Todavía el 19 de mayo el embajador estadounidense en la ciudad de México afirmaba que la situación en Sonora estaba mejorando pero que aún no se podía viajar por el interior del estado sin escolta.

Entre marzo y abril de 1905 la prensa estadounidense volvió a darle vida al misterioso John Dwyer, al que habíamos dejado en la cárcel en la ciudad de México en 1904. Nuevamente se le atribuía la dirección del movimiento de resistencia yaqui y se decía que era «el hombre más temido en el presente». A partir de la información publicada en un periódico de Kansas, multitud de diarios hablaban del inicio de una nueva rebelión y lo hacían responsable de los trescientos yaquis en armas desde hacía cinco años, ofrecían una cifra astronómica de bajas (más de seis mil mexicanos muertos) y dieciséis millones de pesos gastados en intentar sofocar la rebelión.

Entre las explicaciones, sin ningún apoyo informativo que las sustentara, una se preguntaba sobre «los recursos de este hombre» y decía que surgían de una combinación por la que había logrado «implantar un sistema cooperativo en las tribus», poniendo a trabajar a seis mil yaquis en «minas y ranchos y esos son los que sostienen la rebelión de los otros seis mil», pero las cifras eran absolutamente irreales en ambos casos. La segunda razón de su supuesto poder era que lo apoyaban las compañías mineras estadounidenses de oro en Sonora, que reaccionaban ante un impuesto gubernamental del diez por ciento; después le atribuían un programa para enviar quinientos filibusteros gringos al estado que junto con los yaquis promovieran la independencia, para luego establecer la prohibición de que ingresaran en el territorio extranjeros durante diez años y solo permitir la presencia de indios norteamericanos.

Los diarios, así como lo habían tomado con júbilo, lo abandonaron hasta un año después en que una escueta nota establecía que el «reputado jefe Johan Dwyer, el experto minero americano, espera confiado en el caos político que seguiría a la muerte del anciano presidente Díaz».

Mientras tanto Rafael Izábal participaba personalmente en la represión en los ratos libres que le dejaba una enfermedad que nunca fue ventilada por la prensa local: partía del supuesto de que todo yaqui era culpable aunque se demostrara su inocencia. Torturas, indígenas colgados de los pies para hacerlos confesar; Alfonso Torúa cuenta: «Se dice que Izábal llegaba a las haciendas y preguntaba por el indio más fuerte y pedía que se lo trajeran. Cuando el infeliz estaba en su presencia, lo sometía a crueles torturas solo para solazarse en ver como sufría».

El 6 de septiembre Izábal le escribía a Elías, prefecto de Arizpe: «... traer a todos los yaquis de esa área (...) incluyendo todas sus familias sin dejar uno solo, ni chico ni grande». Pero en un testimonio recogido posteriormente por John Kenneth Turner, un esclavo en Yucatán aseguraba: «Los demás somos pimas y ópatas (...) Todos somos yaquis para el general [Lorenzo] Torres. Él no hace distinción. Si uno es de tez oscura y viste como yo, es un yaqui para él. No investiga ni hace preguntas (...) lo detiene a uno».

Diez días más tarde Izábal proponía en su informe al congreso local de diputados, donde no solo estaban los barones y la casta política sino las compañías deslindadoras, los mineros y los grandes comerciantes, que había que «verificar de manera clara la complicidad entre los alzados y los yaquis *mansos*, para llegar a la solución del problema yaqui». Ya no se trataba de neutralizar a las pequeñas guerrillas que seguían actuando en la sierra, no era cosa de investigar sino de detener, asesinar y deportar. Su tono era el de un genocida y estos terribles ecos eran los de una «solución final», similar a la que el nazismo practicaría treinta años más tarde.

No se le oponía la federación, que estaba involucrada en el negocio del tráfico de esclavos, ni la Iglesia, que por la voz del obispo de Sonora, Ignacio Valdespino y Díaz en su cuarta carta pastoral, decía: «La Iglesia (...) condena la sedición y la rebeldía y aconseja a todos someterse a la autoridad legítimamente constituida». Qué lejos estaba el nuevo clero porfiriano, de aquellos jesuitas.

Tan solo estaban las voces disidentes de las compañías ferroviarias que en esos momentos terminaban el tendido del riel de Guaymas a Estación Esperanza, a las que las razias privaban de peones con bajísimos sueldos y fama de grandes trabajadores (es entonces cuando comienza la importación de trabajadores chinos), y de los hacendados: cuando apresó a sus peones, M. Gaxiola protestó ante el gobernador para que detuviera la campaña, y pedía que se los devolviera. El propietario estadounidense Carlos Johnson se quejó cuando le arrestaron a veinte peones en San Marcial: cuando Izábal fusiló a dos de ellos, Johnson afirmó que les había sacado la confesión con tortura.

Un viejo yaqui contaría a Turner: «Al principio éramos en Ures ciento cincuenta y tres, todos trabajadores del campo. Trabajábamos para pequeños rancheros, gente pobre, que no tenía a su servicio más de media docena de familias. Un día, un agente del gobierno visitó la región y ordenó a los patrones que dieran cuenta de todos sus trabajadores. Los patrones obedecieron, pues no sabían de qué se trataba hasta pocos días después, cuando llegaron los soldados. Entonces se enteraron y se dieron cuenta de que la ruina era tanto para ellos como para nosotros. Suplicaron a los oficiales diciendo: *Este es mi peón, es un buen hombre; ha estado conmigo durante veinte años; lo necesito para la cosecha* (...) Nuestros patrones siguieron suplicando; pero fue inútil. Algunos nos siguieron todo el camino hasta Hermosillo. Eran Manuel Gándara, José Juan López, Franco Téllez, Eugenio Morales, los hermanos Romo, José y Carlos. Allí los puede usted encontrar y le dirán que lo que decimos es cierto. Siguieron tras de nosotros; pero fue inútil. Tuvieron que volver para buscar en vano trabajadores en nuestras casas vacías. Habíamos sido robados... y a ellos los habían despojado».

Las imprecisas estadísticas del gobierno federal decían que la población yaqui se redujo desde 1885 a la mitad. La realidad es que se había reducido a la quinta parte.

33

«Por cualquier método humano o diabólico»
(1905-1907)

En noviembre de 1905 *El Centinela* responde a los diarios del Distrito Federal sobre la «supuesta guerra en el Yaqui» diciendo que no existe tal, «unos cuantos facinerosos yaquis organizados en gavillas», no más que eso.

¿Era verdad? ¿Había sido totalmente desarticulada la rebelión por el terror, los asesinatos masivos, las deportaciones? No, milagrosamente se seguía resistiendo. Una crónica sobre la población de Empalme entre 1905 y 1906 registra: «Por las tardes los vecinos, al escuchar el clásico sonido del tamborcillo con cuero de coyote, familias enteras se iban a refugiar dentro de los límites de los talleres, porque esa noche decían iban a pegar los yaquis, estos entraban a robar toda clase de provisiones y aves de corral para poder sobrevivir (...) La tribu no entraba a los talleres, pues respetaban el tratado de no agresión firmado por los jefes del ferrocarril y ellos en la ciudad de Tucson. Algunos vecinos que tenían su ordeña en sus corrales en la colonia Moderna, les hacían frente causándoles varias bajas, pero el hambre no tiene cara».

Un minero estadounidense atribuía la dirección de las bandas de yaquis al jefe Malpuche. Están atacando tan lejos del territorio como en la zona de Ures; hay partidas pequeñas en el Bacatete y surgen de vez en cuando brotes de resistencia a las detenciones masivas, aunque un año más tarde el prefecto de Guaymas calculaba que no habría más de ciento cincuenta rebeldes en todo el estado.

El Valle está relativamente tranquilo. Hacia mediados de junio de 1905 se anunciaba que casi estaba terminada la red telegráfica que unía Pótam con los demás destacamentos en los ocho pueblos y existían conexiones telefónicas entre los destacamentos en la sierra utilizando aparatos suecos. Vito Alessio Robles, militar en activo, desde Tórim, la capitanía de la Primera Zona Militar, podía darse el lujo de contemplar sin miedo el paisaje, «hacia el norte se perfila a distancia la enorme masa de la serranía del Bacatete», y caminar por las amplias calles que el poblado original ha dejado, de veinte y treinta metros de ancho, trazadas casi con escuadra dentro de este mundo impregnado de geometría de los indios; un mundo que habría de influir poderosamente en este capitán de ingenieros que había construido los cuarteles de Pótam y Tórim respetando el trazado indígena y conocería allí a una joven yaqui que sería su esposa.

Su aguda mirada le permitirá observar el grado de degradación del ejército, las brutalidades de la represión y las condiciones en que viven los yaquis desplazados a las haciendas: «Los hacendados les pagaban ocho pesos mensuales y un almud de maíz cada semana [...] y les exigían un trabajo abrumador que duraba de sol a sol. Esa cantidad no podía bastarles para su alimentación y vestuario [...] en cada hacienda había una tienda de raya en donde se les liquidaban sus salarios en géneros y mercancías a las que el patrón ponía el precio que se le venía en gana [...] las deudas se transmitían de hacendado a hacendado», creando en la práctica un régimen de esclavitud.

Pero si la esclavitud laboral en las haciendas de Sonora se estaba volviendo habitual, otras cifras terribles inician sobre el terrible panorama: el gobierno le entrega a Luis Martínez cien yaquis para descargar en los muelles de Guaymas. Entre enero y septiembre de 1906 había 613 yaquis detenidos en la cárcel de Hermosillo, 1 269 en la de Guaymas, 675 encerrados en diciembre en la Estación Ortiz y 117 niños yaquis habían sido «repartidos» entre 59 personas. El gobernador Alberto Cubillas, que sucederá a Izábal, tendrá diez sirvientes yaquis en su casa. Un artículo del *New York Times* recoge el rumor de que los detenidos (en armas o sin ellas) están siendo deportados y cosas peores. «Se dice que un buque partió de Guaymas con doscientos prisioneros yaquis y regresó dos días después vacío.» *El Colmillo Público* comenta un artículo de un diario de Mazatlán: «A los yaquis los ahorcan y fusilan en masa». En la reclamación de un extranjero a la Secretaría de Relaciones Exteriores se decía: «Productos extraños se ven en muchos árboles en los campos hermosos y ricos de Sonora, extraños y horribles (…). Frecuentemente una sola rama sostiene dos o tres indios yaquis muertos mecidos por la brisa, con sus cabezas caídas por un lado y sus barbas sobre sus pechos, y siempre revoloteando sobre el árbol y su horrible fruto un zopilote y a veces una docena de ellos (…) Los yaquis muertos suspendidos de las ramas en Sonora no solamente son una prevención para los rebeldes. Cada mes media docena de estos bravos guerreros de la tribu marchan bajo una escolta de soldados de la prisión de Hermosillo a una llanura más allá de la ciudad, y allí tan público como es posible, son ejecutados militarmente».

«Izábal es un zar en miniatura», titula *El Colmillo Público* en junio de 1906.

El 5 de mayo de ese año el gobernador organizó una guerrilla de cincuenta hombres, en su mayoría pápagos, pimas y yaquis con entrenamiento de tiradores a los que pone a las órdenes de Lorenzo Torres, los dota de fusiles Mauser, trajes de mezclilla caqui, teguas, sombreros de palma con distintivo verde. En junio los distritos enviaban listas de yaquis para reenviar a la prisión de Hermosillo, la deportación se había masificado.

Pero hay algunos hilos sueltos en el proyecto genocida, uno de ellos es lo que sucede en Arizona. A lo largo de estos últimos años se ha producido una migración forzosa de yaquis al vecino estado fronterizo; Spicer calcula en un millar el número de emigrados que trabajan en las minas y los ranchos, y que han creado varias comunidades en los alrededores de Tucson (Mezcalito, Tierra Floja, Santa Anita) y una cerca de Phoenix. Estos grupos colaboran con los alzados enviándoles armas y municiones: no se trata de grandes cantidades, poco puede aportar económicamente un peón de ferrocarril o de hacienda con su salario miserable, pero la red, según denuncian con gran frecuencia los empleados consulares mexicanos, existe e incluso logra pasar algunos rifles Winchester de repetición. Ricardo Johnson, del servicio consular en Arizona, informó al secretario mexicano de Relaciones Exteriores, Enrique Clay Creel, que regularmente los yaquis rebeldes iban a Arizona, donde en la colonia minera de Bisbee se colectaban armas y municiones. No solo ellos, también algunas comunidades de mormones asentadas en colonias al noroeste del estado de Chihuahua colaboraban.

Una denuncia informaba a las autoridades mexicanas que «en Tucson trabajaba en un campo del ferrocarril un yaqui llamado Javier que vive en el Mezquital [y] es el jefe encargado de nombrar comisiones que vengan a Sonora a pelear (...) que últimamente llegaron a la casa de Javier veinte yaquis que iban de aquí [Sonora] (...) que casi todos los que trabajan por allá [Tucson] están bien armados y se vienen de vez en cuando a pelear».

Bajo presión del gobierno mexicano el gobernador de Arizona, Joseph Henry Kibbey, prohibió con pena de prisión la venta de armas a cualquier yaqui y ordenó a todos los alguaciles del territorio que así lo vigilaran. Los yaquis comenzaron a comprar municiones en California hasta que el presidente Theodore Roosevelt extendió la prohibición. En los dos años siguientes el Departamento de Comercio y Trabajo de Estados Unidos ordenó en California la detención y deportación de emigrantes ilegales yaquis y se produjeron algunos arrestos, pero las colonias se mantuvieron, los patrones necesitaban la mano de obra barata.

Con las deportaciones operando a todo vapor y un clima de represión selectiva que hacía que «parecer yaqui», ya ni siquiera serlo, fuera en Sonora la antesala del infierno, hay algunas guerrillas. *Regeneración*, el periódico de los Flores Magón, ofrece el 7 de octubre de 1905 una breve información sobre la resistencia; es obvio que los magonistas no tienen una conexión con el movimiento absolutamente encapsulado en una parte de Sonora, pero comentan que las partidas más grandes eran de cien indios, la mayoría bandas de quince a treinta, y registran muchos ataques en el pasado septiembre, buena parte de ellos en las cercanías de Hermosillo: asaltos por hambre. «La actitud de la prensa es infame.» En enero de 1906 el periódico toma abierto partido por los yaquis, aprueba el derecho a defenderse ante la injusticia, denuncia los negocios de los militares (abastos que nunca llegan, sueldos de soldados que no existen) y los henequeneros.

A fin del año 1905 una guerrilla de unos cien yaquis había atacado la «Estación Lencho». El asalto se repitió un mes más tarde, los guerrilleros se llevaron con ellos a sus heridos y sus muertos. La acción tiene una enorme importancia, en el paradero ferroviario suelen concentrarse familias yaquis para la deportación. La prensa inventa que en el ataque mujeres indefensas fueron destazadas y mutiladas por los yaquis.

En las zonas mineras del norte hay una paralización de actividades a causa de los ataques de una partida. En julio de 1907 asaltan el mineral de la Richfield Copper, los indios saquean el campo, pero les dicen a los estadounidenses que si no responden el fuego, ellos no dispararán. No hay bajas. Y en julio de 1906 *Novedades* de Puebla da una vaga noticia de una revuelta yaqui en Yucatán con bajas federales. Nada se sabrá de este levantamiento: ni partes militares ni futuras informaciones registran el hecho.

Las cifras se siguen acumulando ocultas en inocentes telegramas, órdenes expeditas, noticias breves en la prensa, rumores, porque hay un bloqueo informativo, como señala *El Demócrata* de Mazatlán. La burocracia del genocidio no valora, solo anota: había 675 yaquis detenidos el 28 de diciembre de 1906 en el campamento de la Estación Ortiz. No solo se envían esclavos a Yucatán y a Oaxaca, en enero de 1907 *El Popular* da noticia de la entrega a un «comisionista» de diecinueve familias de yaquis para trabajar en unas salinas en las islas Marías. El 8 de marzo Luis Torres escribe al gobernador Alberto Cubillas dando noticia de que ha encargado al capitán Bernal que prepare 96 yaquis, incluidos mujeres y niños, para la deportación, y continúan las reparticiones de niños yaquis para ser usados como sirvientes en las casas de las familias acomodadas de Hermosillo y Guaymas.

El mismo día, un telegrama del general Luis E. Torres informa al secretario de Gobierno que envía 96 indios a Yucatán vía Guaymas, los cuales habían sido capturados en Jaimea y Santa Rosa. El 30 de octubre Torres reporta el envío de doscientos yaquis de «ambos sexos y varias edades» a uno de los buques de guerra para su transporte. ¿Cómo se llaman, qué delitos cometieron? Nada de eso importa. Se sigue la orientación de Sigfrido Camilo Díaz: «Solo hay una manera de hacer la guerra a los yaquis. Una campaña persistente siguiéndolos a sus guaridas, cazándolos lo más rápidamente en las montañas, cercarlos, hambrearlos (…) por cualquier método humano o diabólico».

En mayo de 1907 Ramón Corral visitó nuevamente Sonora con su esposa para supervisar la gran operación y revisar sus negocios personales. Estaba enfermo, arrastraba la afección de los pólipos en la garganta que le operaron en Francia y que lo dejaba frecuentemente sin voz. Días más tarde, el 1 de junio de 1907, Oswald Crawford del *Intermountain Catholic* de Salt Lake City entrevistó en Tórim al general Luis E. Torres. Lo describe como un hombre de sesenta años, repleto de «animación y vitalidad», que desde 1892 recibió el mando militar en esta zona. «Tomó diez años de tediosa y sangrienta lucha…», dirá.

Crawford lo define como «un general muy cortés».

«—¿Son más fieros que otros indios en México?

»—Creo que lo son.»

Torres pasa a las definiciones: «Ningún gobierno puede permitirse en sus fronteras bandas de rufianes». En la paz, «[les] dimos a los yaquis veinte veces más tierras de las que podían soñar en cultivar». «No combaten en lo abierto.» «Detrás de cada árbol en Bacatete perseguimos fantasmas.» «Como la religión tiene un efecto pacificador sobre el alma y las pasiones, conseguí curas y monjas de la caridad para ellos.

»—¿Son católicos?

»—Tienen un barniz de cristiandad, es verdad, pero en el fondo hay paganismo.»

«—Hay ahora cuatro mil yaquis en Sonora. La mayoría pacíficos, pero que simpatizan con los fuera de la ley y los apoyan. Todos hablan español y visten como mexicanos pobres.»

«—¿Hay solución?

»—Sí la hay. Estamos mandándolos a Yucatán, Tabasco y Chiapas con sus familias (...) Hemos transportado a dos mil y a no ser que los otros cuatro mil se porten bien los embarcaremos también.»

Torres miente, las deportaciones en ese momento han alcanzado cifras mucho mayores. Crawford no sale muy convencido de la entrevista, está seguro de que «la guerra es de exterminio». El capitán Vito Alessio Robles escribirá en su diario: «La campaña del Yaqui es un verdadero crimen de lesa civilización.»

34

Yucatán, Oaxaca

"Trabajos forzados en el Valle Nacional" de Alfredo Zalce

John Kenneth Turner, un periodista nativo de Oregon que había practicado la prensa de denuncia, tiene treinta años cuando entabla relaciones con magonistas en Los Ángeles y se hace amigo de Lázaro Gutiérrez de Lara, un activista del Partido Liberal que había intervenido en la huelga de Cananea. Deciden hacer el retrato negro y oculto del régimen porfirista. Disfrazados de vagabundos entran en el país, pero Lázaro es detenido y el proyecto se pospone hasta 1908. A partir del contrato con la *American Magazine* de Nueva York, van surgiendo los reportajes que luego cobrarían la forma de un libro: *México bárbaro.*

Entre otras cosas, van siguiendo las huellas del genocidio de los rebeldes yaquis. «Durante mis viajes a México inquirí muchas veces respecto a la autenticidad de esta noticia, y me la confirmaron plenamente. La confirmaron funcionarios públicos de la ciudad de México, y el coronel Cruz, principal encargado de deportar a los yaquis, y es indudable que esa orden, cualquiera que fuera su procedencia, se cumplía. Se capturaban diariamente trabajadores yaquis en las minas, en los ferrocarriles y en las fincas —antiguos trabajadores que nunca habían tenido un rifle—, mujeres, muchachos y niños, viejos o jóvenes, débiles o fuertes. Custodiados por soldados y rurales iban en grupos hacia el exilio. Y hay otros indígenas, además de los yaquis, que siguen el mismo camino: pimas y ópatas, otros indios mexicanos y cualquier gente de piel oscura, que por ser pobre e incapaz de defenderse, han sido capturados, fichados como yaquis y enviados a la tierra del henequén (...) Finalmente, en la primavera de 1908, se publicó en periódicos estadounidenses y mexicanos una orden del presidente Díaz disponiendo de modo terminante que todos los yaquis, dondequiera que se encontrasen, fueran hombres, mujeres o niños, deberían ser apresados por la Secretaría de Guerra y deportados a Yucatán.»

En uno de los viajes en que comparte barco con un grupo de deportados, Turner logra adquirir la confianza del coronel Cruz, «un veterano del ejército, corpulento, agradable, conversador, de unos sesenta años. La gente de a bordo nos destinó el mismo camarote, y como el coronel tenía algunos pases del gobierno que esperaba venderme, pronto entramos en el terreno confidencial. *Durante los últimos tres años y medio* —me dijo—, *he entregado exactamente en Yucatán quince mil setecientos yaquis* (...) Estas pequeñas confidencias me las transmitió el coronel simplemente como detalles de una charla interesante con un extranjero inofensivo. No tenía la idea de acusar a los funcionarios y ciudadanos cuyos nombres había mencionado. No expresó objeción alguna contra el sistema; más bien se vanagloriaba.

»—En los últimos seis meses —me dijo el gordo coronel— he trasladado a tres mil yaquis a razón de quinientos mensuales. Esa es la capacidad de los barcos del gobierno que navegan entre Guaymas y San Blas, pero confío en que para fin de año aumentará el número. Acabo de recibir órdenes de traer otros mil quinientos a Yucatán tan rápidamente como pueda. Ah, sí, debo hacer fortunita antes que este asunto termine, pues hay por lo menos cien mil yaquis más que trasladar. ¡Cien mil más disponibles! —repitió al oír mi exclamación—. Sí, cien mil, ni uno menos. Claro es que no todos son yaquis, pero...

»Y el principal delegado del presidente Díaz para la deportación de la gente trabajadora de Sonora, meciéndose en el puente del barco de carga, me lanzó una sonrisa que era muy significativa, demasiado, sí, terriblemente significativa.»

Las cifras del orgulloso coronel Francisco G. Cruz no son ciertas y están ampliamente exageradas, pero la operación lo es y está amparada por la presidencia de la República, incluso un sobrino de Porfirio Díaz era un operador con un contrato para suministrar mano de obra a los hacendados.

El tráfico de esclavos lleva produciéndose ininterrumpidamente desde 1899, pero el país y sus medios informativos parecen ignorarlo. En marzo de 1905, los hacendados de Campeche piden a la Secretaría de Guerra más indios yaquis, como quien pidiera burros o arados. ¿Qué porvenir les espera? «Para tratarlos como bestias de carga y tratarlos como esclavos», comenta *El Colmillo Público*, que dos meses más tarde claramente denuncia a los hacendados yucatecos como esclavistas. ¿Qué impulsa el ascenso de la esclavitud? Spicer señala que atrás se encuentra un elemento económico, el aumento de los precios del henequén y el azúcar en el mercado internacional. En 1908 se produce el apogeo de la deportación, en marzo llegan a Mérida 269 yaquis, en abril se encuentran en el hospital de San Lázaro en Campeche un centenar de deportados contagiados de viruela, donde rápidamente los dan de alta y los mandan a las haciendas, en particular a las de los hermanos Carpizo. Poco después se entregan quinientos yaquis más a las fincas de Olegario Molina y de su cuñado Luis Carranza en Yucatán, «algunos van muy enfermos y otros se niegan a tomar alimento». Desde Progreso rápidamente son enviados a las haciendas para que no contagiaran de viruela negra en las zonas urbanas. Pocos días antes de que Turner y Gutiérrez de Lara tomen el vapor hacia Progreso, se anuncia que trescientos yaquis más han sido enviados desde Veracruz hacia Yucatán. El flujo humano es tan veloz como despiadado.

En la punta yucateca del hilo sangriento que viene de Sonora se encuentra Olegario Molina, conocido como el Tuerto, hombre de los Científicos, gran productor de henequén y comprador de yaquis, reelecto gobernador de Yucatán en 1905, más tarde ministro de Fomento de la nación y figura clave de la llamada «casta divina», como se conoce a la oligarquía de las cincuenta familias que poseen las haciendas henequeneras. Carleton Beals lo describe como un «anciano paternal con espejuelos sencillos, una mirada benévola y un tupido bigote blanco y rústico que daba millones a la caridad». Turner afirma que en esas haciendas laboran ocho mil indios yaquis deportados de Sonora, tres mil chinos o coreanos y entre cien mil y ciento veinticinco mil indígenas mayas, «que antes poseían las tierras que ahora dominan los amos henequeneros».

Turner pasó como comprador de henequén y Gutiérrez de Lara como su traductor; en las haciendas que recorre puede ver el estado de esclavitud de los yaquis, mayas y chinos. «Se les trata como muebles; son comprados y vendidos, no reciben jornales; pero los alimentan con frijoles, tortillas y pescado podrido. A veces son azotados hasta morir. Se les obliga a trabajar desde la madrugada hasta el anochecer bajo un sol abrasador (...) A las familias desintegradas al salir de Sonora, o en el camino, no se les permite que vuelvan a reunirse.»

Será testigo de la tortura de un yaqui llamado Rosanta Bajeca, que llevaba «un mes que estaba en Yucatán y solo tres días que lo habían llevado al campo con una cuadrilla de macheteros para cortar pencas de henequén. La cuota regular exigida a cada esclavo era de dos mil pencas diarias, y a Bajeca le concedieron tres días para que adquiriera la destreza necesaria para cortar esa cantidad de hojas; pero él no había cumplido. Esa era la causa de los azotes. No había cometido ninguna otra falta».

El capataz de la finca le contará al periodista estadounidense: «Hace un mes, peleaba, pero un yaqui aprende muchas cosas al mes de estar en Yucatán. A pesar de todo, hubo un momento en que creíamos que este perro no aprendería nunca. De vez en cuando nos llega alguno de esa laya; nunca aprenden; no valen el dinero que se paga por ellos (...) Luchó, eso es todo. El día que llegó, se le puso a trabajar cargando atados de hojas en el montacargas que las sube a la desfibradora. El mayordomo, sí, el mayordomo primero pasó por allá y pinchó al hombre en el estómago con el bastón. Medio minuto después, doce de nosotros estábamos luchando para arrancar a ese lobo yaqui de la garganta del mayordomo. Lo dejamos sin comer durante un día y después lo sacamos para hacerle una *limpia*; pero peleó con uñas y dientes hasta que un capataz lo derribó a golpes con el contrafilo del machete. Después de eso, probó la cuerda diariamente durante algún tiempo; pero todos los días por lo menos durante una semana, se resistía como loco hasta que besaba la tierra bajo el golpe de una cachiporra».

Turner descubre que las mujeres yaquis están siendo obligadas a juntarse con peones chinos. Un hacendado se explica: «Lo hacemos así para que el chino esté más satisfecho y no tenga deseos de escaparse. Y, además, sabemos que cada niño que nazca en la finca algún día puede valer de quinientos a mil pesos en efectivo».

Una mujer yaqui le contará: «Ya nos han traído a los chinos dos veces, los han alineado ante nosotros y nos han dicho: *A escoger un hombre*. Ya van dos veces (...) Yo les supliqué que me dejasen ir. Les dije que era demasiado vieja, que era inútil, que mis años como mujer ya habían pasado, pero me contestaron que yo también tenía que elegir. No me quieren dejar libre; dicen que tengo que escoger, lo mismo que las demás». Otra testimoniará: «Dicen que nos van a dar una última oportunidad y si entonces no escogemos, ellos lo harán por nosotras. Si no consentimos, nos llevarán al campo y nos harán trabajar, y nos azotarán como a los hombres».

En un momento de las conversaciones con las mujeres yaquis, Turner pregunta: «*¿Les gustaría regresar conmigo a sus hogares de Sonora?* Esta pregunta quedó contestada con lágrimas que empezaron a resbalar primero por las mejillas de la alegre mujer de apariencia casera y después por las de las otras; lloraron cada una a su vez, y al fin los niños que escuchaban en el suelo también comenzaron a sollozar dolorosamente junto con sus mayores. Con el llanto las infelices desterradas perdieron toda reserva. Nos rogaron que las lleváramos de nuevo a Sonora o que buscásemos a sus maridos. La más anciana imploró de nosotros que nos comunicásemos con su patrón, Leonardo Aguirre, y no quedó contenta hasta que anoté su nombre en mi libreta. La pudorosa mujer que estaba cerca del fuego, deseando algunas palabras de consuelo y de esperanza, abrió la parte superior de su vestido y nos dejó ver las rojas marcas que había dejado el látigo en su espalda. Miré a mi compañero; las lágrimas rodaban por su cara. Yo no lloraba, pero me avergüenzo ahora de no haberlo hecho».

Turner logra entrevistar a Enrique Cámara Zavala, presidente de la Cámara Agrícola de Yucatán y agricultor millonario del que obtiene la siguiente declaración: «Si los yaquis duran el primer año, generalmente se adaptan bien y son buenos trabajadores; pero el mal está en que por lo menos dos tercios de ellos mueren en los primeros doce meses».

Una pequeña nota perdida en un periódico nacional, el magonista *Colmillo Público*, daba noticia de que «venden yaquis a los vegueros de las tierras cálidas». No era un accidente ni una operación menor, sino parte del proyecto de restaurar la esclavitud en el sur y el sureste del país. Si lo sucedido en la península de Yucatán era apenas conocido, lo que pasaba en Oaxaca estaba cubierto por un velo mortuorio más denso y más amplio.

Una parte de los yaquis deportados estaban siendo vendidos a los finqueros tabacaleros de Ozumacín y Valle Nacional (a tres horas de Córdoba y dos de El Hule) en el noroeste de Oaxaca. Detrás de la operación estaba Emilio Pimentel, abogado y desde 1902 gobernador, quien había sido secretario general de despacho durante la gubernatura de Luis Mier y Terán (1884-1887), fundador del grupo de los Científicos junto con Rosendo Pineda y José Yves Limantour, diplomático en Brasil y expresidente municipal de la ciudad de México.

Organiza que una parte del tráfico de esclavos hacia Yucatán se destine al trabajo forzado en los campos tabacaleros de Oaxaca. Un artículo propagandístico en inglés decía de él: «Sirve ahora su tercer periodo como gobernador y desarrolla todo tipo de esfuerzos para el crecimiento del bienestar de su estado. Prácticamente todo el capital extranjero que ahora existe en Oaxaca ha sido invertido a su solicitud (...) garantizando todo tipo de ventajosas concesiones a los hombres de empresa. A él se debe el desarrollo de los ferrocarriles en el estado, la creciente red de tranvía en la ciudad y la línea ferroviaria a San Felipe (...) Ha organizado nuevas escuelas y acciones caritativas (...) El tesoro público, bajo su hábil y correcta administración, pagó todos los gastos del estado y no tiene deudas . Ha organizado la policía rural, las instituciones sanitarias de la capital. Oaxaca pondrá su nombre en las páginas doradas de sus grandes benefactores». El panegírico olvidaba mencionar que era él quien había organizado el tráfico de esclavos en las treinta grandes plantaciones tabacaleras y azucareras, casi todas propiedad de españoles, que produjo la muerte en esclavitud de millares de yaquis.

Turner venía de Yucatán con Lázaro Gutiérrez de Lara «bajo el disfraz de un probable comprador de fincas (...) que disponía de varios millones de dólares listos para su inversión», y quedó sorprendido: «Esto es peor que Yucatán». Narra: «En Yucatán, los esclavos mayas mueren más rápidamente de lo que nacen, y dos tercios de los esclavos yaquis mueren durante el primer año después de su llegada a la región; pero en Valle Nacional todos los esclavos, con excepción de muy pocos —acaso el cinco por ciento— rinden tributo a la tierra en un lapso de siete u ocho meses. Esta afirmación es casi increíble. Yo no la hubiera creído; acaso ni después de haber visto la forma como los hacen trabajar, el modo de azotarlos y de matarlos de hambre, si no hubiera sido por el hecho de que los propios amos me dijeron que era verdad».

Turner obtiene la siguiente declaración de Antonio Pla, gerente general de un tercio de las plantaciones de tabaco en Valle Nacional: «Al sexto o séptimo mes empiezan a morirse como las moscas durante la primera helada invernal y después no vale la pena conservarlos. Resulta más barato dejarlos morir; hay muchos más en los lugares de donde estos vinieron».

Otro finquero les informará a los sorprendidos (ante tanto cinismo e ignominia) Lázaro y Turner, que «tres meses antes un agente del gobierno había intentado venderle quinientos yaquis en $20 mil; pero que él había rechazado la oferta porque, aunque los yaquis duran como el hierro, persisten en sus tercas tentativas para conseguir liberarse. Compré un grupo de yaquis hace varios años; pero la mayoría de ellos se escaparon al cabo de pocos meses. No, el único lugar apropiado para los yaquis es Yucatán».

Turner registra: «Encontramos dos yaquis en la hacienda Los Mangos. Dijeron que habían estado allí dos años y eran los únicos que quedaban de un lote de doscientos. Uno de ellos había estado varios días sin trabajar porque los insectos le habían comido casi la mitad de un pie.

»—Creo que tendré que matar a ese tigre —dijo Pla sin cuidarse de que el hombre le oyera—. Ya no me sirve.»

Existe un grabado de Alfredo Zalce, titulado «Trabajos forzados en Valle Nacional», que muestra las condiciones del «Valle de la Muerte»: debería estar colgado ante la tumba de Emilio Pimentel.

35

El genocidio del que no se habla

Ramón Corral

De todos los textos canallas, probablemente lo sea más que ningún otro este de Francisco Bulnes, ideólogo del pensamiento reaccionario y el porfirismo bajo esa forma miserable que fueron los Científicos: «La guerra del Yaqui se ha presentado al mundo bajo el aspecto de una leyenda tierna, provocadora de raudales de lágrimas ardientes y humanitarias». Y justifica la intervención de Porfirio: los yaquis no eran mexicanos, eran tribu, no eran nación, la Constitución de 1857 no reconoce tribus. «No es cierto que a los yaquis los hayan despojado de sus tierras. No eran de ellos. Tenían mucho más de lo que podían cultivar (...) Hay que acabar con las faramallas. Para que haya guerra civilizada es necesario que los beligerantes sean civilizados (...) El trasplante de la raza yaqui de Sonora a Yucatán estaba dando buenos resultados. (...) Si el indio yaqui se avecindaba en Yucatán y reconocía plenamente la autoridad del gobierno, este le enviaría a su familia.»

Se prepara la última ofensiva. *El Popular* recoge el rumor que circula en la ciudad de México, en el entorno de ese Porfirio Díaz que gusta de que lo adivinen: «El gobierno federal ha decidido extinguir por completo a los indios yaquis de Sonora».

El ataque a la «Estación Lencho», las noticias que circulan de pequeñas emboscadas y asaltos para robar comida («Todos los días matan los indios yaquis», se dice en Mazatlán, y cuentan un montón de ataques a rancheros, comerciantes, mineros, sucedidos a lo largo de 1907) dan el pretexto.

John Kenneth Turner recoge el testimonio de un médico militar que sirvió dos años en la campaña: «Todo soldado que mate a un yaqui percibe una recompensa de cien dólares. Para probar su hazaña, el soldado tiene que presentar las orejas de su víctima. *Traigan las orejas*, es la orden de los oficiales. Con frecuencia he visto una compañía de soldados formados en una plaza y a algunos de ellos recibir cien dólares, por un par de orejas. A veces son capturados pequeños grupos de indios y, cuando yo estaba en el ejército, era costumbre ofrecer a los hombres libertad y dinero si conducían a las tropas por los caminos escondidos de la montaña donde se hacían fuertes sus amigos. La alternativa era colgarlos, pero nunca vi que uno de estos cautivos fuera traidor. *Que me cuelguen*, gritaban, y he visto a alguno de ellos correr, ponerse la cuerda alrededor del cuello y pedir que la apretasen inmediatamente para no tener que soportar otra vez un insulto tan ruin». Aunque la cifra de los cien dólares está enormemente exagerada (un soldado ganaba al mes la octava parte), el testimonio de las orejas cortadas es consistente con varios más.

Emanuel Meraz analiza el caso del juicio contra una partida de cerca de veinticinco yaquis que atacan un carruaje donde van dos mexicanos y un estadounidense, al que sueltan porque el conflicto es con el gobierno. Luego atacan el rancho El Cabrero en el distrito de Magdalena, asaltan las viviendas, ejecutan a los hombres y huyen. Buscados los asaltantes a petición del cónsul mexicano en Nogales, Arizona, un testigo supuestamente reconoce en las afueras del pueblo a Luciano Matus, al que detienen y de pasada a su hermano Bernardo. El juicio, que se inicia en diciembre de 1907, se prolonga a lo largo de 1908. Si las autoridades estadounidenses aceptan la extradición de los hermanos Matus, estos serán asesinados. Hay muchas dudas sobre el reconocimiento de Luciano y muchas más en el caso de Bernardo, ciudadanos estadounidenses escriben cartas a las autoridades pidiendo su liberación. A pesar de la presión civil, el gobierno gringo los entrega en octubre de 1908 y dos meses después serán fusilados en Hermosillo.

En este clima de linchamiento y represión la campaña no se dirige hacia los combatientes sino hacia los «pacíficos» y se produce un salto cuantitativo en las deportaciones masivas: a fines de octubre de 1907 Luis E. Torres pide al secretario de Guerra un barco para transportar «doscientos indios de ambos sexos y distintas edades para ser deportados». El 10 de diciembre en San Blas se reporta la salida de trescientos cuarenta yaquis hacia la ciudad de México. El 28 de enero de 1908, G. Cossío escribe al general Luis Torres: «sírvase cargar en los barcos *Álamos*, *Limantour* y cañonero *Tampico* a tantos yaquis como pueda». Luego «se ordenará que el *Tampico* haga otro viaje por el resto de yaquis». Quince días más tarde, el 14 de febrero de 1908, en la travesía del cañonero *Tampico* de Guaymas a San Blas con un millar de yaquis, varios indios se arrojaron al mar «prefiriendo morir antes que ir al destierro», un oficial trató de rescatar a varios usando un bote. El 10 de marzo salen de Guadalajara con destino al Distrito Federal un millar de yaquis. El 22 de marzo las tropas de Torres recorren el estado deteniendo a todo yaqui que se encuentran, dos mil fueron deportados en febrero y la cárcel de Hermosillo está repleta.

Edward Spicer anota con justicia: «Los que se quedaron en el Valle y en las haciendas, minas y pueblos de Sonora vivían en un mundo que se convirtió gradualmente en un mundo de delatores. Conductas a las cárceles, padres separados de sus hijos, arbitrariedad. Prolifera el nombre de *torocoyori*, "como un *yori*" o yaqui de cara gris».

Sin embargo siguen las acciones de resistencia en los primeros meses del año, probablemente como una respuesta a las detenciones masivas. Hay un ataque a la hacienda La Misa, propiedad de los Maytorena, supuestamente se trataba de yaquis. Un minero estadounidense de nombre Sayles que viajaba sin escolta es emboscado y muerto, el coronel Juan Villareal del 6° batallón de infantería es procesado por faltas en sus tareas militares al haber sido atacado por los yaquis, muere un capitán de infantería y pierde a manos de los indios muchas armas y municiones. Finalmente, el 2 de mayo de 1908 una partida de veinte yaquis ataca dos veces en el mismo día, dejando muertos y heridos en un lugar llamado Guayparín.

Donde no puede la bala o el terror, la zanahoria. El 4 de mayo el gobernador provisional Alberto Cubillas escribe al vicepresidente Corral informando que está usando a «yaquis mansos» que vivían en Hermosillo para tener una conferencia con los rebeldes.

Muy pronto tiene respuesta, porque el 6 de mayo reporta que el coronel Luis Medina Barrón, a cargo de los rurales, acompañado del coronel José González Salas, conferenció en las montañas del Bacatete con el «general» yaqui Luis Bule y 96 indios. Los yaquis dicen que están de acuerdo con la entrega de armas, pero quieren antes conferenciar con otras partidas y reiteran la misma eterna propuesta, que el ejército abandone el Valle y se les restituyan las tierras comunales. En la reunión con González Salas los yaquis suman la demanda de la devolución a Sonora de los deportados. El gobierno plantea rendición sin condiciones.

Cubillas no tiene poder real, en ausencia de Luis Emeterio Torres, que está en Europa de vacaciones, todo lo consulta con el vicepresidente y en Sonora con Lorenzo Torres y Rafael Izábal.

Cubillas pone las negociaciones en manos de Lorenzo Torres, quien convoca a una nueva conferencia sobre la base de «capitulación absoluta e incondicional de todos los alzados» y entrega de armas. Cubillas informa al vicepresidente Corral que el 12 de mayo una partida de ocho yaquis con bandera blanca se presentaron en San José de Pimas con la autoridad y fueron conducidos a La Colorada y de ahí a Hermosillo. «Atrajeron un considerable número de curiosos.» Dijeron que los enviaba Luis Bule para invitar a los indios de Hermosillo a que asistieran al acto donde entregarían las armas. Cubillas conferencia con Izábal para que acompañe a Lorenzo Torres a Tórim, el que mientras tanto envía al Bacatete pantalones, sombreros, blusas de mezclilla y algunas piezas de lienzo para mujeres.

El 17 de mayo hay una nueva reunión. Los rebeldes ofrecen la paz y el sometimiento al gobierno, incluso el reconocimiento de su calidad de mexicanos y la entrega de las armas; ofrecen mantenerse al sur de Ures si el gobierno devolvía las tierras, se concedía una reserva para la tribu y regresaban los deportados. Torres ofrece comunicar las peticiones al gobierno federal y Bule conectar con los demás caudillos de partidas armadas. Se fija el 15 de junio para una nueva reunión y de hecho se inicia una tregua. La prensa estadounidense afirma que las propuestas reflejan el sentir de 95 por ciento de los yaquis en la región.

La oferta fue enviada a la ciudad de México y se recibió respuesta (con Ramón Corral como asesor, Díaz no duda) negativa: nada, excepto la rendición incondicional. La tregua termina. Lorenzo Torres se puso al mando de las tropas para reiniciar la ofensiva, su argumento es que los yaquis se han negado a entregar las armas. *El Contemporáneo* registra: «El ministro de la Guerra ha ordenado al general Lorenzo Torres que haga una guerra sin cuartel a los yaquis».

El 10 de junio el gobierno rompe la tregua y reanuda hostilidades, Cubillas lo anuncia públicamente. Sigue la presión. Luis E. Torres, en una entrevista posterior con una periodista estadounidense, habla de lo civilizado que es deportarlos en lugar de exterminarlos como los gringos habían hecho con los apaches.

Los magonistas, en pleno proyecto insurreccional, intentan conectar con el mermado alzamiento yaqui. El responsable de esta operación es Fernando Palomares, un indio mayo, que escribe desde Batamotal, Sonora, a Ricardo Flores Magón: «Hoy llegué a este pueblo (...) doy de albricias por encontrarme ya entre nuestra gente, que espero secundará sus órdenes de rebelarse. Mañana de mañanita salgo para la sierra del Bacatete, y con la rapidez posible me pondré en campaña de acuerdo con mis compañeros los indios mayos y los indios yaquis. Supe por una señora que le lava al capitán de la guarnición de Batamotal que el día 1 de julio se va a emprender la campaña sin cuartel contra la raza yaqui, ya para entonces irán los porfiristas por lana y saldrán trasquilados». Palomares sobrestima la fuerza de las pequeñas partidas insurrectas, una parte de las cuales está negociando la paz, además sus pasos son conocidos por el gobierno. El 28 de julio el gobernador Cubillas escribe al vicepresidente Ramón Corral dando noticias sobre la búsqueda de Justino (*sic*) Palomares que Corral le ha pedido que detenga.

Pero la ofensiva militar no se da en las montañas sino entre los «pacíficos»: continúan las deportaciones. Junio de 1908: Ramón Corral escribe a Lorenzo Torres: «Estoy totalmente de acuerdo con su programa de deportar a *todos* los indios y con todo gusto le daré mi ayuda (...) el presidente de la República está de acuerdo con esta medida».

Lorenzo Torres propone al gobernador que no se deporte a los huérfanos que se han entregado a familias si «no dan lugar a ello», «pero hay que vigilar que los hacendados no inventen hijos adoptivos para quedarse con trabajadores menores de edad». El 7 de julio se anuncia que partirán de Guaymas el vapor *Ramón Corral* con ochocientos yaquis y luego el *Herrerías* con los que queden (zarparía el 5 de julio con quinientos cincuenta indios). Una semana después Cubillas informa a Lorenzo Torres que daría a conocer «a los indios pacíficos» que por cada ataque deportarían a quinientos a Yucatán, y en ese mismo mes se emite una circular por parte del gobierno de Sonora: «cuanto yaqui parezca por aquellos rumbos será considerado rebelde» (se habla de Magdalena, Altar, Alamos, Sahuaripa, Moctezuma, Arizpe, Hermosillo). Cubillas aclara que no se permitiría la existencia de un yaqui al norte de Hermosillo, en «haciendas, minas, derrotas».

Esta vez no se trata de una campaña, «sino de aprehender a *todos* los yaquis». El hecho es que en ese 1908 la deportación se hacía en cargas de quinientos yaquis al mes.

Una violencia selectiva se adueña de Sonora. W. Jones escribe un reportaje para el *Hawaian Star* donde cuenta que un minero, cuando iba de Guaymas a su mina con escolta militar y un grupo de vaqueros, atestiguó que trajeron detenidos a tres jóvenes yaquis de no más de dieciocho años, y se discutió alrededor del fuego si ahorcarlos o fusilarlos. Los yaquis entendían perfectamente y no mostraban la menor reacción, «estoicos como apaches». Los invitaron a marchar a unos metros del campamento; en silencio, sin quejas, los alinearon y media docena de soldados los fusilaron. Ni juicio ni interrogatorio ni nada, solo eran yaquis.

Bailey Millard suma su testimonio a esta cruel revisión: «Estaba en Hermosillo durante el momento álgido de la excitación cuando las tropas traían mujeres y niños para la deportación y ocasionalmente una banda de combatientes yaquis, los que eran generalmente arrojados en prisión durante la noche y sacados en la mañana, alineados y fusilados».

En respuesta, las pequeñas bandas de resistentes abandonan los ataques a militares y se concentran en los «invasores civiles», aprovechando «el terreno espeso de chaparral bajo que permite que hagan el tipo de guerra que hacen». Aunque se dice que antes no atacaban a no combatientes, ahora lo están haciendo en emboscadas, es «justicia para ellos». Son fantasmas que vagan por el territorio y se comunican entre sí «a su paso por la serranía, sirviéndose al efecto de briznas de hierba, jarillas atravesadas, pedazos de tela, cordeles y colas de coyote».

El 18 de septiembre Luis Bule, Luis Matus e Ignacio Mori escriben una carta al jefe de los rurales, Medina Barrón: «Estos ocho pueblos te saludan todos tú hablaste primero y todos están conforme con el bien mi gente; me falta ahora porque quieren a sus familias ya no es plan están haciendo ahora yo… los ocho pueblos quieren recibir la paz». No habrá respuesta hasta octubre de ese mismo 1908, cuando se reúnen los alzados yaquis con Izábal en Las Arenas. Luis E. Torres regresa de Europa (Alemania), donde estaba en una mezcla de cura de salud y vacaciones, y se suma a las negociaciones. Tres meses después se reabrían: Bule pidió permiso para consultar con las comunidades, los gobernadores, las asambleas y los *temastianes* en la zona del valle de Guaymas y en los pueblos; su grupo y las partidas de Silvano Martínez y Dolores Sancua representan unos doscientos cincuenta hombres. Lorenzo Torres les advierte: «El gobierno está (…) dispuesto a exterminar a todos ustedes si continúan en rebelión».

El 28 de octubre falsos rumores recogidos por la prensa estadounidense notifican que Luis Bule murió en una refriega al oriente de Hermosillo y que tras esto veinticuatro yaquis llegaron a la ciudad para rendirse; solo la segunda parte de la noticia es cierta.

La reunión final se produce el 24 de diciembre de 1908 con «tres principales de la tribu». Piden garantías y no represalias al gobernador Luis Torres, que las concede si la rendición es total. Piden repatriación de los deportados, Torres les da largas y condiciona el que se hable del asunto, «dependiendo del futuro comportamiento de la tribu». Piden conservar armas y les ofrecen que capitanes y escoltas fueran integrados armados a las tropas del gobierno, recibiendo un sueldo. Se les ofrece además una amnistía por pasados «delitos».

El 4 de enero de 1909 firman el Pacto de Pitahaya Luis Bule, Lino Morales, José Amarillas, Francisco Urbalejo, y por el gobierno José González Salas. Luis Bule se rinde con quinientos hombres, pero alertados por el cerco de la zona que ha realizado Lorenzo Torres, bloqueando con tropas estatales las veredas que van a la sierra, Ignacio Mori y Luis Matus huyen con su gente de nuevo hacia las montañas, rompiendo el perímetro. José Sibalaume, Luis Espinosa y José Gómez ni siquiera se han presentado a las pláticas de paz. La noticia la recoge en Estados Unidos el *Tombstone Epitaph* diciendo que los yaquis preparan un nuevo alzamiento.

Pareciera que los últimos guerrilleros predijeran la visión de Mordecai Anielewitz, el joven dirigente de la insurrección del gueto de Varsovia, que casi 35 años después de lo que aquí se cuenta escribiría en una carta que probablemente no se pueda elegir si se vive o se muere, pero se puede elegir la forma de morir.

Sin embargo, una combinación de hechos frenó el último ataque contra los yaquis. La tribu estaba reducida a su mínima expresión, no tenían presencia física en el Valle; el precio internacional del henequén había disminuido y las plantaciones yucatecas requerían menos mano de obra; la permanente protesta de los rancheros y los mineros de Sonora a los que las razias despojaron de peones baratos causó efecto; y en cierta medida las denuncias en la prensa internacional sobre el genocidio y la rendición del grupo más importante de los rebeldes hicieron que el gobierno de Porfirio Díaz frenara las deportaciones. De nuevo en el gobierno de Sonora, asumiendo el cargo ganado en las elecciones de 1907 y que en los últimos años habían cubierto suplentes, Luis Emeterio Torres no ordenó nuevas detenciones. La pausa duraría dos años escasos (1909-1910), lo que no significó que cesaran las operaciones contra los pequeños núcleos de alzados en la sierra. El 8 de marzo de 1910, por orden de Porfirio Díaz, Luis E. Torres impuso la cruz de honor al general Lorenzo Torres en Guaymas. Dos meses después, de nuevo en funciones de caudillo, el gobernador mantuvo una constante correspondencia con Porfirio Díaz, al grado de minucias: «Llegué a este puerto [Guaymas] para recibir y dar colocación al 281/4 batallón que llegó ayer. Continúo marcha para el Yaqui», o reportaba la grave enfermedad de Rafael Izábal.

Según Linda Zoontjens y Yaomi Glenlivet, hacia 1910 cerca de un millar de estadounidenses se habían establecido en la costa noroeste de México, la mayoría en el Valle del Yaqui. El precio de la tierra se había incrementado de dos dólares a veinte o treinta por hectárea. Para 1910 Sonora era el estado mexicano que enviaba la mayor parte de su producción al comercio exterior, un tercio de su riqueza se iba a Estados Unidos. Con el éxito del ferrocarril, la producción agrícola cambió del maíz y el trigo de los yaquis y pasó a las cosechas para la exportación, como tomates, naranjas, melones, pepinos y garbanzos.

La Richardson, que había entrado al relevo de Conant, adquirió una porción enorme de tierra en el Yaqui, 176 mil hectáreas, y el 16 de febrero de 1909 amplió su concesión para crear canales de irrigación que pudieran sacar 55 mil litros por segundo del río. En 1909 había revendido 7 430 hectáreas a rancheros californianos. Un año más tarde, tenía construido ya un canal central de cincuenta kilómetros cuyos ramales sumaban otros doscientos cincuenta; con ello irrigaban totalmente unas cinco mil hectáreas, todas las cuales se hallaban bajo cultivo. En 1909 las expectativas inmediatas de la compañía eran habilitar veinticinco mil hectáreas más en los dos años siguientes. El presidente de la Richardson, Walter Logan, declaró «que treinta mil yaquis [...] se asentarían felizmente en sus tierras como colonos trabajadores». El único problema es que en esos momentos ya no existían treinta mil yaquis ni tres mil, quizá ni siquiera trescientos en la zona del río y Logan lo sabía.

Los barones del grupo Sonora, encabezados por el vicepresidente de México Ramón Corral, el gobernador Luis E. Torres, el exgobernador Rafael Izábal, el general Lorenzo Torres, el exgobernador Cubillas, los Gándara, los herederos de Tiburcio Otero, Vicente Vélez Escalante (suegro de Ramón Corral, llevaba once elecciones como presidente municipal de Hermosillo) y otra docena de políticos y militares locales, eran millonarios.

Luis Emeterio Torres declararía a un periodista estadounidense: «Tan grande es el área; tan variados los productos y tan fértil es el suelo del opulento estado de Sonora que ningún hombre aun después de haber pasado dentro de sus límites puede dar medida de sus recursos. Este año Sonora está más que preparado para el pleno desarrollo de su historia y lo debe a la subyugación de los yaquis y a la desaparición del *problema indio*». El progreso y el cinismo son hermanos en la retórica, la sangre derramada y el terror no forman parte de la historia.

Para llegar a esta etapa de «progreso», en Sonora se había cometido un genocidio.

¿Cuáles eran las cifras del crimen cometido contra los yaquis? Resulta casi imposible responder con precisión. Las cifras oficiales, los censos y las estadísticas, las declaraciones, tienden a ocultar, son contradictorias, engañosas. Los historiadores que han estudiado el tema (Spicer, Nicole Guidotti-Hernández, Raquel Padilla, Virgilio López Soto, Linda Zoontjens y Yaomi Glenlivet, las versiones que recoge John Kenneth Turner) se aproximan a él desde perspectivas parciales (deportaciones a Yucatán, detenciones en Sonora, población censada en el valle de Guaymas). A fin de cuentas, ¿cómo se mide un genocidio?

El diccionario lo define como «aniquilación o exterminio sistemático y deliberado de un grupo social por motivos raciales, políticos, religiosos». Los mexicanos no solemos hablar de esto. La palabra para nosotros evoca la masacre cometida contra el pueblo armenio, iniciada por el gobierno turco a partir de 1915, el exterminio de comunidades judías y gitanas por el nazismo alemán antes y durante la segunda guerra mundial, las matanzas étnicas de Ruanda; difícilmente incluimos en esta lista el genocidio yaqui durante el porfiriato. De este tema no solemos hablar, está ausente de los libros de historia, de la educación, de nuestra relación con el pasado, pero en términos relativos fue igual de brutal que los demás que se citan.

De la mataza de Bácum en 1868 al momento en que se frenan las deportaciones en 1909 han transcurrido un poco más de cuarenta años. Si la población yaqui pasada la mitad del siglo XIX rebasaba los veinticinco mil individuos (los números varían de treinta mil a veinte mil «estimados» en 1885), en 1909 según el registro no había más de 2 723 habitantes, a los que habría que sumar cerca de un millar que se encontraban en el exilio en Arizona o habían sobrevivido, y en Yucatán quedaban 2 757 yaquis (según el censo de 1910). Tomando la estimación más baja (veinte mil), el sistema había asesinado a 62 por ciento de la población.

Los ocho pueblos estaban semidesiertos; de los cerca de veinte mil habitantes originales para 1900, según la encuesta realizada por la Comisión Geográfica Exploradora dirigida por el coronel Ángel García Peña, quedaban en torno al río solo 7 606 yaquis y en 1909 la cifra no rebasaba los centenares.

Fusilamientos, ahorcamientos, muertes por hambre y enfermedad, por agotamiento en marchas interminables, hacinamiento en vagones de tren sin agua y sin comida, epidemias sin atención médica, torturas, castigos físicos en las haciendas azucareras y henequeneras del sur, suicidios para evadir la esclavitud: ¿cuántos de ellos recorrieron la marcha de la muerte?

Rafael Izábal se ufanaría de que él personalmente deportó a cerca de veinte mil yaquis a partir de 1907, los informantes de Turner le dirían que 15 700, Virgilio López Soto recuenta 6 250 en nóminas de detenciones y archivos, y cree que la cifra sería entre seis mil quinientos y siete mil; Raquel Padilla establece un número de 6 432 deportados según conteo personal con fuentes sanitarias del estado.

No sabremos con certeza el número y los nombres de los que allí murieron en cautividad. Nunca se harán públicas las listas de los cientos, quizá miles, fusilados en Sonora en estos últimos cinco años, no se sabrá cuántos yaquis fueron entregados a los estancieros de Valle Nacional, Oaxaca, y cuyos huesos se blanquean afuera de las plantaciones tabacaleras; no se conocerá cuántos se arrojaron al mar en el golfo de California, no habrá noticias de los que murieron en el viaje, dentro de los vagones de tren que los transportaban como ganado, de los que quedaron en el camino afectados por las epidemias, de los cadáveres en las vecindades del «Paradero Don Lencho», en la estación de San Marcos en Jalisco o en los puntos de concentración en Veracruz. Tendremos que conformarnos con la declaración que le hacen a John Kenneth Turner de que «dos tercios de los esclavos yaquis mueren en el primer año de haber llegado a Yucatán».

En enero de 1911 José Correa Markez escribió a Porfirio Díaz desde Gloucester, Massachusetts: «Don Porfirio, supongamos que usted se encontrara en el lugar de un padre de familia yaqui con su familia en casa y entraran los esbirros de la autoridad a llevar a usted deportado, a su mujer a la prisión y a su hija violarla o hacerla casar con la fuerza de los latigazos de sus verdugos con un chino. ¿Qué haría usted?».

Porfirio nunca le contestó. Meses después se iniciaba el alzamiento maderista.

36

Epílogo

Grupo de soldados yaquis en Tórim

I

La Revolución mexicana en el caso de Sonora hizo mínima justicia, al menos parcialmente. Los barones sonorenses murieron todos en el exilio. Ramón Corral a mediados de 1910 figuró nuevamente al lado del general Díaz como candidato a la vicepresidencia de la República para el siguiente sexenio; el gobierno de la República Francesa lo nombró comendador de la Legión de Honor; protestó por segunda vez como vicepresidente el 1 de diciembre y permaneció al frente de la Secretaría de Gobernación hasta el 28 de marzo de 1911, cuando el general Díaz cambió al personal del gabinete. Falleció en París, donde había ido a curarse del cáncer que lo persiguiera los últimos años, el 10 de noviembre de 1912.

Rafael Izábal era gobernador de Sonora cuando el 1 de junio de 1906 estalló la huelga de los obreros del mineral de Cananea, propiedad de la Cananea Consolidated Copper Co. Izábal apoyó decididamente a la compañía de origen angloamericano, mereciendo los parabienes de esta como primera autoridad política, y previno a los trabajadores de que regresaran a sus labores; rompió así la huelga y mandó aprehender y consignar a los dirigentes. Una vez que concluyó su periodo legal en 1907, fue designado senador por el estado de

Guerrero. Falleció en alta mar el día 8 de octubre de 1910, cuando se dirigía a Europa; aunque su cadáver fue tirado al océano, los rumores contaban que había sido traído de vuelta a Hermosillo y enterrado en la finca Europa en la cima de un cerro. Un grupo de yaquis violó la tumba en venganza veinticinco años más tarde.

Lorenzo Torres volvió a ser senador en 1910, y obtuvo licencia ilimitada para separarse del ejército en 1911. A pesar de que durante las campañas del Yaqui su muerte fue anunciada muchas veces, realmente terminó sus días en 1912, exiliado en Los Ángeles.

Luis Emeterio Torres, el hombre fuerte de Díaz no solo en Sonora sino también en Sinaloa, Nayarit y Baja California, salió en 1911 al exilio y la vorágine de la Revolución lo dejó sin dinero. Se dice que se vio obligado a trabajar hasta «edad muy avanzada». Murió en Los Ángeles, California, en 1935.

II

En la historia hay escaleras, pasadizos, subterráneos que unen épocas y etapas; acostumbrados a trabajar sobre periodos relativamente cortos, encerrados en especializaciones, nos perdemos sistemáticamente estas rutas. En el caso de la guerra del Yaqui hay un túnel que conecta a los militares porfiristas del alzamiento contra Madero en 1913 con los asesinos del Valle: Bernardo Reyes, Victoriano Huerta (coronel que en diciembre de 1900 combatió a los yaquis en Sonora), Medina Barrón (jefe de rurales), Blanquet (en Sonora como subteniente del 6º de línea de 1881 a 1886) y paradójicamente Lauro Villar, coronel en 1890 en el Valle. Ángel García Peña (responsable de la Comisión Científica), el más liberal de los generales porfiristas y uno de los pocos que no traicionaron a Madero, fue sin embargo azote de los yaquis.

III

El 12 de enero de 1910, en un tren del Sud Pacífico, Madero y su esposa, Sara Pérez, cruzaron el territorio yaqui: Estación Corral, Vícam Switch, Jori y la «Estación Lencho», donde se supone aún había algunos detenidos en el sótano para ser deportados. Partidas de yaquis armados vigilaron el tren desde varias ubicaciones de la sierra del Bacatete sin atacarlo: Luis Matus, en el cerro Onteme; Luis Espinosa, en el cerro Coracepe; Porfirio Buitimea y Lorenzo Espinosa, en los cerros Sanchohui y El Vigía.

Un año más tarde, al producirse el levantamiento maderista, estaban en armas un millar de yaquis en las cercanías de Cócorit.

El 1 de septiembre de 1911, caída la dictadura, Madero firma un pacto con los representantes de la tribu Luis Espinosa, Benito Matus, Juan José Sibalaume e Ignacio Mori y les devuelve Tórim, Vícam, Pótam y Ráhum, pero insiste en mantener la tierra fragmentada, reconocer a los nuevos propietarios y no admitir la propiedad comunal de la tierra. José María Pino Suárez, quien al triunfo de la Revolución se encargó del gobierno de Yucatán, ordenó la liberación de la esclavitud de más de un millar de yaquis que fueron concentrados en Mérida. Muchos de ellos hicieron su camino de regreso hasta Sonora a pie. Spicer registra persistentes rumores de que un grupo de ellos huyó de Yucatán y se estableció en la selva de Tabasco, donde sus descendientes aún viven.

Los yaquis fueron esenciales en la segunda fase de la Revolución, contra la dictadura de Victoriano Huerta. Algunos se integraron a la División del Norte con Pancho Villa, otros a la del Noroeste con Álvaro Obregón y estos fueron claves en las batallas del Bajío.

Mercenarios yaquis reclutados en México formaron parte del ejército colonial español y combatieron en la guerra en torno a Melilla contra la insurrección de Abd el-Krim en los años veinte. Así de lejos los llevó la vida.

IV

Julián Espinosa murió en combate, Ignacio Mori envenenado (en Perote) y Sibalaume se quedó en la sierra y murió también (aparentemente) en un enfrentamiento hacia 1920. Solo Pluma Blanca murió por enfermedad (alcoholismo) e Ignacio Matus por vejez. La hija de Cajeme, Victoria, escapó de Sonora en 1900 y se internó en Estados Unidos, donde murió en 1946 con tiempo para ver crecer a sus cuatros hijos y cuatro nietos.

V

Las promesas hechas por los generales sonorenses, que tanto partido sacaron de las brigadas yaquis en la guerra contra la Convención y Pancho Villa, se hicieron humo tras el golpe de Agua Prieta en mayo de 1920. Obregón no devolvió las tierras comunales a los yaquis, sino que estimuló la ocupación del territorio y el desarrollo de empresas capitalistas estadounidenses en el valle del río durante todo su gobierno y el de Plutarco Elías Calles. En 1926, un accidente desató de nuevo la guerra cuando un grupo de yaquis trató de detener en Vícam el tren en que viajaba el general Álvaro Obregón para solicitarle que les regresaran sus tierras; las tropas que lo escoltaban reaccionaron como si se tratara de un ataque y se armó un fuerte tiroteo. Los yaquis se replegaron a la sierra y comenzaron a presionar sobre los colonos, las haciendas y las empresas extranjeras. Un testimonio de la época narra cómo un día llegó una partida de yaquis a caballo y encañonaron a unos agricultores para hacerlos desistir del sembrado. «El ayuntamiento nos mandó a trabajar esta tierra porque no tenemos en qué ocuparnos», afirmaron. Los indios respondieron: «Nosotros nada que ver con ayuntamiento, los vamos a sacar a chingadazos si siguen por aquí para el domingo».

El gobierno declaró la guerra, diecinueve batallones del ejército con artillería y aviones invadieron la región. Las nuevas partidas, formadas por combatientes que habían hecho la Revolución, hicieron suyas de nuevo las montañas del Bacatete. El gobierno respondió: «Ha llegado el momento de terminar con el problema yaqui; de borrar esa mancha que desde hace dos mil años macula México». Librado Rivera, el último de los magonistas, desde las páginas de *Cultura Proletaria* en noviembre de 1927 escribía: «Ya el gobierno de México anuncia muy ufano la retirada de diez mil asesinos de las fuerzas federales, con todo su equipo de aeroplanos lanzabombas, de las intrincadas montañas de *Bacatete* y otros lugares de la *Sierra Madre* habitados por los *yaquis*; porque dice que la pacificación de la tribu está asegurada. Ahora el gobierno de Calles ha pretendido hacer otro tanto para enriquecer a su incondicional, el millonario terrateniente Álvaro Obregón y a otros ladrones del sudor del trabajador. Ya lleva el gobierno catorce meses de constante guerra de exterminio, en los que ha usado todas las armas sembradoras de la destrucción y la muerte, desde las ametralladoras más modernas en el arte de matar hasta los aeroplanos lanzabombas y gases asfixiantes. Ha gastado ya más de cincuenta millones de pesos».

Dos años más tarde, el 27 de noviembre de 1929, se firmó la paz.

VI

A mediados de los años treinta Lázaro Cárdenas envió al antropólogo comunista Alfonso Fabila para que hiciera un reporte sobre la situación de los yaquis. Recorrió los ocho pueblos, durmió en petate en las casas de los indígenas, escuchó sus historias y finalmente elaboró un escrito que más tarde se volvió un libro de una sorprendente precisión, calor y consistencia histórica, en el que decía: «El pasado se encuentra ensombrecido por errores irreparables», y señalaba que la única reparación posible era la devolución de las tierras y el restablecimiento de su estructura comunal. En septiembre de 1937 Lázaro Cárdenas restituyó expropiándolo el margen derecho del río, veinte por ciento de la tierra original, unas cuatrocientas mil hectáreas donde se respetaría la propiedad comunal.

VII

En la primavera de 2007, el Museo de Historia Natural de Nueva York decidió repatriar los restos de los yaquis asesinados en Mazatán, los había recogido la expedición de Hrdlička y estuvieron relativamente perdidos en un cuarto de almacenamiento a lo largo de ciento cinco años. En noviembre de 2009 los doce cráneos fueron enterrados en una ceremonia en Vícam tras haber sido previamente «bautizados» para que tuvieran un nombre.

VIII

La estación de San Marcos en Jalisco, resto infame de lo que fue un campo de concentración mexicano, no tiene ningún registro de su pasado, ni una placa, ni una referencia, forma parte de ese inmenso arsenal de desmemoria que en torno a esta historia se ha tejido. No es mejor el «Paradero Don Lencho» con su infame sótano para arracimar a los yaquis condenados al destierro y la muerte, está abandonado en mitad de la nada, poseído por el silencio.

Pero permanecen las tres cruces donde enterraron a Cajeme, de las que solo quedan dos; la tumba de Tetabiate en lo alto del Bacatete, donde llegan compatriotas a depositar una pequeña piedra en memoria de aquel que en vida se llamó Piedra que Rueda; los restos de Juan José Sibalaume en el panteón cercano a Bacatequito; los fuertes que Cajeme inventó, tan sólidos e imponentes como entonces, y los restos de los campamentos de las guerrillas en las cercanías del Buatachive, al lado de un aguaje.

Es un mundo de sombras, visiones que vuelven en las danzas, paisajes ásperos; pequeños pueblos habitados por fantasmas. Un poema anónimo yaqui registra a los espectros de los alzados: «León paso a paso / Sordo, sordo, sordo, tratando de escuchar el monte».

¿Pero quién se atrevería a decir que los mexicanos del siglo XXI podemos vivir sin nuestros fantasmas? Yo me atrevería a decir que no podemos vivir sin ellos.

Notas y fuentes informativas

Al capítulo 0

Trabajé con varios mapas: los actuales del INEGI, el elemental que produce Santos Wikit, el plano de Joaquín Bojórquez para la Richardson y un plano anónimo más cercano a la época narrada (1900), de gran precisión. La relación entre las zonas mayo y yaqui las ubiqué en un plano en «Las cartas de Juan Banderas».

Sobre las diferencias entre el yaqui hablado y el mayo, véase el trabajo de Josefina Urquijo en el XII Simposio de Historia de Sonora.

La cifra de treinta mil yaquis se origina en el trabajo del jesuita Pérez de Rivas, la utilizan también Dabdoub y Troncoso.

Spicer: en 1873 la legislatura de Sonora aprueba una constitución que anula la ciudadanía de los indios.

Luis E. Torres tiene una calle en Sonora y otra en Baja California. Bernardo Reyes una en Hermosillo, el pueblo de Sahuaral en el municipio de Huatabampo lleva el apellido «de Otero». El nombre del general Abraham Bandala está escrito en el «Muro de Honor del Estado de Tabasco» en Villahermosa y muchas calles de ciudades tabasqueñas llevan su nombre.

La receta del *wakabaki* se encuentra en el libro de Rosa Yocupicio.

Al capítulo 1

Los jesuitas expulsados de Sonora y Sinaloa fueron 51, ¿cuántos de ellos se encontraban en el río Yaqui?

Este capítulo y en general el libro entero hubiera sido imposible de escribir sin los aportes que ha hecho al tema Edward Spicer, todos registrados en la bibliografía.

Además: para una versión del testamento yaqui, José Velasco Toro: *Autonomía y territorialidad entre los yaquis de Sonora, México*. Cécile Gouy-Gilbert: *Una resistencia india: los yaquis*; Vicente Calvo: *Descripción política, física, moral y comercial del Departamento de Sonora en la República Mexicana*. Evelyn Hu-DeHart: *Yaqui resistance and survival. The struggle for land and autonomy, 1821-1910*. Palemón Zavala Castro: *Indio Cajeme y su nación del río*

243

Yaqui. John M. Dedrick: «Las cartas en yaqui de Juan "Bandera"». John P. Schmal: «Northwest Mexico: Four centuries of indigenous resistance». Michael Antonichiw en el prólogo al libro de Troncoso.

Los yaquis estaban regidos por leyes promulgadas en 1847 y 1853, que concedían un alto grado de autonomía en la administración local. Véase Zulema Trejo Contreras: «Participación de yaquis y ópatas en las pugnas faccionales sonorenses (1846-1867)».

Al capítulo 2

Sobre Pesqueira dicen las páginas oficiales: «Forjador de destinos», deberían añadirle «y asesino de indios». Utilicé tres biografías, la del general Manuel González, la de Rodolfo F. Acuña, *Caudillo sonorense: Ignacio Pesqueira y su tiempo*, y la nota biográfica de Antonio Albarrán en *Liberales ilustres de la intervención y el Imperio*. Respecto a la caracterización del cacique regional, su biógrafo Antonio Albarrán, que da todas las muestras posibles de simpatía por el personaje, no deja de reconocer que: «Como gobernante absoluto, como dictador incontrastable que le hicieron las circunstancias, sin duda cometió faltas dignas de censura».

Además: Francisco P. Troncoso: *Las guerras con las tribus yaqui y mayo*. Ramón Corral: *Obras históricas*. Edward H. Spicer: *Los yaquis, historia de una cultura*. Cécile Gouy-Gilbert: *Una resistencia india: los yaquis*. Stuart Voss: *On the periphery of nineteenth-century Mexico. Sonora and Sinaloa 1810-1877*. Oswald Crawford: «By path and trail». Federico García y Alva: *Sonora histórico*. Linda Zoontjens y Yaomi Glenlivet: «A brief history of the yaqui and their land». Gilberto Escobosa: *Crónicas sonorenses*. En el Archivo Histórico General del Estado de Sonora (AHGES) hay una carpeta sobre las operaciones militares de esos años.

Al capítulo 3

Troncoso: *Las guerras con las tribus yaqui y mayo*. John P. Schmal: «Northwest Mexico: Four centuries of indigenous resistance». Raquel Padilla Ramos: «La Virgen del Camino y la matanza de Bácum», Spicer: «The military history of the yaquis. From 1867 to 1910: Three points of view». El poema «El *yori*» ha sido recogido por Santos Wikit.

En 1873 se produce uno de los muchos levantamientos en esos años en Sonora contra Pesqueira. Sería intrascendente citarlo aquí si no fuera porque cuatro de los personajes centrales de la historia futura intervinieron en él: Carlos Conant y Ramón Corral como parte de los alzados que serían reprimidos y se salvaron de milagro de la muerte; el general Tiburcio Otero, que dirigiría las tropas gubernamentales, y el capitán de caballería José María Leyva, que actúa bajo su mando. Al final de la rebelión Leyva-Cajeme es enviado a Cócorit donde licencia a sus tropas.

Al capítulo 4

El apodo Cajeme en Soto Reyna (*La tribu yaqui*) y Schulze («Transnations. Indians, imagined communities and border realities»). La nota biográfica de Cajeme en el *NYT* fue publicada el 9 de julio de 1885, mucho antes del texto de Corral en *La Constitución*, que termina en julio de 1887. La biografía del *NYT* abunda en inexactitudes, lo hace analfabeta y le eleva el grado hasta coronel en la guerra contra el Imperio; le atribuye otra relación amorosa cuando cuenta que se enamoró en Navojoa de Juana Narváez, hija de un rico campesino, que lo rechazó, y regresó más tarde por ella, para lo cual tuvo que pelear con Juan Castro y tres de sus compañeros, a los que mató al llegar a una fiesta de la Narváez, a quien se llevó al Yaqui. De ser esto cierto, el acontecimiento es anterior al 78, cuando estaba casado con María Jesús Matus (según actas de la iglesia). Otra nota biográfica también repleta de inexactitudes está en el blog «La cama de piedra». Los padres de Cajeme vivieron en Bácum (según Troncoso) o en Ráhum (según Corral).

Algunos historiadores cercanos a la visión yaqui de la guerra sin embargo mantienen una actitud violentamente anticajemista, básicamente porque toman su información de las fuentes de los barones y el ejército (véase Soto Reyna, que le atribuye al jefe de la insurrección: «El terror y la atrocidad constantes»).

Además Aguilar Camín: *La frontera nómada: Sonora y la Revolución mexicana*, y Fortunato Hernández: *Crónicas de la guerra del Yaqui*.

Por esos años comienza a escribirse en yaqui usando el alfabeto castellano.

Al capítulo 5

En Alfonso Fabila («Las tribus yaquis de Sonora, su cultura y su anhelada determinación») la noticia sobre los tambores y el juramento de los guerreros yaquis. La rebelión y la batalla de La Pitahaya, en Palemón Zavala Castro: *Indio Cajeme y su nación del río Yaqui*. María de los Ángeles Orduño: *En el país de los yaquis*. Francisco P. Troncoso: *Las guerras con las tribus yaqui y mayo*. Ramón Corral: *Obras históricas*. Spicer: «The military history of the yaquis. From 1867 to 1910: Three points of view». Memoria de Luis E. Torres escrita en 1888, citada por Troncoso.

Giliath Luin en el blog «La cama de piedra» da una versión muy poco confiable de las razones del enfrentamiento, se cambian las fechas y se hace protagonista a Luis E. Torres y no a Pesqueira; además maneja cifras absolutamente irreales del armamento que los yaquis tenían en esa etapa («Los yaquis adquirieron verdaderos arsenales de fusiles Spencer, rifles Baker y hasta algunos Springfield, así como armas cortas Colt y Remington, aunque siendo menos predominantes. Cajeme tenía un registro y control sobre la propiedad que se daba a las armas, regulando su existencia en las divisiones de los distintos poblados. Tórim y Huírivis eran los pueblos mejor armados, contando sus elementos entre mil quinientos y mil setecientos fusiles Spencer y Springfield»). En el primer alzamiento de Cajeme los yaquis no debían de poseer más de doscientos fusiles, muchos de ellos viejos.

Algunas fuentes sitúan en esta etapa la ejecución por fusilamiento de los líderes mayos que no eran de su agrado pero debe haber sido en el periodo anterior, cuando consolidaba su liderazgo.

Es sorprendente la multitud de paralelismos, salvadas las diferencias temporales y políticas, entre el proyecto de Cajeme y la resistencia militar vietnamita, sobre todo en la primera fase de guerra contra los colonialistas franceses; los interesados, échenle un ojo a los escritos de Ho Chi Minh y Vo Nguyen Giap. Los vietnamitas desarrollaban su proyecto de pueblo en armas en la resistencia, primero contra el colonialismo francés y luego contra la intervención imperial estadounidense; Cajeme improvisaba a partir de la experiencia de los yaquis.

Porfirio Díaz sería presidente a partir del triunfo de la revuelta de Tuxtepec del 24 de noviembre al 6 de diciembre de 1876, y con interinatos de por medio permanecería en el poder hasta 1880, cuando tomaría el cargo Manuel González, para retornar en 1884 y hasta 1910 en sucesivas reelecciones.

Al capítulo 6

Troncoso: *Las guerras con las tribus yaqui y mayo*. Linda Zoontjens y Yaomi Glenlivet: «A brief history of the yaqui and their land». Escobosa: *Crónicas sonorenses*. Agustín Rodríguez L.: «El tren nació un 4 de noviembre en Guaymas». Coatsworth: «Railroads, landholdings and agrarian protest in the early porfiriato».

El beisbol pegó tan duro que en 1892 Guaymas ganó la Copa de Plata.

Torres nació en 1843 o 1844, según las fuentes; a Otero otras versiones lo hacen nacer en el mineral de Baroyeca. Vicente Mariscal desaparecería de esta historia sin pena ni gloria, el 20 de septiembre de 1891 moriría en Tlalpan, Distrito Federal. El libro de Carbó se titula *Ensayos de un aprendiz de poeta* y fue publicado póstumamente en 1905, incluye «A Sonora» (fechado a bordo del barco *Zaragoza* el 8 de septiembre de 1879) y otros veinte poemas.

Al capítulo 7

Para dar una idea de cómo se produjo la invasión de los territorios de los mayos, la hacienda de Capetamaya, de José María Almada, en los terrenos donde se da la batalla, escriturada el 22 de mayo de 1836, fue creciendo de 10 533 hectáreas hasta alcanzar en 1892 las 16 728 hectáreas. Spicer señala que en el oriente de la región yaqui, donde la presión de las nuevas haciendas llevaba más tiempo produciéndose, los invasores habían crecido enormemente, sobre todo «alrededor de Bayoreca y Buenavista y hasta Cócorit».

Dabdoub (*Historia del Valle del Yaqui*) sitúa la plática secreta entre Torres, Carbó y Corral en San Francisco, California.

Frecuentemente se confunden los tres mandos militares que a veces operan simultáneamente en la región: el jefe de la Primera Zona Militar que incluye Sonora, Sinaloa y Baja California, el jefe de las fuerzas federales que operan en Sonora y el jefe de las milicias estatales de Sonora que depende del gobernador y el congreso estatal.

Reyes no solo utilizaba fuerzas federales en la lucha contra los apaches, el 1 de junio de 1882 el *New York Times* recoge la información de que está combatiendo o colaborando con él en Sonora un grupo de militares estadounidenses encabezados por el general Nelson A. Miles, el capitán Lawton y el cirujano Word. Miles había intervenido en las campañas contra los Nez Percé, los siux y había capturado a Gerónimo, jefe de los apaches chiricahua.

Para una visión detallada del conflicto de poderes en Sonora desde la perspectiva del gobierno nacional y las contradicciones entre Porfirio y Manuel González, véase la *Historia moderna de México. El porfiriato, vida política interior*, tomo 1, de Daniel Cosío Villegas.

Luis E. Torres ganó la elección a Eduardo Castañeda por 15 818 votos contra 5, según el cómputo oficial.

Otras fuentes: Spicer: «Eventos fundamentales de la historia yaqui». Gracida: «Sonora». Escobosa: *Crónicas sonorenses*. Soto Reyna: *La tribu yaqui*. Troncoso: *Las guerras con las tribus yaqui y mayo*. *La Constitución* de Guaymas (alcance al número 32, 21 de octubre de 1882). *New York Times*, octubre de 1882. Ramón Corral: *Obras históricas*.

La mejor información sobre Corral, en la biografía de Jesús Luna: *La carrera pública de Ramón Corral*, en la biografía *Porfirio Díaz* de Carleton Beals y en José C. Valadés: *El porfirismo. Historia de un régimen*.

Al capítulo 8

Las cartas y telegramas de Rivero, Molina y Cajeme en el AHGES. Artemio Benavides Hinojosa: *Bernardo Reyes. Un liberal porfirista*. Spicer: «Eventos fundamentales de la historia yaqui». Troncoso: *Las guerras con las tribus yaquis y mayo*. Linda Zoontjens y Yaomi Glenlivet: «A brief history of the yaqui and their land». Esteban Baca Calderón: *Juicio sobre la guerra del Yaqui y génesis de la huelga de Cananea*. Laura Alarcón: *José María Maytorena, una biografía política*.

La presencia de los mormones en el Valle en el *New York Times*, en particular el 3 de febrero de 1885.

Curiosamente, un historiador intachable como Spicer se hace eco de las acusaciones contra Cajeme, que a todas luces parecen poco sólidas a la luz de los próximos acontecimientos: «Cajeme había perdido casi completamente su prestigio entre los yaquis». Sobre esta misma tesis avanza René Soto: «a la larga el cacicazgo pierde su prestigio».

Cajeme estaba casado por segunda vez con María Jesús Matus a partir del 14 de junio de 1878 en Guaymas. De este segundo matrimonio tenía dos hijos, un niño y una niña.

Al capítulo 9

La servidumbre hacia las fuentes informativas es particularmente angustiosa en esta etapa de la narración de las guerras yaquis, el autor depende casi exclusivamente de fuentes militares, no es posible acceder a la versión de los indios, a sus palabras o a sus dificultades y penurias. La construcción de los fuertes tuvo que consumir millares de horas de trabajo comunitario voluntario. ¿Existía unanimidad ante la resistencia? ¿Era generalizada la propuesta de guerra de Cajeme, o algunas partidas preferían la vieja táctica de emboscadas y rápido repliegue? Al haber abandonado los pueblos grupos enteros, rancherías completas están en la retaguardia del pequeño ejército con niños, mujeres, ancianos. ¿Lo acompañan en cercanía? ¿Son los *temastianes* un cohesionador ideológico de la rebelión? Muchas horas de vigilia he pasado tratando de encontrar la voz perdida, llegando a una misma penosa conclusión: se hace la historia con las fuentes que se tienen y sometiéndolas a tanta crítica y sentido común como sea posible.

Para este capítulo: Ramón Corral: *Obras históricas*. Escobosa: *Crónicas sonorenses*. Soto Reyna: *La tribu yaqui*. Troncoso: *Las guerras con las tribus yaqui y mayo*. García y Alva: *Sonora histórico*. Juan José Gracida Romo: «Sonora». *New York Times* del 23 de mayo, 12 de junio, 4 de julio. El parte de Caamaño, en AHGES. Hugo Pennock Bravo: «Leyenda del hospital militar de Tórim». Turner: *México bárbaro*. Los interrogatorios a detenidos en septiembre y octubre del 85 y el informe de Persevault, en el AHGES.

Historia a la medida: Soto Reyna cuenta que antes de la batalla de El Añil los yaquis «se desbandaban y desertaban en pequeños grupos por los bosques para ocultarse de las represalias y la venganza del propio Cajeme». La afirmación no corresponde a los hechos narrados y no se apoya en ninguna fuente, ni siquiera en las militares. Es curioso, el autor, partidario de la teoría del genocidio, es un anticajemista ferviente.

Bonifacio Topete, tras haber salido de Sonora en confrontación con Carbó, sería más tarde gobernador de Baja California en 1892.

Al capítulo 10

Las fuentes: Schmal: «Northwest Mexico: Four centuries of indigenous resistance». John Kenneth Turner: *México bárbaro*. Fortunato Hernández: *Crónicas de la guerra del Yaqui*. *New York Times*, 10 de mayo de 1886. Linda Zoontjens y Yaomi Glenlivet: «A brief history of the yaqui and their land». Federico García y Alva: *Sonora histórico*. Troncoso: *Las guerras con las tribus yaqui y mayo*. *Arizona Weekly Citizen*, 1896. Spicer: «Eventos fundamentales de la historia yaqui» y *Los yaquis, historia de una cultura*. Cosío Villegas: *Historia moderna de México*. Balbás: *Recuerdos del Yaqui: principales episo-*

dios durante la campaña de 1899 a 1901. Valadés: *El porfirismo. Historia de un régimen. El crecimiento, I.* El informe del general Ángel Martínez, 12 de mayo de 1886, en el AHGES, caja 8, tomo 22/2.

Para dar una idea de los sufrimientos de un no nativo para establecer la nomenclatura, Guichamoco, el lugar donde se da la batalla final de la segunda campaña, será indistintamente llamado por los cronistas Guichamoco, Guichamuco y Guachimoa.

La prensa mexicana da noticia de que Sotero Leyva, el hijo mayor de Cajeme, combatió junto a su padre en esta campaña. Sin embargo no hay datos sobre su muerte, que debe haberse producido entonces. La prensa de la época (*New York Times*, 28 de enero de 1887) también dio en falso noticias de la captura y muerte de Cajeme.

En el casi anonimato, el 4 de enero de 1886 muere Pesqueira retirado a la vida privada en su hacienda de Bacanuchi (Arizpe).

Al capítulo 11

Resulta esencial el trabajo de Ramón Corral: «Biografía de José María Leyva, Cajeme», basada en sus artículos publicados en *La Constitución* hasta julio de 1887. *Arizona Weekly Citizen*, 28 de mayo de 1887. *El Demócrata* de Guaymas, 1887. Dabdoub: *Historia del Valle del Yaqui.* Escobosa: *Efemérides sonorenses.* AHGES, T25/7. *New York Times*, 9 de mayo de 1887. Spicer: «The military history of the yaquis. From 1867 to 1910: Three points of view». Palemón Zavala Castro: «Indio Cajeme y su nación del río Yaqui». Troncoso: *Las guerras con las tribus yaqui y mayo.*

Vito Alessio Robles registra que las milicias locales se habían vuelto muy hábiles en la detección de huellas y eran capaces de distinguir entre los rastros del huarache de cuatro nudos que usaban los federales y el de tres que usaban los yaquis.

Al capítulo 12

La correspondencia de Porfirio Díaz con el general Ángel Martínez, julio y octubre del 86 en la colección Porfirio Díaz. Hay información interesante para la etapa en el Fondo Manuel González del Archivo General de la Nación. Además: Aguilar Camín: *La frontera nómada: Sonora y la Revolución mexicana.* Fortunato Hernández: *Crónicas de la guerra del Yaqui.* Troncoso: *Las guerras con las tribus yaqui y mayo.* Francisco R. Almada: *Diccionario de historia, geografía y biografía sonorenses.* Santos García Wikit: «Tetabiate, el más grande guerrero yaqui». Linda Zoontjens y Yaomi Glenlivet: «A brief history of the yaqui and their land». Cosío Villegas: *Historia moderna de México. New York Times,* 16 de diciembre de 1887. Raquel Padilla Ramos: «Los partes fragmentados. Narrativas de la guerra y deportación yaqui». Gilberto Escobosa: *Crónicas sonorenses.*

Lorenzo Torres será senador de la República cuatro veces entre 1898 y 1910, pero parece no haberle hecho mucho caso al cargo y no participó gran cosa en el Senado, limitándose a hacer viajes esporádicos a la ciudad de México.

Tan solo unos meses después de haber dejado Sonora, el 18 de junio de 1889, y seguido por denuncias sobre sus comportamientos brutales que Porfirio Díaz ignoró, Ángel Martínez se retiró del ejército; morirá en Colima el 2 de mayo de 1904. Una colección de sus armas fue subastada en 2012, pertenecía a la familia Roberts y había llegado a sus manos por la viuda, Catalina de Tore; el precio de salida fue de 3 750 dólares.

Cócorit, el pueblo original fundado por los jesuitas en 1617-1622, desaparecerá en un incendio cuando era una «simple pequeña ranchería nativa» compuesta de una explanada central y ramadas de mezquite y carrizo. El coronel Agustín García Peña lo refundará en 1890 a cierta distancia del original con un «trazado a cordel a partir de una explanada [la plaza] las calles, manzanas y lotes de lo que hoy es el centro histórico de esta comisaría, más o menos las primeras tres calles rumbo al canal Porfirio Díaz».

Al capítulo 13

La mejor fuente para los enfrentamientos, junto con Troncoso, son las colecciones de *La Constitución* y el *New York Times* de esos meses. Además: Spicer: *Los yaquis, historia de una cultura.* Palemón Zavala: *Indio Tetabiate; y la nación del río Yaqui.* Héctor Aguilar Camín: *La frontera nómada: Sonora y la Revolución mexicana.* Fortunato Hernández: *Crónicas de la guerra del Yaqui.*

Sí, el coronel Lauro Villar es el mismo que muchos años después defendería a Madero durante el golpe de la Ciudadela. Se había incorporado al ejército en Matamoros en 1865 combatiendo la intervención francesa, y sería uno de los más fieros perseguidores de los yaquis.

García Peña no se limitará a la topografía y el deslinde de tierras, desde 1887 manda el 11º batallón de la guardia nacional de Sonora y dirige frecuentes exploraciones y combates en la sierra. Por su actuación del 19 de marzo de 1900 obtuvo la mención honorífica y el 16 de abril del mismo año la Condecoración de Tercera Clase del Mérito Militar.

El exgobernador de Sonora, el general brigadier Luis E. Torres, tomará posesión como Jefe Político y de las Armas del Distrito Norte de la Baja California a partir del 1 de enero de 1888.

La mina fantasma de Tayopa que andaba buscando Otero (el grupo formado por las minas de El Páramo, Santo Niño, Cristo, Remedios, Jesús, María y José, La Purísima y El Señor de la Buena Muerte) forma parte de la mitología mundial. Y debe de existir, porque después de que los apaches mataron a todos los mineros y taparon las bocaminas, apareció a fin de siglo, en la frontera con Estados Unidos, una campana con la inscripción «Tayopa, Guaynopa, Guaynopita, Sonora. Tres minerales del mundo». (Ignacio Lagarda: «Tayopa: ¿Una mina que nunca existió?»)

Entre los muchos especuladores que intervenían en la *reconquista* económica del Valle se encontraba la Yaqui River Mining Co. La empresa, que se había enriquecido especulando a partir de reportes fantasiosos, fue denunciada en la Suprema Corte de Estados Unidos por sospechas de algunos de sus fideicomisarios (*New York Times*, 29 de abril de 1890).

Al capítulo 14

Troncoso: *Las guerras con las tribus yaqui y mayo*. Edward H Spicer: «The military history of the yaquis. From 1867 to 1910: Three points of view». Dora Elvia Enríquez: *Pocas flores, muchas espinas. Iglesia católica y sociedad en la Sonora porfirista*. Alfonso Torúa: *Frontera en llamas*. Mario Gill: *Teresa Urrea, la santa de Cabora*. Gilberto Escobosa: *Crónicas sonorenses*. El parte de Bandala en Francisco J. Almada: *La rebelión de Tomochi*. *New York Times*: 1892, 1896.

Para los interesados en la apasionante historia de la revuelta teresista y no solo en los efectos que esta habría de producir en Sonora, habría que sumar: Heriberto Frías: *Tomochic*. Jesús Vargas (compilador): *Tomochic, la Revolución adelantada* (incluye, entre otros textos relevantes para esta historia: Brianda Domecq: *Teresa Urrea, la santa de Cabora*; Lauro Aguirre y Teresa Urrea: *Tomochic, Redención*). José C. Valadés: *Porfirio Díaz contra el gran poder de Dios*. Antonio Saborit: *Los doblados de Tomochic*. Paul J. Vanderwood: *The power of God against the guns of government: Religious upheaval in Mexico at the turn of the XIX century*, Stanford University Press, 1998.

Al capítulo 15

AHGES, Fabila: *Los indios yaquis de Sonora. New York Times*, 23 de octubre de 1891, 6 de abril, 27 de mayo, 7, 13, 23 de diciembre de 1892. Archivo Histórico de Baja California. Luna: *La carrera pública de Ramón Corral*. Zoontjens y Glenlivet: «A brief history of the yaqui and their land». Palemón Zavala: *Indio Tetabiate; y la nación del río Yaqui.*

Lorenzo Torres adquirió, «a principios de los noventa y paralelamente a los trabajos de la Comisión Científica, más de quince mil hectáreas sobre el río que después fraccionó y vendió a un inversionista guaymense, E. Salisbury, quien a su vez fraccionó, lotificó y terminó ofreciendo las tierras a granjeros californianos». Otras fuentes indican que Lorenzo Torres también invitó a estadounidenses a ocupar tierras al sur del río y mantendría estrechas relaciones con la Compañía Richardson que estaba interesada en la construcción de canales de riego.

Al capítulo 16

Troncoso: *Las guerras con las tribus yaqui y mayo*. Dabdoub: *Historia del Valle del Yaqui*. Fortunato Hernández: *Crónicas de la guerra del Yaqui*. Escobosa: *Crónicas sonorenses. New York Times*, enero y junio de 1895, 23 de diciembre de 1896. Mario Ramírez Rancaño: «La logística del ejército federal. 1881-1914».

El general y latifundista José Tiburcio Otero, tras su herida, fue a curarse en su hacienda de Huatabampo donde murió el 1 de febrero de 1900.

Al capítulo 17

La información está basada fundamentalmente en dos trabajos de Jesús Alfonso Cadena (entiendo que nieto de Carlos Conant): «Biografía de don Carlos Conant Maldonado» y «Carlos Conant Maldonado, genial creador de la estructura hidráulica del Valle del Yaqui en Sonora», en uno de los cuales se encuentra la correspondencia de CC. Además: El blog de Ciudad Obregón. Carlos Conant: «La irrigación de los terrenos del río Yaqui, Sonora, México». *New York Times*, 5 de febrero de 1893. Mayo Murrieta: «Por el milagro de aferrarse. La confesión del Valle del Yaqui». Gastón García Cantú: *El socialismo en México. Siglo XIX.*

Logan, el socio de Conant en 1894, publica: «Yaqui the land of sunshine and health».

Al capítulo 18

Federico García y Alva (*Sonora histórico*) produce una narración minuciosa del acto. Spicer («The military history of the yaquis. From 1867 to 1910: Three points of view») recoge la versión yaqui del arcángel flotando sobre los firmantes. Además: Escobosa: *Crónicas sonorenses.* Troncoso: *Las guerras con las tribus yaqui y mayo.* Palemón Zavala: *Indio Tetabiate; y la nación del río Yaqui. New York Times,* 24 de enero y 11 de febrero de 1897. *El Contemporáneo* de San Luis Potosí, 13 de mayo de 1897. Laura Alarcón: *José María Maytorena, una biografía política.* Balbás: *Recuerdos del Yaqui: principales episodios durante la campaña de 1899 a 1901.* La correspondencia del coronel Peinado con Porfirio Díaz, en el archivo PD. La narración de cómo fueron los contactos, en el informe del coronel Manuel Gil que reproduce Fortunato Hernández (*Crónicas de la guerra del Yaqui*).

La estación de tren, el paradero Estación Ortiz, ya no existe, tampoco la que se construyó sobre las ruinas de la primera, hoy solo quedan ruinas sobre ruinas. Con mucho amor y paciencia un ferrocarrilero de Empalme, don Kenito, ha realizado en el patio de su casa una maravillosa maqueta de la vieja estación que muestra a los turistas, a unos cuantos metros del viejo paradero.

Años más tarde, Vito Alessio Robles dejará una interesante descripción de Luis E. Torres: «Vestido con *jacquet* de color gris (después supe que tenía una colección de trajes del mismo corte y del mismo color), alto, grueso, moreno, de ojos pequeños y vivos, de mostacho y cabeza canos, amplia papada que le prolongaba el mentón y voz atiplada.» (Vito Alessio Robles: *Memorias y diario.*)

Al capítulo 19

García y Alva: *Sonora histórico.* Palemón Zavala: *Indio Tetabiate; y la nación del río Yaqui.* «La guerra del Yaqui. Importantísimas revelaciones del p. Beltrán», *El País,* 22, 26, 28 de abril de 1900. *El Contemporáneo* de San Luis Potosí, mayo de 1897. Las relaciones de

Tetabiate y Loreto Villa con Torres, en *La Patria*, mayo-julio de 1897. María de los Ángeles Orduño: *En el país de los yaquis*. F. P. Troncoso: *Las guerras con las tribus yaqui y mayo*. Archivo Porfirio Díaz. *San Francisco Call*, 26 de diciembre de 1897. *New York Times*, 24 de junio de 1906. AHGES 30/4 fondo ejecutivo. John Kenneth Turner: *México bárbaro*. Fortunato Hernández: *Crónicas de la guerra del Yaqui*.

En esos años, en las recámaras de la casa de Torres, un palacete circundado de altísimas palmeras en Hermosillo, había muebles recamados en oro. Vito Alessio Robles registra que el ejército había construido en 1905 una zona de peaje en el interior del valle, por la que el general Torres recibía una renta de seiscientos pesos mensuales (Vito Alessio Robles: *Memorias y diario*.)

Curiosamente, a pesar de este y otros testimonios ofrecidos posteriormente en una benévola visión de los barones sonorenses, François-Xavier Guerra afirma que Luis Emeterio no se enriqueció con su gubernatura; esta amabilidad con los represores del Yaqui se ha vuelto común en una historia que sonríe amorosamente al porfirismo en nombre de la ecuanimidad. Por lo tanto, Javier Garciadiego dirá que Bernardo Reyes fue el «artífice del progreso en el noreste del país» (*Textos de la Revolución mexicana*).

Al capítulo 20

Troncoso ofrece una buena cantidad de información y además recoge un detallado reporte escrito casi tres años después a petición de la Secretaría de Guerra de Luis E. Torres. Balbás: *Recuerdos del Yaqui: principales episodios durante la campaña de 1899 a 1901*. Fortunato Hernández: *Crónicas de la guerra del Yaqui. Pocas flores, muchas espinas*, citando a Manuel Robledo: «Crónicas de la Santa Misión del Yaqui, 1896-1900». Santos García Wikit: «Tetabiate, el más grande guerrero yaqui». Archivo Porfirio Díaz. Spicer: *Los yaquis, historia de una cultura*. Torúa: *Frontera en llamas, los yaquis y la Revolución mexicana*. El *New York Times* publica muchos artículos sobre la guerra yaqui entre agosto y diciembre de 1899, en particular son interesantes los del 2, 7, 21 y 24 de agosto, 14 de octubre, 22 y 25 de noviembre, 4 y 24 de diciembre. Palemón Zavala: *Indio Tetabiate; y la nación del río Yaqui*. Gustav Eisen: «Mexico to blame for yaqui war», *The San Francisco Call*, agosto de 1899. *New York Tribune*, traducido por *El Tiempo* del 30 de marzo de 1900. *El Diario del Hogar*, 16 de agosto y 10 de octubre de 1899. «La guerra del Yaqui. Importantísimas revelaciones del p. Beltrán», *El País*, 22, 26, 28 de abril de 1900. *El País*, agosto de 1899. *La Constitución*, 16 de agosto de 1899. *El Contemporáneo*, agosto a diciembre de 1899. *Liberal* de Mazatlán, agosto de 1899. Francisco Bulnes: *El verdadero Díaz y la Revolución*. *Two Republics*, 13 de agosto de 1899. *Mexican Herald*, agosto de 1899. *El Tráfico* de Guaymas, 1899. Valadés: «Don Ramón Corral y el poder durante el porfirismo». El control de la venta de armas y municiones en AHGES, Ramo Ejecutivo 30/4. Jane Holden Kelly: *Yaqui women: Contemporary life histories*. John Kenneth Turner: *México bárbaro*. Vito Alessio Robles registra, años más tarde, las versiones de por qué se produjo el alzamiento: la avidez de los barones por apropiarse de las tierras del río, la molestia de las comunidades contra el padre Beltrán, que era ávido en la obtención de limosnas y los amores de algunos jefes yaquis por las monjas de origen español. (Vito Alessio Robles: *Memorias y diario*.)

A lo largo de la campaña se produjeron múltiples deserciones y enfrentamientos en el ejército. La prensa no los comenta y los partes tampoco, a veces se filtra la información por medio de detalles secundarios. El 19 de septiembre de 1887 es fusilado en la ciudad de México el capitán Cota ante mil quinientos soldados de la guarnición. Cota había sido condenado en un consejo de guerra por insubordinación y haber matado a un mayor durante la campaña de Sonora. Fue hacia la muerte fumando y se negó a que lo vendaran (*NYT*).

Cadena cuenta que Carlos Conant «en 1899 mandó construir una gran balsa cuya periferia estaba protegida con sacos de arena en forma de trinchera y navegando en las aguas del río Yaqui atacó a Tetabiate y los suyos en sus propias madrigueras».

Al capítulo 21

Orduño: *En el país de los yaquis*. Santos García Wikit: «Tetabiate, el más grande guerrero yaqui». Hernández: *Crónicas de la guerra del Yaqui*. El parte de Lorenzo Torres en Troncoso. *The Two Republics*, 5 de mayo de 1900. «La guerra del Yaqui. Importantísimas revelaciones del p. Beltrán», *El País* 22, 26, 28 de abril de 1900. Hugo Pennock: «Leyenda del hospital militar de Tórim». Vito Alessio Robles: *Memorias y diario*.

El caudillo muerto era Pablo Ruiz, conocido como Opodepe (hay un pueblo ópata cerca de Ures que lleva ese nombre). Spicer, que sin duda no conocía el testimonio de Beltrán, calificaría a Opodepe como «inexistente» y sugeriría que fue inventado por los militares para encontrar alguna virtud en la operación sangrienta de Mazokoba.

El cura Beltrán terminó su carrera tras la traumática experiencia de Sonora de nuevo como sacerdote en Los Otates, Veracruz, en 1904.

Al capítulo 22

Todas las declaraciones en el Archivo Histórico General del Estado de Sonora (AHGES).

Al capítulo 23

El Contemporáneo de San Luis Potosí, agosto de 1900. Archivo Porfirio Díaz. *New York Times*, 17 de febrero, 19 de abril de 1900. Cosío Villegas: *Historia moderna de México*. Torúa: *Frontera en llamas*. Raquel Padilla («Los partes fragmentados. Narrativas de la guerra y deportación yaqui», *Yucatán, fin del sueño yaqui*) ha realizado una de las pocas investigaciones en archivos regionales que permiten seguir el rastro de las deportaciones, en particular rastreó los primeros contratos con los hacendados yucatecos. Soto Reyna: *La tribu yaqui*. Pennock da noticias de que en Guaymas se practica un examen médico a los deportados antes de ser embarcados y que el oficial médico en el *Oaxaca* era el capitán de corbeta Marcelino Mendoza.

Cuando se habla de Yucatán se incluye Quintana Roo, que no sería un territorio federal separado hasta el 24 de noviembre de 1902.

Al capítulo 24

New York Times, 27 de enero, 1 de febrero, 17 de marzo de 1900. Un artículo del *New York Times* (del 18 de enero de 1900) fue reproducido y comentado por el *Two Republics* del 2 de febrero de 1900 y *El Tiempo* del 7 de marzo de 1900. «Yaqui ambition» en *The San Francisco Call*, 2 de noviembre de 1901. Alfonso Torúa: *Frontera en llamas*. Hay un expediente en el Archivo Histórico de la Secretaría de Relaciones Exteriores cuyo registro original era SRE LE 2250.

Al capítulo 25

Mexican Herald, 7 de marzo de 1900. El plan de Bernardo Reyes en Troncoso (*Las guerras con las tribus yaqui y mayo*) y reportado en el

New York Times del 4 de febrero de 1900. Reyes a Torres, 30 de mayo de 1900, Condumex. *New York Times*, 26 de marzo de 1900. Spicer: «Eventos fundamentales de la historia yaqui». Vito Alessio Robles: *Memorias y diario*. Ortoll: «La Compañía Constructora Richardson en el Valle del Yaqui, durante la Revolución». Balbás: *Recuerdos del Yaqui: principales episodios durante la campaña de 1899 a 1901*. Dabdoub: *Historia del Valle del Yaqui. El Centinela*, 1 de marzo de 1901. *San Francisco Call,* 5 de mayo de 1901. «Crónicas de la Santa Misión del Río Yaqui.» John Kenneth Turner: *México bárbaro*.

El autor acompañó muchos años después a un grupo de jóvenes yaquis a depositar una nueva piedra sobre la impresionante sepultura de Tetabiate, que sigue siendo un centro de peregrinación laica.

Al capítulo 26

Troncoso: *Las guerras con las tribus yaqui y mayo*. Cosío Villegas: *Historia moderna de México. New York Times*, marzo de 1861, 31 de mayo de 1902. Palemón Zavala: *Indio Tetabiate; y la nación del río Yaqui*. Soto Reyna: *La tribu yaqui. El Centinela* de Hermosillo, septiembre de 1901, mayo de 1902. Manuel Balbás: *Recuerdos del Yaqui: principales episodios durante la campaña de 1899 a 1901*. Emanuel Meraz: «Bárbaros y crueles. Notas sobre los discursos y las sentencias judiciales en contra de los yaquis a fines del porfiriato». Vito Alessio Robles: *Memorias y diario*. Cornelius Cole Smith: *Emilio Kosterlitzky, eagle of Sonora and the southwest border*. Luna: *La carrera pública de Ramón Corral*.

Loreto Villa, el tránsfuga yaqui y rematador de Tetabiate que sería mayor a partir de abril de 1902, muere en condiciones desconocidas para el autor. El 8 de junio de 1903 hay un juicio de intestado en el juzgado de Guaymas para adjudicar sus bienes y el 18 de diciembre de 1903 la cámara de diputados aprueba una pensión de la mitad de su sueldo para su viuda. (*El Contemporáneo*, 18 de diciembre de 1903.)

El coronel Francisco Peinado, artífice de la Paz de Ortiz y de la posterior ofensiva contra los yaquis, al que Federico García y Alva dedica tremendo panegírico: «leal entre los leales, modelo de modestos, valiente como los que saben serlo», murió en 1906 en Hermosillo.

Al capítulo 27

La mejor información sobre estos hechos es la reconstrucción de Guadalupe Lara y Raquel Padilla: «La masacre de la sierra de Mazatán».

New York Times, 8 de junio, 24 de agosto y diciembre de 1902. Troncoso: *Las guerras con las tribus yaqui y mayo. El Pueblo*, junio de 1902. J. Andrew Darling y Robert Valencia: «Regreso a casa: La batalla del cerro Mazatán y la repatriación internacional de los soldados yaquis caídos». *San Francisco Call*, 12 de junio de 1902. Ventura Pérez: «From the singing tree to the hanging tree». Aleš Hrdlička: *Notes on the indians of Sonora. El Centinela*, junio y julio de 1902.

Al capítulo 28

El Centinela de Hermosillo, 19 de julio de 1902, 1 abril de 1905, «Los cabecillas rebeldes. El cabecilla Felipe», 24 de junio de 1905. Mario Ramírez Rancaño: «La logística del ejército federal. 1881-1914», *New York Times*, 24 de junio, 20 de julio y 9 de septiembre de 1902. Raquel Padilla: *Yucatán, fin del sueño yaqui*. Amado Nervo: «La yaqui hermosa». Almada: *Diccionario de historia, geografía y biografía sonorenses. The Evening News* de San José: «Santa Teresa's renegade ally escapes from mexican pursuers», 6 de diciembre de 1902. *San Francisco Call*, 24 de julio de 1902, 14 de enero, 9 («Yaqui hostiles of Mexico are active») y 12 de febrero de 1903. *The Indiana Messenger*, 28 de enero de 1903. *Bisbee Daily Review*, 14, 28 de enero de 1903. *Saint Louis Republic*: «Yaqui indians are preparing for war», 6 de marzo de 1903. *Sausalito News*: «Yaqui guns speed death to soldiers», 7 de febrero de 1903. *El Progreso de México*, 30 de agosto de 1903.

El 19 de julio de 1902 Lorenzo Torres declara que un nuevo ferrocarril se habrá de construir desde Douglas, Arizona, a Tobario, un punto en la costa a ochenta kilómetros al norte de la desembocadura del río Yaqui, y allí se hará un nuevo puerto, supuestamente para abrir camino a maravillosas explotaciones mineras. La constructora será una empresa minera estadounidense, la Phelps, Dodge and Co. El proyecto no pasará de declaraciones.

Al capítulo 29

New York Times, 5 de febrero, 11 de abril, 10 de diciembre de 1904. Velasco Toro: *Autonomía y territorialidad entre los yaquis de Sonora*. Soto Reyna: *La tribu yaqui*. Javier Gámez Chávez: «Yaquis y magonistas». *El Colmillo Público*, 1 y 16 de mayo de 1904. Izábal a srio. Gobernación en AHGES. Torúa: *Frontera en llamas, los yaquis y la*

Revolución mexicana. Baca Calderón: *Juicio sobre la guerra del Yaqui y génesis de la huelga de Cananea*. Padilla: «Los partes fragmentados. Narrativas de la guerra y deportación yaqui». *Examiner* de Los Ángeles, abril de 1904. Linda Zoontjens y Yaomi Glenlivet: «A brief history of the yaqui and their land». Aguilar Camín: *La frontera nómada: Sonora y la Revolución mexicana*. Okada: «El impacto de la Revolución mexicana. La Compañía Constructora Richardson en el Valle del Yaqui (1905-1928)». Cadena: «Carlos Conant Maldonado, genial creador de la estructura hidráulica del Valle del Yaqui en Sonora». Federico García y Alva: *Álbum crónica fiestas efectuadas en Sonora en honor del señor vicepresidente de la República don Ramón Corral y de la señora Amparo V. E. de Corral*. Prefecto de Guaymas A. E. García, 21 de octubre de 1904.

Conant sobrevivió a su fracaso y murió el 5 de febrero de 1907 en Guaymas sin haber visto realizado su sueño dorado, pero habiendo sobrevivido a la primera fase del genocidio yaqui. Cadena cuenta que «en su lecho de muerte se negó a recibir el pago de las acciones de la Sonora & Sinaloa si antes no eran cubiertas las de sus amigos que habían participado también en esa empresa».

Al capítulo 30

Federico García y Alva: «La expedición a la isla del Tiburón de 1904. Las manos yaquis». J. K. Turner: *México bárbaro*.

En el verano de 1905 una expedición estadounidense encabezada por Thomas Grindell terminó con la desaparición de este; sin agua y sin provisiones, probablemente sucumbió de hambre. Sus restos aparecieron un año más tarde. Véase «Arizona ranger Thomas H. Rynning: A new captain for rangers: Tiburon island tragedy» en internet y el excelente artículo que Wikipedia dedica a un tema tan poco trascendente.

Al capítulo 31

El Colmillo Público: 16 de mayo de 1904. *El Hogar Católico*, 1905. AHGES. John Kenneth Turner: *México bárbaro*. Stephen Bonsal: «Mexico to exterminate the yaqui indians». John Pint: «Yaqui in exile: the grim history of Mexico's San Marcos train station».

Al capítulo 32

New York Times, 22 y 26 de enero, 23 de febrero de 1905. *El Centinela*, 10 de marzo de 1906. Ignacio Valdespino y Díaz: Cuarta carta pastoral, Hermosillo, Sonora, 4 de febrero de 1905. Hu-DeHart: *Yaqui resistance and survival. The struggle for land and autonomy, 1821-1910.* AGN, Gobernación, 6 de abril de 1905.

The Sun de Nueva York. «John Dwyer the mysterious», 12 de marzo de 1905. *Washington Post*, 12 de abril de 1905. *The News and Courier* de Charleston, 19 de marzo de 1905.

A partir de 1906 Dwyer se desvanece totalmente de la historia. Torúa (*Frontera en llamas*) dice que se afilió al PLM magonista, pero no he podido encontrar ninguna referencia de tal hecho. Quizá esa sea la cualidad de los fantasmas fabricados por la prensa amarilla, aparecer de improviso y luego esfumarse.

Al capítulo 33

El Centinela, 4 de noviembre de 1905, 5 de mayo, julio de 1906. «Empalme y la tribu yaqui.» Vito Alessio Robles: *Memorias y diario*. Virgilio López y Soto: «En torno a la deportación de los yaquis». AHGES, Reclamaciones de extranjeros. *El Colmillo Público*, 27 de mayo, 17 de junio de 1906. *New York Times*, 6 de abril de 1905, 24 de junio, 28 de diciembre de 1906, 25 de enero y 22 de julio de 1907. Javier Gámez Chávez: «Yaquis y magonistas. Una alianza indígena y popular en la Revolución mexicana». *Novedades* de Puebla, julio de 1906. *Regeneración*, 7 de octubre de 1905, 16 de enero de 1906. *Jerome Mining News*, 24 de febrero de 1906. *The Mexican Herald*, 11 de febrero de 1907. *El Popular*, 29 de enero de 1907. Padilla: *Yucatán, fin del sueño yaqui*.

La entrevista con Luis Emeterio Torres de Oswald Crawford, en el *Intermountain Catholic*, 1 de junio de 1907. Crawford se confunde y lo llama «don Lorenzo».

Al capítulo 34

John Kenneth Turner: *México bárbaro*. *El Colmillo Público*, 19 de marzo, 30 de julio de 1905. Colección virtual de *Regeneración*. Carleton Beals: *Porfirio Díaz*. Spicer: *Los yaquis, historia de una cultura*. Bartra: *El México bárbaro*.

Pimentel retendría el gobierno de Oaxaca hasta 1910; al estallido de la Revolución dejó el poder en manos de Félix Díaz. Al triunfo de la Revolución maderista Olegario Molina emigró a Cuba junto con muchos de los hacendados yucatecos, moriría allí el 28 de abril de 1925.

John Kenneth Turner publicaría *México bárbaro* en 1911.

Al capítulo 35

El Demócrata de Mazatlán, 27 de diciembre de 1907. *El Popular*, 22 de marzo de 1907, 5 de abril de 1908. Emanuel Meraz: «Bárbaros y crueles. Notas sobre los discursos y las sentencias judiciales en contra de los yaquis a fines del porfiriato». Edward H. Spicer: «Eventos fundamentales de la historia yaqui». *El Contemporáneo*, febrero, 4 de marzo de 1908. *El Centinela*, 3 de marzo de 1908. Michael Antochiw en el prólogo de Troncoso: *Las guerras con las tribus yaqui y mayo*. Evelyn Hu-DeHart: *Yaqui resistance and survival. The struggle for land and autonomy, 1821-1910*. Aguilar Camín: *La frontera nómada: Sonora y la Revolución mexicana*. Velasco Toro: *Los yaquis, historia de una activa resistencia*. López y Soto: «En torno a la deportación de los yaquis». *New York Times*, 22 de marzo, 15 de mayo, 1 de junio, 13 de junio, 25 de junio de 1908. Bailey Millard: «The yaquis, must stubborn fighters on earth». W. Jones: «Yaquis again on war path». Ortoll: «La Compañía Constructora Richardson en el Valle del Yaqui, durante la Revolución». Elenes: «Torres y Rangel: la mano siniestra del porfiriato contra los indígenas de México». Padilla: *Yucatán, fin del sueño yaqui*. Turner: *México bárbaro*.

Enrique Flores Magón se refirió al intento de Palomares de enlazar con los yaquis de la siguiente manera: «Hice un pacto de alianza con los yaquis comandados por (...) Sibalaume» («Yaquis y magonistas»).

Al capítulo 36

Escobosa: *Efemérides sonorenses*. «El férreo Rafael Izábal Salido.» Padilla: *Yucatán, fin del sueño yaqui*. Spicer: *Los yaquis, historia de una cultura*. Librado Rivera: «La pacificación del yaqui». Francisco González Bolón: «Regresan a su tierra yaqui 107 años después», Infocajeme, 13 de noviembre de 2009.

Alfonso Fabila Montes de Oca. Además de «Las tribus yaquis de Sonora, su cultura y anhelada autodeterminación», escribió sobre los kikapú de Coahuila, los indígenas de la sierra Norte de Puebla, los otomíes y los huicholes. Su obra narrativa incluye novelas y libros de cuentos como *Sangre de mi sangre*, *Los brazos en cruz*, *Hoz*, *Seis cuentos mexicanos de la Revolución*, *Aurora campesina* y *Entre la tormenta*. Hay un fondo con su documentación en el INI.

Dejo el libro esperando que su lectura produzca esta mezcla amarga de repulsión, admiración y vergüenza que me ha producido a mí.

Referencias hemerográficas, bibliográficas, archivos e internet

Ermanno Abbondanza: «La cuestión yaqui en el segundo porfiriato, 1890-1909. Una revisión de la historia oficial», internet.

Roberto Acosta: «Biografías sonorenses. El general José Tiburcio Otero, un destacado liberal originario de Baroyeca. Sus campañas al lado de Pesqueira, uno de los fundadores pioneros de Huatabampo, Sonora». *Directorio de Sonora*, 1951.

Rodolfo F. Acuña: *Caudillo sonorense: Ignacio Pesqueira y su tiempo*, Era, México, 1981.

Héctor Aguilar Camín: *La frontera nómada: Sonora y la Revolución mexicana*, Siglo XXI, México, 1977.

Lauro Aguirre y Teresa Urrea: *Tomochic, Redención*, en Vargas: *Tomochic, la Revolución adelantada*, Universidad Autónoma de Ciudad Juárez, 1994.

Laura Alarcón: *José María Maytorena, una biografía política*, Universidad Iberoamericana, México, 2008.

Antonio Albarrán: «Ignacio Pesqueira», en *Liberales ilustres mexicanos de la Reforma y la intervención*, Miguel Ángel Porrúa, México, 2006.

Vito Alessio Robles: *Memorias y diario*, Miguel Ángel Porrúa, México, 2013.

Francisco R. Almada: *La rebelión de Tomochic*, Gobierno del Estado de Chihuahua, 1938.

————: *Diccionario de historia, geografía y biografía sonorenses*, Editorial del Gobierno del Estado de Sonora, Hermosillo, 1983.

Fernando Andrade Domínguez: «Residencia del general Luis E. Torres», internet.

Fernando Armas Asín: *Angeli Novi: prácticas evangelizadoras, representaciones artísticas y construcciones del catolicismo en América*, Pontificia Universidad Católica del Perú, Lima, 2004.

Esteban Baca Calderón: *Juicio sobre la guerra del Yaqui y génesis de la huelga de Cananea*, Subsecretaría de Trabajo y Previsión Social, México, 1986.

Manuel Balbás: *Recuerdos del Yaqui: principales episodios durante la campaña de 1899 a 1901*, Sociedad de Edición y Librería Franco Americana, México, 1927.

Armando BARTRA: *El México bárbaro*, El Atajo, México, 1996.

Ángel BASSOLS Batalla: *Relatos mexicanos*, Los Presentes, México, 1954.

Carleton BEALS: *Porfirio Díaz*, Domés, México, 1982.

Artemio BENAVIDES Hinojosa: *Bernardo Reyes. Un liberal porfirista*, Tusquets, México, 2009.

Stephen BONSAL: «Mexico to exterminate the yaqui indians», *New York Times*, 8 de marzo de 1908.

Teodoro BUITIMEA Flores: «La fuerza del sermón en lengua yaqui», *Vícam Switch*, enero de 2012.

Francisco BULNES: *El verdadero Díaz y la Revolución*, Biblioteca Digital Bicentenario.

Jesús Alfonso CADENA: «Biografía de don Carlos Conant Maldonado», internet.

———: «Carlos Conant Maldonado, genial creador de la estructura hidráulica del Valle del Yaqui en Sonora», X Simposio de Historia y Antropología, internet.

Vicente CALVO: *Descripción política, física, moral y comercial del Departamento de Sonora en la República Mexicana*, INAH, México, 2006.

Laureano CALVO Berber: *Nociones de historia de Sonora*, Publicaciones del Gobierno del Estado de Sonora, Librería de Manuel Porrúa, México, 1958.

John COATSWORTH: «Railroads, landholdings and agrarian protest in the early porfiriato», *The Hispanic American Historical Review*, 1974.

Carlos CONANT: «La irrigación de los terrenos del río Yaqui, Sonora, México», Imprenta y Encuadernación de E. Gaxiola, 1892.

Ramón CORRAL: *Obras históricas* (incluye: «Reseña histórica del estado de Sonora, 1956-1877», «Biografía de José María Leyva Cajeme», «Las razas indígenas de Sonora»), Biblioteca Sonorense de Geografía e Historia, Hermosillo, 1959.

———: *Informe leído por el C. Ramón Corral, vicegobernador constitucional de Sonora ante la legislatura del mismo estado*, Gobierno del Estado, Hermosillo, 1889.

———: *Memoria de la administración del estado de Sonora*, vols. 1 y 2, Imprenta de Gaxiola, Hermosillo, 1891.

Octaviano CORRO: *General Marcos Carrillo Herrera*, México, 1949.

Daniel Cosío Villegas: *Historia moderna de México. El porfiriato, vida política interior* y *El porfiriato. La vida económica*, Hermes, México, 1970, y Hermes, México, 1994.

Oswald CRAWFORD (seudónimo de William Richard Harris): «By path and trail», *The Intermountain Catholic*, 8 de junio de 1907.

Mario CUEVAS (comp.): *Sonora. Textos de su historia*, t. 2 y 3, Gobierno del Estado de Sonora-Instituto Mora, México, 1989.

Claudio DABDOUB: *Historia del Valle del Yaqui*, Librería de Manuel Porrúa, México, 1964.

J. Andrew DARLING y Robert Valencia: «Regreso a casa: La batalla del cerro Mazatán y la repatriación internacional de los soldados yaquis caídos», internet.

John M. DEDRICK: «Las cartas en yaqui de Juan "Bandera"», internet.

DONJUAN, Enríquez, Padilla, Trejo: *Religión, nación y territorio*, El Colegio de Sonora, Hermosillo, 2010.

Héctor DÍAZ Zermeño: *¿Cancerbero del traidor Victoriano Huerta o militar leal? Aureliano Blanquet*, Universidad Nacional Autónoma de México, FES Acatlán, México, 2004.

Brianda DOMECQ: *La insólita historia de la santa de Cabora*, Planeta, México, 1990.

Gustav EISEN: «Mexico to blame for yaqui war», *The San Francisco Call*, 9 de agosto de 1899.

«El FÉRREO Rafael Izábal Salido», *Primera plana*, 14/20 de agosto de 2009, s. a.

Roberto ELENES: «Torres y Rangel: la mano siniestra del porfiriato contra los indígenas de México», internet.

Dora Elvia ENRÍQUEZ: «Evangelización y autonomía de la nación yaqui», internet.

———: *Pocas flores, muchas espinas. Iglesia católica y sociedad en la Sonora porfirista*, Colegio de Michoacán, 2002.

Kirstin ERICKSON: «Moving stories: Displacement and return in the narrative production of yaqui identity», *Anthropology & Humanism*, diciembre de 2003.

Gilberto ESCOBOSA: «Asalto a la villa de Nogales» en las memorias del XII Simposio De Historia Regional de Sonora, Unison, Hermosillo, 1987.

———: *Crónicas sonorenses*, edición del autor, Hermosillo, 1999.

———: *Efemérides sonorenses*, edición del autor, Hermosillo, 2003.

ESTADÍSTICAS *sociales del porfiriato*, Secretaría de Economía, México, 1956.

ESTRADA, Buitimea, Gurrola, Castillo y Carlón: *Diccionario yaqui-español y textos*, Plaza y Valdés, México, 2007.

Larry EVERS y Felipe Molina: «*The holy dividing line: Inscription and resistance in yaqui culture*», *Journal of the Southwest*, primavera 1992.

Alfonso FABILA: «Las tribus yaquis de Sonora, su cultura y su anhelada determinación», INI, México, 1978.

———: *Los indios yaquis de Sonora*, SEP, 1945.

Alejandro FIGUEROA: *Por la tierra y por los santos: identidad y persistencia cultural entre yaquis y mayos*, CNCA, México, 1994.

Heriberto FRÍAS: *Tomochic*, Porrúa, 1973.

Javier GÁMEZ Chávez: «Yaquis y magonistas. Una alianza indígena y popular en la Revolución mexicana», internet.

Rosa María GARCÍA Arreola: *Estudio integral de la comunidad yaqui*, IPN, México, 1974.

Gastón GARCÍA Cantú: *El socialismo en México, siglo XIX*, Era, México, 1976.

Federico GARCÍA y Alva: *Sonora histórico*, internet.

———: «La expedición a la isla de Tiburón de 1904. Las manos yaquis», internet.

———: *Álbum crónica fiestas efectuadas en Sonora en honor del señor vicepresidente de la República don Ramón Corral y de la señora Amparo V. E. de Corral*, Imprenta de Belisario Valencia, Hermosillo, 1905.

Santos GARCÍA Wikit: «Tetabiate, el más grande guerrero yaqui», internet.

———:«Nomás es gente», recorte de prensa.

Paul GARDNER: *Porfirio Díaz*, Planeta, México, 2001.

Mario GILL: «Teresa Urrea, la Santa de Cabora» en *Episodios mexicanos*, Editorial Azteca, 1960.

Francisco GONZÁLEZ Bolón: «Regresan a su tierra yaqui 107 años después», Infocajeme, 13 de noviembre de 2009,

Cécile GOUY-GILBERT: *Una resistencia india: los yaquis*, INI-SEP, México, 1985.

Juan José GRACIDA: «José Guillermo Carbó, general porfirista», IX Simposio de Historia y Antropología, Unison, Hermosillo, 1985.

———: «Sonora», en *Visión histórica de la frontera norte de México*, t. II, Universidad Autónoma de Baja California, 1987.

Aarón GRAGEDA Bustamante: *Seis expulsiones y un adiós: Despojos y exclusiones en Sonora*, Plaza y Valdés, México, 2003.

François-Xavier GUERRA: *México, del antiguo régimen a la Revolución*, FCE, México, 2011.

«La GUERRA del Yaqui. Importantísimas revelaciones del p. Beltrán», *El País*, 22, 26, 28 de abril de 1900.

Nicole GUIDOTTI-HERNÁNDEZ: «The limits of mestizaje and modernity: The yaqui indian wars, race and genocidal violence in the Arizona/Sonora borderlands», internet, 2009.

Fortunato HERNÁNDEZ: *La guerra del Yaqui. Crónicas de la guerra del Yaqui*, Gobierno del Estado de Sonora, 1985.

Héctor Cuauhtémoc HERNÁNDEZ Silva: *Insurgencia y autonomía. Historia de los pueblos yaquis, 1821-1910*, INI-CIESAS, México, 1996.

Frank M. HILLARY: «Cajeme and the Mexico of his time», *Journal of Arizona History*, verano 1967.

Aleš HRDLIČKA: *Notes on the indians of Sonora, Mexico*, Kessinger Publishing, Whitefish, Montana, 2006.

Evelyn HU-DEHART: *Yaqui resistance and survival. The struggle for land and autonomy, 1821-1910*, University of Wisconsin Press, Madison, 1984.

Eduardo HUARTE: *Apuntes sobre la tribu yaqui y el riego de sus tierras*, Escuela Nacional de Agricultura, México, 1976.

Rafael IZÁBAL: *Memoria de la administración pública del estado de Sonora durante el periodo constitucional de 1903 a 1907*.

Juan Silverio JAIME León: «La resistencia del pueblo yaqui», internet.

Jean B. JOHNSON: *El idioma yaqui*, Instituto Nacional de Antropología e Historia, México, 1962.

W. JONES: «Yaquis again on war path», *The Hawaian Star*, 31 de agosto de 1908, también en el *Tombostone Epitaph*, enero de 1910.

Jane HOLDEN Kelley: *Yaqui women: Contemporary life histories*, University of Nebraska Press, Lincoln, 1978.

Allen KELLY: «Red raiders of Sonora's hills: Guerrilla operations of bronco yaquis in the mining districts», *Los Angeles Times*, 12 de junio de 1906.

Ignacio LAGARDA Lagarda: «Tayopa: ¿Una mina que nunca existió?», internet.

Virgilio LÓPEZ y Soto: «En torno a la deportación de los yaquis», Memoria del XVI Simposio de Historia y Antropología, Universidad de Sonora, Hermosillo, 1993.

Giliath LUIN: «La cama de piedra», blog, internet.

Jesús LUNA: *La carrera pública de Ramón Corral*, Sepsetentas, México, 1975.

«MAYOS y yaquis», coppercanyonexplorer.com, internet.

Thomas R. MCGUIRE: *Politics and ethnicity on the rio Yaqui: Potam revisited*, University of Arizona Press, 1986.

Emanuel MERAZ: «Bárbaros y crueles. Notas sobre los discursos y las sentencias judiciales en contra de los yaquis a fines del porfiriato», en *Antecedentes históricos sobre la independencia y la Revolución mexicana en el noroeste*, Unison, 2011.

Michael C. MEYER: *Huerta, un retrato político*, Domés, México, 1972.

Bailey MILLARD: «The yaquis, must stubborn fighters on earth», *Los Angeles Herald*, 31 de enero de 1909 (se reproduce en el *S. F. Citadel* del 7 de febrero).

Rosalío MOISÉS, Jane Holden Kelley y William Curry Holden: *The tall candle: The personal chronicle of a yaqui indian*, University of Nebraska Press, Lincoln, 1971.

Mayo MURRIETA: «Por el milagro de aferrarse. La confesión del Valle del Yaqui», *Diario del Yaqui*, 24 de noviembre de 2012.

Francisco NARANJO: *Diccionario biográfico revolucionario*, Imprenta Editorial Cosmos, 1935.

Amado NERVO: «La yaqui hermosa», en *El ángel caído y otros relatos*, Lectorum, 2006.

José Patricio NICOLI: *El estado de Sonora. Yaquis y mayos, estudio histórico*, Imprenta de Francisco Díaz de León, México, 1885.

María Eugenia OLAVARRÍA Patiño: «Análisis estructural de la mitología yaqui», tesis, ENAH, 1984.

José de OLIVARES: «Gen. Luis E. Torres and the yaqui war», *The San Francisco Call*, 5 de mayo de 1901.

―――: «Through the hostile yaqui country», *The San Francisco Call*, 18 de agosto de 1901.

Atsumi OKADA: «El impacto de la Revolución mexicana. La Compañía Constructora Richardson en el Valle del Yaqui (1905-1928)», internet.

María de los Ángeles ORDUÑO: *En el país de los yaquis,* La Voz de Sonora, 1999.

Servando ORTOLL: «La Compañía Constructora Richardson en el Valle del Yaqui, durante la Revolución», internet.

Raquel PADILLA Ramos: «Los partes fragmentados. Narrativas de la guerra y deportación yaqui», tesis doctoral, internet.

―――: «La Virgen del Camino y la matanza de Bácum», internet.

―――: *Progreso y libertad. Los yaquis en la víspera de la repatriación*, Programa Editorial de Sonora, Instituto Sonorense de Cultura, Hermosillo, 2006.

―――: *Yucatán, fin del sueño yaqui*, Gobierno del Estado de Sonora, 1995.

Raquel PADILLA y Guadalupe Lara: «El usufructo científico de una masacre», en *Antecedentes históricos sobre la independencia y la Revolución mexicana en el noroeste*, Unison, 2011.

Lázaro PAVÍA: *Ligeros apuntes biográficos de los jefes políticos de los partidos en los estados de la República Mexicana*, en la biblioteca digital en la UANL.

Hugo PENNOCK Bravo: «Leyenda del hospital militar de Tórim», internet.

Raúl PERALTA Torúa: «Lo que pensaba don José Guillermo Carbó, general y poeta», internet.

Ventura R. PÉREZ: «From the singing tree to the hanging tree: Structural violence and death within the yaqui landscape», internet.

John PINT: «Yaqui in exile: the grim history of Mexico's San Marcos train station», internet.

David PIÑERA Ramírez: *Los orígenes de las poblaciones de Baja California: Factores externos, nacionales y locales*, UABC, 2006.

María Eugenia Patricia PONCE Alcocer: *La elección de Manuel González, 1878-1880: preludio de un presidencialismo*, Universidad Iberoamericana.

Salvador QUEVEDO y Zubieta: *Manuel González y su gobierno en México: anticipo a la historia típica de un presidente mexicano*, Espasa Calpe, Madrid, 1928.

Mario RAMÍREZ Rancaño: «La logística del ejército federal. 1881-1914», internet.

RELATOS yaqui (Kejiak nookim). Relatos mayo (Yoremmmnok ettéjorim), Conaculta, México, 2002.

Alfonso REYES: *Oración del 9 de febrero*, ERA, México, 2013.

Librado RIVERA: «La pacificación del yaqui», *Cultura Proletaria*, 19 de noviembre de 1927.

Agustín RODRÍGUEZ L.: «El tren nació un 4 de noviembre en Guaymas», *Expreso*, 6 de noviembre de 2011.

Juan Antonio RUIBAL Corella: *Perfiles de un patriota*, Porrúa, México, 1979.

———: «Carlos Rodrigo Ortiz Retes, gobernador de Sonora», en *Sonora Mágica*, internet.

Antonio SABORIT: *Los doblados de Tomochic*, Cal y Arena, México, 1994.

John P. SCHMAL: «Northwest Mexico: Four centuries of indigenous resistance», internet.

Jeffrey M. SCHULZE: Trans-nations. Indians, imagined communities and border realities», ProQuest, 2012.

Cornelius COLE Smith: *Emilio Kosterlitzky, eagle of Sonora and the southwest border*, A. H. Clark Company, 1970.

Horacio SOBARZO: «El general Lorenzo Torres», en *Episodios históricos sonorenses* reproducido en *El Pitic*, diciembre de 2007.

———: *Crónicas biográficas*, Impulsora de Artes Gráficas, Hermosillo, 1949.

René SOTO Reyna: *La tribu yaqui*, Desierto Editorial, México, 2010.

Rodolfo RUZ Menéndez: «Los yaquis en las haciendas henequeneras», en *Nuevos ensayos yucatanenses,* Ediciones de la Universidad Autónoma de Yucatán, 1990.

Edward H. SPICER: «Áreas significativas en la historia de la cultura yaqui», en *Sonora antropología del desierto*, INAH, 1976.

——— : *Cycles of conquest: The impact of Spain, Mexico, and the United States on the indians of the southwest, 1533-1960*, University of Arizona Press, Tucson, 1997.

———: «Eventos fundamentales de la historia yaqui», en *Sonora antropología del desierto*, INAH, 1976.

———: *Los yaquis, historia de una cultura*, UNAM, México, 1994.

———: «Yaquis from 1867 to 1910: Three points of view», Huachuca Seminar, internet.

Miguel TINKER Salas: *In the shadow of the eagles: Sonora and the transformation of the border during the porfiriato*, University of California Press, Berkeley, 1997.

Alfonso TORÚA Cienfuegos: *Frontera en llamas, los yaquis y la Revolución mexicana*, Centro de Estudios Superiores del Estado de Sonora, Hermosillo, 2006.

Zulema TREJO Contreras: «Participación de yaquis y ópatas en las pugnas faccionales sonorenses (1846-1867)», internet.

TRES procesos de lucha por la sobrevivencia de la tribu yaqui, Instituto Sonorense de Cultura, 2009.

Francisco P. TRONCOSO: *Las guerras con las tribus yaqui y mayo del estado de Sonora*, Tipografía del Departamento de Estado Mayor, México, 1905 (Reedición INI, 1977).

John Kenneth TURNER: *Barbarous Mexico*, Charles H. Kerr, Chicago, 1910. *México bárbaro*, Costa-Amic, México, 1975.

Manuel R. URUCHURTU: *Apuntes biográficos de don Ramón Corral (1854-1900)*, Gobierno del Estado de Sonora, 1984.

José C. VALADÉS: «Don Ramón Corral y el poder durante el porfirismo», en *La Revolución y los revolucionarios*, t. 1, INEHRM, 2006.

————: *Porfirio Díaz contra el gran poder de Dios*, Leega, México, 1985.

————: *El porfirismo. Historia de un régimen. El Crecimiento I*, UNAM, 1977.

Ignacio VALDESPINO y Díaz: Cuarta carta pastoral, Hermosillo, 4 de febrero de 1905, spi.

Paul J. VANDERWOOD: *The power of God against the guns of government: Religious upheaval in Mexico at the turn of the XIX century*, Stanford University Press, 1998.

Leticia T. VARELA R.: *La música en la vida de los yaquis*, Gobierno del Estado de Sonora- Secretaría de Fomento Educativo y Cultura, 1982.

Jesús VARGAS Valdez (comp.): *Tomochic, la Revolución adelantada*, Universidad Autónoma de Ciudad Juárez, 1994.

José VELASCO Toro: *Los yaquis, historia de una activa resistencia*, Universidad Veracruzana, Veracruz, 1988.

————: *La rebelión yaqui ante el avance del capitalismo en Sonora durante el siglo XIX*, Cuadernos del IIESES, Veracruz, 1985.

————: *Autonomía y territorialidad entre los yaquis de Sonora*, Centro de Estudios Latinoamericanos de la Universidad de Varsovia, México, 1992.

Eduardo W. VILLA: *Historia del estado de Sonora*, 2ª ed., Editorial Sonora, Hermosillo, 1951.

Stuart VOSS: *On the periphery of nineteenth-century Mexico. Sonora and Sinaloa 1810-1877*, University of Arizona Press, Tucson, 1982.

Robert C. WEST: *Sonora: Its geographical personality*, University of Texas, 1993.

Rosa YOCUPICIO Buitimea: *Recetario indígena de Sonora: mayo y yaqui*, CNCA-DGCP, México, 2000.

Palemón ZAVALA Castro: *Indio Cajeme y su nación del río Yaqui*, Imágenes de Sonora, 1996.

————: *Indio Tetabiate; y la nación del río Yaqui*, Imágenes de Sonora, 1997.

Linda ZOONTJENS y Yaomi Glenlivet: «A brief history of the yaqui and their land», internet.

Archivos

Archivo General de la Nación.

Archivo Histórico Militar Sedena, en particular los expedientes 11872, 12068, 14669, 14657, 14708 y 14709.

Archivos Porfirio Díaz y Manuel González en la Ibero.

Fondo Ejecutivo del Archivo Histórico General del Estado de Sonora (AHGES), en particular tres colecciones: «Campaña contra los yaquis», «Yaquis y mayos» y «Operaciones militares 1859».

Centro de Estudios de Historia de México Condumex, en particular lo relativo a Bernardo Reyes (1881-1913), Fondo DLI y Fondo Ramón Corral.

Manuel González, correspondencia 1882-1884, en la Bancroft Library de Berkeley.

Archivo Histórico de Baja California.

Archivo Histórico de la Secretaría de Relaciones Exteriores, en particular los informes consulares y el expediente sobre John Dwyer (SRE LE 2250).

Biblioteca de México, Fondo Basave.

Colecciones de prensa

Arizona Weekly Citizen, Tucson, Arizona, 1886 y 1887.

Bisbee Daily Review, enero de 1903, agosto de 1903, mayo de 1908, junio de 1908.

Diario del Hogar, 1890.

El Colmillo Público, mayo de 1904, marzo, abril, junio de 1905, mayo, junio, julio de 1906.

El Centinela, Hermosillo, marzo, mayo de 1901, mayo, junio, julio de 1902, enero, febrero, abril, junio, octubre, noviembre de 1905, marzo de 1906.

El Contemporáneo, San Luis Potosí, mayo de 1897, agosto, septiembre, diciembre de 1899, agosto de 1900, marzo, diciembre de 1903, febrero, marzo, junio de 1908.

El Demócrata, Guaymas, 1887.

El País, México, agosto de 1899-1900.

El Progreso de México, México, febrero, abril de 1901, agosto de 1903, diciembre de 1904.

El Popular, México, 1899, enero de 1907.

El Tiempo, México, marzo de 1900.

El Tráfico, Guaymas, 1899.

Jerome Mining News, febrero de 1906.

La Constitución, periódico oficial del gobierno libre y soberano del estado de Sonora, 1882, 1883, 1886 a 1900.

La Constitución, Guaymas (alcance al núm. 32, 21 de octubre de 1882).

La Patria, México, mayo de 1897, julio de 1897.

New York Tribune, enero-marzo de 1900.

Novedades, Puebla, julio de 1906.

Regeneración, 1905, 1906, colección digital.

Saint Louis Republic, marzo de 1903.

Sausalito News, febrero de 1903.

The Evening News, San José, California, diciembre de 1902.

The Indiana Messenger, enero de 1903.

The Mexican Herald, México, agosto de 1899, marzo de 1900, febrero de 1907.

The New York Times, 1861-1909.

The Two Republics, México, 1899.

The San Francisco Call, diciembre de 1897, agosto de 1899, febrero de 1900, mayo de 1901, agosto de 1901, junio de 1902, julio de 1902, enero, febrero de 1903.

Índice